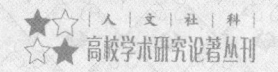

大学生创新创业教育

马少华　郭彦鹏　著

中国书籍出版社

图书在版编目(CIP)数据

大学生创新创业教育 / 马少华,郭彦鹏著. -- 北京：中国书籍出版社,2021.4

ISBN 978-7-5068-8423-5

Ⅰ.①大… Ⅱ.①马…②郭… Ⅲ.①大学生–创业–研究 Ⅳ.① G647.38

中国版本图书馆 CIP 数据核字（2021）第 065532 号

大学生创新创业教育

马少华　郭彦鹏　著

丛书策划	谭　鹏　武　斌
责任编辑	吴化强
责任印制	孙马飞　马　芝
封面设计	东方美迪
出版发行	中国书籍出版社
地　　址	北京市丰台区三路居路 97 号（邮编：100073）
电　　话	（010）52257143（总编室）　（010）52257140（发行部）
电子邮箱	eo@chinabp.com.cn
经　　销	全国新华书店
印　　厂	三河市德贤弘印务有限公司
开　　本	710 毫米 ×1000 毫米　1/16
字　　数	332 千字
印　　张	18.5
版　　次	2023 年 3 月第 1 版
印　　次	2023 年 3 月第 1 次印刷
书　　号	ISBN 978-7-5068-8423-5
定　　价	89.00 元

版权所有　翻印必究

目 录

第一章 创新创业——时代的选择 ··· 1
 第一节 创新创业的时代背景 ··· 1
 第二节 创新创业概述 ·· 10
 第三节 创新创业资源准备 ··· 18
 第四节 创新创业教育 ·· 20

第二章 创新意识、创业精神与创业人生 ··· 25
 第一节 创新意识与创业精神 ·· 25
 第二节 创业人生与目标 ·· 32
 第三节 创新创业的价值 ·· 39

第三章 创业者与创业团队 ··· 46
 第一节 成为一名创业者 ·· 46
 第二节 打造完美创业团队 ··· 60
 第三节 创业团队管理 ·· 67

第四章 创业机会与创业风险 ·· 86
 第一节 创业机会 ··· 86
 第二节 创业机会识别 ·· 98
 第三节 创业项目选择与评价 ·· 114
 第四节 创业风险及风险管理 ·· 122

第五章 创业资源获取与整合 ·· 135
 第一节 创业资源 ··· 135
 第二节 新创企业融资管理 ··· 141
 第三节 其他创业资源 ·· 162
 第四节 创业资源整合 ·· 167

第六章 产品开发与价值创造 ·· 173
 第一节 需求发现与需求验证 ·· 173
 第二节 设计思维 ··· 179

第三节　创业市场……………………………………………… 183
　　第四节　精益创业与技术创业………………………………… 185
第七章　商业模式的设计与验证…………………………………… 191
　　第一节　商业模式……………………………………………… 192
　　第二节　商业模式要素………………………………………… 199
　　第三节　商业模式的设计……………………………………… 202
　　第四节　商业模式创新………………………………………… 207
第八章　商业计划书制作与路演…………………………………… 212
　　第一节　商业计划书…………………………………………… 212
　　第二节　商业路演……………………………………………… 219
第九章　新企业创办、管理与企业内部创新……………………… 224
　　第一节　新企业创办…………………………………………… 224
　　第二节　新企业生存与发展…………………………………… 237
　　第三节　新企业管理…………………………………………… 244
　　第四节　企业创新……………………………………………… 253
第十章　大学生创新思维、创新意识与创业能力培养…………… 255
　　第一节　创　客………………………………………………… 255
　　第二节　创客空间与众创空间………………………………… 258
　　第三节　专创融合……………………………………………… 269
第十一章　创新创业新趋势………………………………………… 274
　　第一节　创新创业教育………………………………………… 275
　　第二节　"大思政"背景下的创新创业教育………………… 283
参考文献……………………………………………………………… 285

第一章 创新创业——时代的选择

创新创业激发了社会活力。近年来中国始终把就业作为最大的民生和经济发展最基本支撑,占领经济社会发展的优先位置,大力实施就业优先战略和更加积极的就业政策,持续扩大就业规模。

国家大力支持创新创业发展,建设了 120 个双创示范基地,创立科技企业孵化器达 3000 个、众创空间达 4000 个、央企双创平台达 400 个。

第一节 创新创业的时代背景

一、创新创业时代来临

科学技术不断更新,时代变化日新月异,世界发展充满无限契机。在这个变化发展的时代,要保持国家、社会、个人持续快速发展,都需要紧把时代脉搏,积极应对挑战,在全社会培养创新创业意识,鼓励创新创业行为,实现"大众创业、万众创新"。

创新创业的浪潮早已卷起,不论我们承认与否,都将面对时代的考题,是随波逐流,还是做时代弄潮儿,作为青年人的优秀代表——大学生,必须做出自己的选择。

(一)宏观环境的转换

1. "互联网+"时代来临

"互联网+"是一种开放思维、一种合作思维,对于转变经济发展模式,实现产业机构调整具有重要影响,在完善中国经济体系建立与发展过程中起到积极作用。

"互联网+"将信息技术与传统行业结合,通过互联网平台进行行业创新发展。这个结合的过程不是简单的跨行业间相加,而是产业间的有效融合和协同发展,实现对传统行业的改造与升级,实现创新发展。2002年受"非典疫情"的冲击,各行业为生存发展实现了与互联网模式的"第一次亲密接触"。

"互联网+"能够实现社会资源优化配置,做到合理分配,推动社会生产力发展。互联网技术进步与互联网思维发展,在全社会形成对创新创业的积极共识,建立起人人学创新,人人想创业的氛围。2020年突如其来的"新冠疫情",对于整个社会产生了巨大冲击,但是在极短的时间里我们就在全国范围内进行各种资源的高效配置,实现了对疫情的有效控制,并且逐步推进工厂复工、学校复学等进程,在此过程中互联网技术和互联网思维起到了重要作用。

2. 国家经济战略转型

我国国民经济发展速度长时间维持在8%~10%左右的增长水平,在这个过程中市场规模不断扩大,经济实力快速提升,综合国力得到很大提高。为了保证经济发展持续向前,实现经济发展由单一高速增长向高质量增长转变,国家大力推进经济转型。经济转型是国家经济发展的必经之路,说明社会经济发展将进入一个新时期;而转型过程中出现的经济发展速度放缓,则能够协调国民经济与商业经济发展速度,更有效地满足社会需求,提高经济发展质量。转型必然要面对新问题、迎接挑战,国家需要优化调整经济结构和经济体制,企业需要创新转变传统商业发展模式,个人必须培养训练创新意识,全社会要敢于用创新创业思维看问题,敢于在变革中尝试创新。

3. 供给侧改革深入推进

供给侧结构性改革会使劳动力供给需求匹配失衡的矛盾凸显和放大,大学生的就业压力在一定程度上增加,而突发意外(如:全球范围的经济下行、贸易战、流行疾病爆发、战争等)会使问题更加严峻。但随着产能过剩问题有效化解,资源优化配置、企业发展策略及时调整,改革的红利终将对缓解大学生就业压力起到重要作用。

要实现供给侧结构性改革的目标必须重视创新,特别是要关注科技创新,它对于整个国民经济发展和综合国力的安全稳定提升具有至关重要的作用,而创新的本质就在于培养具有创新能力的人才。完善创新型人才的培养与管理体制,增加创新型人才的培养与供给规模,关系到国家能够实现快速稳定的发展。在改革过程中,受到产业结构的调整与市场环境的变化,必然会对高校的学科建设与学科发展产生冲击,造成某些专业大学生就业困难,甚至有些专业会被取消。例如,在市场上经济处于上升发展阶段时,市场营销专业建立并快速发展,每年有大量本专业的学生进入到人才市场,但是随着经济发展速度放缓,人力资源趋于饱和,大量学生毕业无法实现高质量的就业,于是市场营销专业在专业改革时被停止招生。作为大学生,需要主动应对环境变化,不断提升创新能力特别是科技创新能力,这样才能符合时代要求。高校要增强创新创业教育的科学性与有效性,在培养创新型科技人才与专业技术人员等方面下大力气,大学生自身也要主动学习培养创新意识和创新能力,这样才能提高在就业市场的竞争力。

作为企业可以将科技成果迅速转化,为创业者提供资金支持,最为直接的是为大学毕业生提供更多优质的就业机会和岗位。企业应与高校建立起良好的互动关系,互相服务又互为依托,人才供需关系将实现良性循环,大学生的就业困难将得到有效缓解。同时,企业能够实现技术创新与成果转化和产业结构优化升级,缓解由于劳动力供给需求匹配失衡所导致的结构性失业问题。改革过程对于大学生就业观念也产生着影响,目前大部分大学毕业生期望在大城市、热门行业、高薪领域实现就业,但是随着人才需求逐步趋于饱和,就业路径需要向国家发展急需行业与领域、基层地区实现转移。毕业生的择业、就业观应该受国家经济形势与人才需求直接影响。

4.创新驱动战略实施

创新驱动发展战略要求首次提出是在党的十八大,党的十九大会议对其进行了深化,是党和国家高度重视的重要方面,是深化促我国社会经济发展的关键点。创新驱动发展战略就是国家用科技创新手段,有效支撑、引领我国各产业深化发展,及时转变经济发展方向与发展模式、调整经济结构体系、促进综合国力和核心竞争力同步提升。在创新驱动战略作用下,原有经济发展模式的缺陷得以有效弥补,为社会经济发展提供动力支撑,实现可持续发展。科技创新改变了社会生产生活与经济发展方式,打开了"大众创业、万众创新"新局面,将经济发展、生态环境保护协调统一,全面推动美丽中国建设进程。

5.大学生就业市场发生转变

大学生就业市场是以大学生资源合理分配,大学生自身实现高质量就业为目标。在这个过程中高校、企业、大学生三者之间必须建立良好、互动、协作的关系,高校是人才培养与教育产品的供给方,是人力资源供给方；企业是就业岗位提供方与接纳方，是人力资源需求方；大学生是人力资源市场的资源要素，是人力资源活动的参与主体。

大学在招生时就要考虑毕业生的供给数量质量、专业与市场间的匹配，高等教育与社会经济发展需求间的匹配，高校与企业在人力资源供需方面的互动。高校人才培养也要坚持市场导向，提供国家发展战略与市场需求急需人才，推动高校专业设置、人才培养、学术创新、科研攻关等工作。例如，几年来信息技术发展已经成为关系国家综合国力提升、国家战略安全的重要保障，高等院校必须下大力气建设相关专业、培养和储备一大批人才。强化校企间合作，建立人才培养与供需联动机制，加大对应用型、实践型人才的培养力度，企业要增加对科研的投入，鼓励员工进行创新活动。大学生要建立端正、科学的就业观念与择业观念，主动提升社会实践能力与职业能力，将个人职业生涯规划与国家发展、市场需求相融合。

6. "一带一路"倡议的推出和实施

"一带一路"倡议会给企业带来八大机遇。机遇一：交通运输业将成为建设发展重点，包括高铁、公路、水路、航运、港口等在内的不同类型的交通工程部门。机遇二：基础设施建设需求旺盛，沿线城市在工业化城市化时期，基础设施建设的需求非常巨大，企业利用机遇进一步促进自身发展。机遇三：文化产业发展潜力巨大，加强与沿线国家的文化交流和合作，促进文化产业的发展。机遇四：旅游发展将成为新热点，会有很多新的旅游项目和热点，提供旅游服务、开拓旅游项目和市场的企业可以获取这些发展良机。机遇五：国际贸易将进一步拓展，各种商品在国内外大规模、高速度的交易流通，给从事进出口贸易的企业带来新的机会。机遇六：金融产业将得到提升机会，出现新的金融组织，提升了中国金融业发展水平。机遇七：资源能源开发与利用迎来新机遇，沿线国家相互之间能实现较好的资源互补。机遇八：生态产业获得新的发展空间，高度重视生态产业的发展，发展海洋产业的合作空间很大。抓住和把握众多发展机遇，需要企业管理者和"一带一路"活动的参与者具备创新思维意识，不断开发新的合作方式与合作空间。

7. 中美贸易战，为创新提出了更高标准

美国发起的贸易战的主战场是中国的高科技产业，美国对中国价值600亿美元的高科技产品征收25%的关税，预计中国出口将下降217亿美元，同时中国对美国的直接出口将下降6%，还将使中国的出口增加值减少111亿美元,将中国GDP增速降低0.09个百分点(以2017年GDP为基数)。原先因为出口而带动就业的人数将会减少53万人,占2017年总就业人口的0.07%。虽然贸易战短期会对中国经济发展造成一定影响,但也为中国企业发展提出了新的发展要求,需要改变过去依赖人力资源成本优势发展加工制造业,转变为以科技创新、"中国智造"为主要的高附加值产业发展,成为再次发展的新机遇。

(二)微观环境的调整

创新创业时代已经到来,每一个人必将在这个时代中确定自己的位置,是被裹挟着随波逐流,还是勇立时代潮头,这是我们面对的现实问题。从改革开放到现如今,大学生就业择业观发生过多次改变,直接影响着创新创业微观环境。

1. 择业方式从统包统分到自主择业,并逐步出现自主创业的趋势

大学毕业生择业就业经历了由国家统包统分到双向选择、自主择业的发展变革过程。近年来随着高校招生规模的逐年扩大,大学毕业生人数的增加,导致就业率下降,就业压力明显加大,这样就影响了就业观念的转变。由过去一次就业及终身就业变为多次就业、自主择业,直至自主创业成为普遍接受的观念。在大学毕业生中近40%有创业计划和创业设想,其中33.2%计划选择先就业再择业,5.6%选择直接自主创业。而自主创业学生中,58.1%是抱着尝试心态从事创业活动,28.2%的学生已经有详细的、可行的创业计划。作为大学生,要及时调整就业观念,积极应对就业压力,创业是解决工作问题的变通之举,也是现实选择。

2. 职业选择从全民所有制单位转向三资企业,再到突破单位性质限制的特点

市场环境变化莫测、外部环境不稳定和不确定因素的产生,不同性质的单位面对的压力与竞争也呈现出较大差异,为此大学生择业的单位倾向于国家机关、事业单位、国有企业,其次偏好合资企业、外资企业,而私人企业,特别是中小规模的私营企业处在备选的后部。近年来有30%以上的大学生选择在国有企业、国家事业机关就业,希望获得稳定的工作环境与收入保障。如果社会经济发展持续向好,人们会开始关注生活质量的提高和生活环境的改善,这时就会有更多的人选择创业或自主择业。目前大学毕业生逐步以00后为主,这一代人从小享受较好的物质生活,对个人价值的实现有较强的追求,所以近年来大学生创业人数的规模和

比例都在不断上升。

3. 薪金期望由看重职业发展到过分追求高薪,再到追求个人价值的实现

20世纪80年代大学生就业择业,首先看重职业社会地位和专业对口,基本不考虑薪资问题,所以在人才分配过程中主要以专业作为分配依据。随着市场经济的发展,到了90年代择业的标准变为薪酬待遇,大学生毕业后把工资收入作为选择职业的重要依据。进入本世纪初,随着大学招生规模的扩大,大学生毕业人数连年增加,人力资源市场供需关系发生了变化,对于薪酬的态度也发生了改变,1000～2000元/月的毕业生工资,反映出就业心态趋向理性化。以深圳为例,60%的大学毕业生要求月薪酬标准在3000元以下,对于专业对口、职业发展通道顺畅、能够体现自身价值的岗位接受度更宽,"先就业再择业"反映出就业心理逐步健康,就业心态日渐趋向成熟,不断增加的大学生创新创业活动也说明创新意识、创新思维得到普遍认同。

4. 地域选择从东南沿海到选择更需要的地方或更有价值体现的地方,更加趋于理性

曾经是"孔雀东南飞",20世纪90年代大学生择业首选东南沿海发达城市,而且热度一直不减。进入2000年后,大学生择业的区域不再集中于东南沿海城市,开始向新兴城市、省会城市和特色发展中心聚集,西安、成都、武汉、杭州等一大批新兴发展中城市,成为大学生就业的首选地域。近几年各地方政府为吸引优秀人才,制定了大量的优惠政策,从薪酬福利待遇、政府补贴、购房优惠、户籍管理等众多方面做了大量工作。

大学生就业难是一个现实问题,更是一个社会问题。社会主义市场经济体制的建立和发展,产业结构的不断优化升级,正猛烈地冲击着我国的高等教育,大学生就业在社会转型期遇到了很大的挑战,多数的学生都已感受到了就业的压力。在客观情况和自身因素的双重困境下,大学生就业形势日渐严峻,必须在认识层面打破固有局限,创造性地看待问题、破解难题。

21世纪的国家竞争主要是经济与综合国力的竞争,创新是推动经济发展的重要因素。作为有较高素质、自主学习能力、一定的文化素养的大学生在自主创新创业方面自然备受社会各群体的关注。只有使经过高校系统教育培养出来的人力资本能够人尽其才、才尽其用,才能为国家和社会创造更多的财富,更大地提高经济社会运行效率。

第一章 创新创业——时代的选择

二、国外创新创业的发展

在美国有91%的人认为创业是一件令人尊敬的事,每12个人中就有一个人想开办属于自己的企业。2012年美国先后通过三部法案延长具有高度竞争性的小企业创新研究计划,支持微软、英特尔等许多国际知名企业,对美国在高新技术领域占据领先地位起到积极的促进作用。联邦政府出台《促进创业企业融资法》和《就业法》推动更多众筹平台发展,为创新、创业和创意提供资金支持。

在信息技术、众筹机制和创客文化共同作用下,创客空间运动成为全球化浪潮。创客最早出现在美国,每年6月18日是美国"国家创客日"。全球共有约2000个创客空间,分布超过120个国家。

三、国内创新创业的发展

(一)创新创业的制度保障

2014年9月夏季达沃斯论坛上李克强总理提出,要掀起"大众创业""草根创业"的新浪潮,形成"万众创新""人人创新"的新势态。2015年诺贝尔经济学奖得主埃德蒙德·菲尔普斯提到:中国经济新引擎,将带来"非物质性好处","如果大多数中国人,因为从事挑战性工作和创新事业获得成就感,而不是通过消费得到满足的话,结果一定会非常美好",创新是中国获得持续发展的重要保障和推动因素。2015年《国务院办公厅关于同意建立推进大众创业万众创新部际联席会议制度的函(国办函〔2015〕90号)》,同意建立由发展改革委牵头的推进大众创业万众创新部际联席会议制度,按照国务院有关文件精神,认真组织开展工作。

2016年《关于建设大众创业万众创新示范基地的实施意见》指出要支持双创示范基地探索创新、先行先试,在拓宽市场主体发展空间、强化知识产权保护、加速科技成果转化、加大财税支持力度、促进创业创新人才流动、加强协同创新和开放共享等方面加大改革力度,激发体制活力和内生动力,营造良好的创业创新生态和政策环境。

2017年李克强总理在"全国大众创业万众创新活动周"上强调:进一步培育融合协同共享的双创生态环境,促进新产业蓬勃发展,新动能持续壮大,新人才不断涌现。

2018年《国务院关于推动创新创业高质量发展打造"双创"升级版

的意见》提出八条具体举措。这是我国迄今为止最为全面的创新创业政策体系。

2019年"全国大众创业万众创新活动周"强调：进一步提升双创水平,更好地发挥稳就业促创新增强新动能的作用。

(二)创新创业发展的成就

随着创新驱动发展战略的提出和深入实施,"大众创业、万众创新"蓬勃兴起,蔚然成风。各地政府和相关部门认真贯彻落实中央部署和要求,将创业创新作为实施创新驱动发展战略的重要载体,不断创新工作思路、优化制度供给,进一步激发各类市场主体的创业活力,提升了全社会的创新创业能力。

我国的创业创新活动快速发展,成绩显著,呈现出六个特点：一是新增市场主体快速增长,全国范围内平均每天新设立企业1.4万户；二是新创企业提供了大量的就业岗位,缓解就业压力；三是搭建创新创业支撑平台,建立资金共享、技术共享、发展共享、共同成长的合作模式；四是技术交易明显增长,知识产权意识强化,国内专利申请、技术合同成交数量逐年攀升；五是战略性新兴产业持续增长,互联网技术、信息技术产业快速发展；六是新三板挂牌企业呈现较大增长,为创业投资进入及退出提供了顺畅的渠道。

创新创业已成为创新驱动发展战略的重要载体,推进供给侧结构性改革的重要举措,也是培育社会经济发展的新动能和重要动力。国际交流合作,为各类市场主体拓展了"双创"领域和空间。

(三)创新创业发展经验探索

1. 武汉："三个计划"和"两项改革"

武汉的经验概括起来就是实施"三个计划"："创谷计划",打造一流创新创业平台。实施"城市合伙人计划",打造创新创业人才的聚集地。实施"青桐计划",促进智力优势转化为创新创业产业优势。"两项改革"：推进科技金融改革试验,破解初创企业融资难；推进行政审批改革,促进创新创业服务便捷化。

2. 广州："双创"示范基地建设

广州市的创新创业示范基地有四个特点：坚持产业化方向、运用市场化机制,鼓励建设孵化器和创客中心、构建完备的政策体系、强化协同创新。

我国创新创业发展仍具明显的层次性,创新创业发展与经济发展一样具有较大的差异。双创指数100强城市中深圳、北京、上海3个城市的得分均达到"优秀"水平,这也是中国经济发展最为发达的地区;广州、杭州、苏州、天津、南京、武汉6个城市处在"及格"水平;珠海、厦门、宁波、长沙、佛山、合肥等44个城市排名居中;江门、太原、漳州等47个城市排名靠后,与这些城市经济发展水平在国内所处位置基本一致。近年来各城市双创发展有所放缓,这与经济发展放缓,经济下行压力大有直接关系。但是创新创业也是实现经济转型发展的重要推动力量,必须坚持创新创业活动,这对于国民经济、地方政府与个人发展长远来看是有益的。

(四)持续创造良好的创新创业发展空间

1. 构建良好环境,激发"双创"活力

创新创业活动的顺利开展与实施需要良好的环境氛围,这也是推动大众创业与万众创业的重要保障。要通过多样化路径把握当下各行业领域创新创业中呈现的具体情况和现实问题,把创业者在创业和创新两个层面的情况区别开来,提出有针对性、可行性的政策措施。各级政府及相关部门要明确自身职能作用,善于利用现代化技术手段,积极推进政策制度的建设和实施,构建"大众创业、万众创新"的良好政策环境。借助政策红利,优化完善市场环境,简化行政审批流程,加大监督管理力度,提升市场服务的意识与质量,优化和建设创新创业环境,有效促进就业、创业以及创新,激活创新创业的活力。

2. 推进试验区与示范区建设,深化探究"双创"新模式

建立创新创业模式是一个改革尝试的过程,也是一个摸着石头过河的过程,更是创新驱动发展战略实施中不可忽视的重要方面,直接关系到创新创业活动能否顺利开展和实施。这个模式的探究,不是某一个主体能够单独完成的,需要政府、企业、创业者等共同参与,要借助现代化技术平台,从理论和实践两个层面入手,探究创新创业新模式。创新创业活动,是一个需要在实践中学习,在实践中总结的过程,所以创业与创新试验区、示范区建设是关键点,要针对地区创业与创新具体情况,把握自身的优势与劣势,抓住发展机遇,大力建设试验区,在先行先试中不断探究创新创业模式机制,从产业转型、产业基金、制度保障、投资体系、方针政策、法律条例、规章制度等方面不断优化。

3. 深化人才队伍建设,加强自主创新。

创新创业活动人才是关键,人才驱动是创新驱动的实质,要将人才资源放在"大众创业、万众创新"的关键性位置,要从人才活力激发、人才创业支持、人才体系培育等方面完善对于人才队伍的建设和保障。加大高等教育发展力度,建立多样化的人才培养模式,营造良好的人才环境氛围,提高对人才的重视程度。

第二节　创新创业概述

由于创新创业思维能力上的差异,工作会出现不同的结果,作为员工首先要踏实肯干,但是有无创新思维意识和能力、应变思维的能力好坏、超前思维的能力强弱、联想思维的能力活跃度等影响更大。创新能力的高与低,将决定一个人的职业发展空间。

一、创新创业

(一)创新

1. 创新的含义

创新亦作"刱新",一指创立或创造新的,二指首先或开始。《南史·后妃传上·宋世祖殷淑仪》:"据《春秋》,仲子非鲁惠公元嫡,尚得考别宫。今贵妃盖天秩之崇班,理应创新。"

创新是以新思维、新发明和新描述为特征的概念化过程,包含更新、改变、造新三个层面的含义。创新是指以新的思维模式为基础,提出有别于一般的、现有的见解为导向,利用现有资源,借助先进的知识和技术,改进现有实务或创造新事物、新方法,探索新路径、新环境,并能获得一定经济价值或社会价值的行为。从经济社会领域分析,创新是指生产或开发一种新产品或新服务;更新扩大产品或服务的品类、市场等;改进研发新的生产技术,发展新的生产方法;规范、建立、实施新的管理制度。

创新是人类活动特有的认识能力和实践能力,是人积极主动认识世界、改造世界的主要能力表现,一个民族的进步、一个社会的发展、一个国家综合国力的提升都离不开创新。作为大学生,要想成为合格的时代青年,要想走在时代前列,就必须有创新思维,不断尝试创新培养创业技能。创新研究一般区分技术创新和社会创新。技术创新往往是刻意创造或发明的结果,而社会创新往往是因为成员间持续互动的结果,前者其影响力随着时间的推移而积累,往往会变得不可逆转,而社会创新则是持续不断进步的源泉。

2. 创新认识的发展

美国经济学家华尔特·罗斯托提出了"起飞"六阶段理论,把"创新"概念定义为"技术创新",认为"技术创新"处于"创新"的主导地位,是创新关键的内容。伊诺思(J. L. Enos)认为"技术创新是几种行为综合的结果,这些行为包括发明的选择、资本投入保证、组织建立、制定计划、招用工人和开辟市场等"。林恩(G. Lynn)认为"技术创新是始于对技术的商业潜力的认识而终于将其完全转化为商业化产品的整个行为过程"。

迈尔斯(S. Myers)和马奎斯(D. G. Marquis)认为"创新是技术变革的集合,技术创新是一个复杂的活动过程,从新思想、新概念提出开始,需要通过解决各种问题,最终形成一个有经济价值和社会价值的新项目,得到实际的成功应用"。"技术创新是将新的或改进的产品、过程或服务引入市场",同时模仿和不需要引入新技术的也可以是广义范围内的一种创新活动,只要是整个环节中的某一要素发生了向好的改变即认为创新产生。弗里曼(C. Freeman)把创新限定为规范化的重要创新,从经济学角度分析创新包括新产品开发、新系统建立和新设备运用等形式在内的由技术变革向商业化实现的过程。"技术创新是指技术的、工艺的和商业化的全过程,其导致新产品的市场实现和新技术工艺与装备的商业化应用。"

国内学者也对创新进行了深入研究,傅家骥认为"创新是企业家抓住市场的潜在盈利机会,以获取商业利益为目标,重新组织生产条件和要素,建立起效能更强、效率更高和费用更低的生产经营方法,从而推出新的产品、新的生产(工艺)方法、开辟新的市场,获得新的原材料或半成品供给来源或建立企业新的组织,它包括科技、组织、商业和金融等一系列活动的综合过程"。彭玉冰、白国红从企业角度定义创新,"企业技术创新是企业家对生产要素、生产条件、生产组织进行重新组合,以建立效能更好、效率更高的新生产体系,获得更大利润的过程"。

本书认为:创新是指创业者或企业把新的生产要素、生产条件或二者同时引入生产体系,可以是开发设计新产品,引入改进新生产工艺方法,发掘开辟新顾客或新市场,对产业链进行上下游的延伸,改进或创建新的组织形式,创新可以是组织行为,也可以是个人行为,涉及技术性及非技术性两类创新,并最终通过产品或服务体现一定的经济价值或社会价值。

随着信息技术、互联网技术的快速发展和普及运用,知识社会逐步形成,这在很大程度上影响人们对于创新的认识和定位:当今时代技术创新是科技与经济一体化过程,是技术进步与应用创新共同作用的产物,在知识社会条件下创新是以需求为导向,坚持以人为本的创新思维。创新过程中体现用户创新、大众创新、开放创新、共同创新的特点,要求活动利益方全部参与创新过程,实现创新民主化和全民化。

（二）创业

1. 创业的含义

创业是创业者对自己实际拥有的资源或通过努力能够拥有的资源进行优化整合,从而创造出更大经济价值或社会价值的全过程。创业活动是需要创业者组织经营管理、运用技术物品、提供产品服务的判断、思考、管理和执行的行为。美国学者杰夫里·提蒙斯(Jeffry A. Timmons)认为"创业是一种思考、品行素质,杰出才干的行为方式,需要在方法上全盘考虑并拥有和谐的领导能力"。创业是一种人类的创造性行为,它实际上从无到有地创造出有价值的东西,是对机会的追求,而不顾手头的资源或缺乏资源,需要一个愿景,激情和承诺,带领其他人追求这个愿景,还需要愿意承担适当的风险。

什么是"创"？什么是"业"？首先创业的"创"从两个层面进行理解,第一是创立,第二是创新。

创业的"创"就是指创立或者创新。在古代就有成家立业的说法,因为你成了家族才割舍一块田地或者产业给你,让你自己经营。现代"业"更多的是指资源,"业"就是你创造什么资源,这些资源对你的客户有帮助,可以变现,有持续发展的条件。

创业的本质就是在面对资源不足的情况下,有效把握需求机会的过程。创业关注经济价值或社会价值的创造与实现,而不仅指新创企业的成立,创业可以是精神层面的行为,即以创新为基础的思考和行为方式;创业也可以是实质层面的行为,就是一般认为的发掘市场机会,组织现有资源建立和创办新公司,生产新产品或新服务,通过市场交换实现价值的过程。

2. 创业活动的本质

（1）机会导向

"穿衣吃饭看家当"一般性的生产经营活动往往对资源考虑较多，主要考虑在现有条件下自己能做什么。创业活动最大的不同是机会导向，主要考虑自己可以做什么。机会是指没有被精确定义的市场需求，甚至是尚未出现的潜在需求，也可以是没有得到利用或没有充分利用的资源和能力，机会蕴含着生存和发展的可能性，意味着潜在的收益回报。创业者不可能完全具备创业所需的所有资源，甚至初始条件并不理想，缺乏资金资源、人力资源等限制和制约，创业者需要思考在现有有限资源条件下创业活动生存和持续发展的可能性。在市场经济环境中，任何企业的发展都依赖于市场需求的旺盛程度，所以创业者必须善于挖掘市场机会，发现市场需求及变化，从中发现创业活动生存和发展的空间。

大学生创业者的创业活动由于资源条件不理想，更需要准确把握机会，坚持顾客导向，深入了解顾客需求，对顾客的需求做详细的研究分析。很多成功的大学生创业项目服务对象就是学生群体，这是因为创业者对于这部分顾客有深刻的了解和分析，对顾客需求有长期的感知和思考，提供的产品和服务能够很好地解决痛点，被市场接受认可。而绝大多数大学生创业失败的项目，就是因为对需求感知不准确，没有找到真正的市场机会而导致失败。

（2）创造性地整合资源

资源整合也是创新，创业的本质是资源整合，美籍奥地利经济学家熊彼特认为"新的组合"本质上也是资源整合。创业者不可能准备好所有资源后才开始创业活动，往往要在资源不足的情况下尽快把握市场机会，这时创业者必须充分利用现有资源，创造性地整合资源，弥补存在的资源空缺。

创业资源种类很多，包括：资金资源、人力资源和物质资源，有形资源和无形资源，可变资源和不可变资源等。创业者需要具备的知识技能、社会关系网络、组织管理能力、市场洞察和把握能力等资源，这些创业资源具有无形性、不可具体衡量性，但却是创业成功必须的创业者资源，在合理地运用这些资源的基础上，成功整合到资金资源、人力资源和物力资源，才能为创业活动奠定成功的基础。

资源本身具有流动性和逐利性，当今时代资源流动范围跨越了国界，突破空间、组织和制度等方面的限制。虽然加剧了竞争的积累程度，但创业者也可以在更加广阔的范围内开展资源整合，用有创造性的创新思维看待资源禀赋,兼顾资源及各个利益相关者的利益诉求,有效地引导资源流动和整合。

（3）价值创造

要把握住创业活动的机会,满足顾客需求,实质是要实现价值创造,向顾客提供有价值的产品和服务,通过产品和服务使消费者的需求得到实质性的满足,最终促使价值交换关系的产生。创业活动的价值创造强调对社会和经济发展的贡献,强调对人们物质生活和精神需求的满足。创业者的创新活动只有突出价值创造才有意义,才具备生存和发展可能性。

（4）超前行动

创业活动强调机会导向,这就决定了创业活动时效性很强,创业机会可能转瞬即逝,必须突出速度,做到超前行动。创业机会不会持续存在,也无法在短时间内有效把握并做出应对,需要创业者提前做好准备工作。

综上所述,创业就是创造和整合某些资源,然后将这些资源持续变现创造价值持续发展的活动,进入一个行业就需要塑造整合新资源以保证有足够的竞争优势和一定的市场份额。

(三)创新创业

1. 创新创业的含义

创新创业是指在技术创新、产品创新、品牌创新、服务创新、商业模式创新、管理创新、组织创新、市场创新、渠道创新等方面中的一点或几点进行创新而开展的具体活动。

创新是创新创业的特质,创业是创新创业的目标。创新创业是基于创新基础上的创业活动,创新强调开拓性与原创性,创业强调通过实际行动获取利益,创新是创业的基础和前提,创业是创新的体现和延伸,二者的有效结合才能成为创新创业活动,可见创新创业活动是通过具有开创性的活动,实现价值体现或利益回报的过程。

2. 影响创新创业活动的因素

（1）必要的创业资源保障

要想把握创业机会就需要及时尽快地开展创业活动,这时创业者只需要判断是否具有两种基本资源即可:一是行业进入的基本资源,二是竞争所需的差异性资源。

创业资源包括:业务资源、客户资源、技术资源、管理资源、财务资源、行业经验资源、行业准入条件、人力资源条件。业务资源是新创企业的赚钱模式；客户资源是产品和服务的消费群体，是谁来购买；技术资源是赢取客户信赖的依据；管理资源是指创业者的经营管理能力；财务资源主要指创业者所需的启动及运营资金，包括新创企业的营收水平；行业经验资源是创业者对该行业的知识积累与经验积累；行业准入条件是企业或项目不受政策制度限制和约束，没有进入壁垒；人力资源条件，指新创企业是否有合适的专业人才和创业团队。创业者开始创业活动时不需要100%的具备所有创业资源，但需要具备一些关键资源，并可以通过市场化方式来获取其他资源。

（2）深思熟虑考虑创业活动

创业者在开始创业活动之前要认真思考从事创业活动的目的和意义、评估开展创业活动的条件：

第一，创业目的是什么？创业者创业决心和风险承受能力如何？对于利益取舍是否有准确评价？

第二，创业者素质能力评价，专业技术、能力特长、知识储备、经验积累、抗压能力、身体素质等能否应对创业活动的较高要求？

第三，创业者掌握的核心资源是什么？是否具备市场竞争力和实现商业化的价值？创业资本、运营资金、客户资源、商业管理能力、行业竞争力是否具有优势？

第四，创业者可承受损失有多少？是否准备好相应的物质、精神储备以应对创业初期的压力？

第五，创业最大的风险是什么，最坏的结果是什么能否承受？面对风险一定要有充分的心理准备，避免造成信心动摇。

失败的大学生创业者，都是因为创业前准备不够，分析情况过于乐观，准备条件不充分，只设想创业成功，对于创业风险预估不足。作为大学生创业者除非市场机会非常明显，储备资源满足基本需求，一般可以适当等待资源的积累，帮助初创者真正了解创业活动。

（3）先有业务，再创业

创业是目标导向型活动，与创新有所区别。创业者在创业之前，一定要有明确的创业方向，再开始具体活动。选择明确进入行业后，要先收集信息、积累经验，作为毕业生可以先入行业企业工作，以积累经验与相应资源。等行业知识、实践经验、客户资源、赢利模式基本具备成熟后，再创业的成功概率就会提高。

（4）经营能力最重要

创业最重要的是创业者个人经营能力，特别是业务能力。对于创业者而言，不断打造自己的经营能力至关重要，学做业务是经营能力重中之重,是开始创业的第一步。

（5）内部创业更容易

企业不断发展需要新项目更新作为依托,企业会选择忠诚度较高的人负责企业的创新创业项目。许多创业者在进入企业后,通过一段时间的工作会积累丰富的经验,也会发现一些创业机会,这时他们可以建议老板从公司发展角度投资新项目,自己成为项目的负责人或合伙人,这种模式就是内部创业。内部创业有很多有利条件：能够获得原单位资金支持、相对成熟的管理指导、优质资源的共享等,这样可以使得创业项目更容易成功。

二、创新创业的意义

（一）缓解严峻的就业压力

全国高校毕业生就业率为70%左右,未实现有效就业的人数众多。有必要开展持续创业教育,树立正确职业理想、就业择业观念,帮助年轻人用创造性思维应对社会竞争,主动寻找和拓宽就业渠道。

（二）适应市场经济发展

城乡产业结构不断变化调整,劳动力的转移和职业岗位的转换,对于从业者的要求已经从具备基本的职业从业技能向同时具备新技术、新工艺的实施以及新产品的开发和创造能力转变,创新创业能力成为从业者的基本要求之一。

（三）推动创新型国家建设

创新是民族进步的灵魂,是国家兴旺发达的动力,创新创造能力是一个国家综合国力体现的重要标志。拥有创新能力和高素质人才的国家将具备巨大的发展潜力,成为国际舞台上有力的参与者,近年来国际间国家间的矛盾与冲突,都反映出创新人才培养、科技创新的重要战略价值,是综合国力提升、社会发展的重要推动力。

三、大学生创业主要形式

大学生受创业资源和创业经验的限制,一般采取的创业形式应符合"低成本试错"的原则,可以采取开店、连锁加盟、高科技领域或智力服务领域四种主要方式。

（一）开店

开店是大学生利用对同龄人消费习惯的了解，以及学校人脉资源来从事创业活动。这种方式可以充分利用周围的学生顾客资源和校园人脉优势，利用的是人际关系资源，是比较简单、容易实现的创业模式。其营销方式也比较简单，通过校园海报张贴或利用朋友间关系营销宣传即可得到很好的效果。

（二）连锁加盟

连锁加盟的成功率相对较高，大学生创业者创业资源不足，特别是创业经验欠缺，甚至缺乏最基本经营管理知识。通过连锁加盟可以获得加盟品牌相对成熟的技术设备、相对低成本的人员培训和经过一定市场检验的经营管理模式，规避创业过程中的部分问题和阻碍，减少创业者的风险。但连锁加盟缺乏后续持续发展扩张的空间，模式单一僵化，不利于自有品牌建立和产品服务的持续更新开发。

（三）高科技领域

大学生创业者接受良好的教育，专业科学知识储备厚实，易于专业领域发现并取得创业的机会。作为大学生最新信息、最前沿科技，具备在高科技领域创业的明显优势，而且在校期间通过大学生创业大赛等的活动积累了一定的实践经验，形成了创业团队，这都对于创业成功有促进作用。

（四）智力服务领域

大学生创业者可以利用个人技能通过智力服务进行创业活动，这类型创业最大的特点是创业成本低，主要消耗的是创业者的知识储备和经验，可以帮助大学生创业者积累创业经验，为持续的创业活动积累资金资源。

第三节　创新创业资源准备

一、创新创业资源

(一)创新资源

1. 创新资源的含义

创新资源是指企业创新需要的各种投入,包括人力资源、物力资源、财力资源等各方面的投入。各种技术创新资源都是有限的,社会对创新的需要与创新的资源之间永远处于一种矛盾和对立状态。正确的创新战略规划,有助于用有限的创新资源,获取更多的创新成果。

2. 创新资源的特点

创新创业资源有三个评判标准:一是有价值,即占有和使用有价值的资源,能够带来潜在的竞争优势;二是稀缺性,有价值且稀缺的资源才能带来真正的竞争优势;三是不可模仿和不可替代性,有价值和稀缺的资源使竞争对手难以成功模仿或替代这种资源。能够为创新创业带来竞争优势的关键资源有很多种,以核心技术为主体或基础的"知识资产"是最重要的一种表现形式,它是核心资源。

(二)创业资源

1. 创业资源的含义

创业资源是指新创企业创办和价值创造过程中需要的特定的资源资产,包括有形资产和无形资产,它是新创企业创立和运营的必要条件,主要表现形式为:创业人才、创业资本、创业机会、创业技术和创业管理等。

2. 创业资源的作用

创业者获取创业资源的最终目的,是为了组织这些资源追逐并实现创业机会,提高创业绩效和获得创业的成功。无论是要素资源还是环境资源,无论是否直接参与企业的创办与生产,它们都会对创业绩效产生积极的影响。要素资源直接参与新企业创办,促进新创企业的成长;环境资源可以影响要素资源,并间接促进新创企业的成长。

二、创新创业资源的分类

创新创业活动具有风险性、不确定性、持续性和复杂性,需要具备和整合大量创新创业需要的资源。本书把创新创业资源分为有形资源和无形资源。

(一)有形创新创业资源

有形创新创业资源一般指财务资源和实物资源的综合。

1. 财务资源

指创业者或新创企业所拥有的资本,以及创业者或新创企业在筹集和使用资本过程中形成的具有独有不易被模仿的财务性资产,包括财务管理体制、财务管理制度、财务分析决策工具、财务关系网络和财务管理人员等。

2. 实物资源

指体现在其地理位置、基础设施、厂房、车间、机器设备等方面。例如,中国移动的基站设施与网络覆盖,保证了其信号的质量和接通率。企业对原材料的拥有与获取也是企业实物资源的一个重要组成部分。例如,茅台酒厂因为地理位置独特而必须对酿酒的优质水源进行控制。

(二)无形创新创业资源

无形创新创业资源一般指时间与空间资源、信息资源、技术资源、品牌资源、文化资源和管理资源等。

1. 时间与空间资源

指企业在市场上可以利用的,作为公共资源的经济时间和经济空间:时间资源(经济时间)是指人类劳动直接或间接开发和利用的自然时间或日历时间;空间资源是指人类劳动直接改造和利用的、承接现实经济要素运行的自然空间。"时间就是金钱"说明了实践资源的价值,"天时不如地利"说明了空间资源的重要性。

2. 信息资源

是指人类社会活动中积累起来的以信息为核心的各类活动要素的集

合,包括:信息技术资源、信息设施设备资源、信息生产者资源等。

3. 技术资源

指创新创业过程中解决问题的手段和方法,包括:解决实际问题所需的软件方面的知识及经验;解决问题借助使用的设备、工具等硬件方面的知识。

4. 品牌资源

指所有可以用来建立巩固品牌权益与品牌形象的方法。涉及品牌与消费者的接触及消费者的品牌体验,可以影响与改变消费者的品牌认知与品牌态度。

5. 文化资源

指对人们能够产生直接和间接经济利益的精神文化内容,文化资源具有不确定性、抽象性,但对于创业者和新创企业却是可以产生较大价值、所需其他资源投入较少的创业资源。

6. 管理资源

把潜在生产力转化为现实生产力的无形资源。在企业生产活动中,存在物质、人力、财力和管理四种资源,管理资源是其中一种,具有无形和潜在的价值。

第四节 创新创业教育

一、创新创业教育的含义

创新教育就是以培养创新精神和创业能力为主要内容的教育,是在实现义务教育的前提下,在实施素质教育的过程中,为迎接知识经济时代的挑战,培养学生的创新意识、创新思维和创业能力。创业教育是使受教育者能够在社会经济、文化、政治领域内开展创新活动,寻找、开辟和拓展新的发展空间,并为他人和社会提供机遇的探索性行为。

创新创业教育是培养具有创业基本素质和开创型个性的人才,主要培养和提升创业者的创新意识、创新精神和创新创业能力,强调通过实践训练基本的创业技能,培养具有创新思维意识和创业能力的高素质创新型人才。创新创业教育本质上是一种素质教育,具有创新性、创造性、实践性,这也是知识经济时代大学生应具备的基本素质。

从广义上说,创新创业教育是为了培养具有开创性、拓展性的个人,创新创业教育对于培养个人的首创精神和冒险精神、创业能力和独立开展工作的能力具有重要作用。高校应该将创业技能和创业精神作为教育的基本目标,从实现高质量就业和创造新就业岗位两个方面开展工作。大学生要端正态度,积极参与创业技能学习掌握,培养创业者意识和主动参与精神,不仅仅作为求职者,而是要成为工作岗位的创造者。

二、创新创业教育的价值

(一)增加就业

短时间内大学生就业形势都将面临较大挑战:劳动力总量供过于求、大学毕业生总量持续增加、就业呈现结构性矛盾、就业结构不合理等问题会持续存在。通过就业才能使得经过高校系统教育培养出来的人力资本能够人尽其才、才尽其用,才能为国家和社会创造更多的财富,更大地提高经济社会运行效率。

(二)树立择业观

正确地引导教育大学生的就业择业观,对于新生要从了解当前社会的发展形势,确立正确的择业就业观念奠定基础。高等教育走向"大众教育",2017年普通高校毕业生人数为795万人,2018年普通高校毕业生人数有820万人,2019年普通高校毕业生人数为834万人,2020年普通高校毕业生人数高达874万人,大学生与社会需求"供大于求",树立正确择业观有助于实现就业。

(三)培养创新创业意识

对思考新方法、开辟新天地充满热情,心理承受能力强,抗压能力强。创业者制定的目标符合市场实际需求。积极落实创新创业政策,给予创业者鼓励政策,完善政策、简化创业审批程序、提高支持力度、协调资金来源。

三、创新创业教育模式

全球创新指数(GII)报告前五名分别为瑞士、瑞典、荷兰、美国和英国,这与积极开展创新创业教育密切相关。

美国是创新创业教育的发源地,创新创业教育历史最为悠久,模式也最为成熟,比较成熟的模式有:聚集模式,是最传统的创新创业教育模式,是将创业学作为独立的学科设置在商学院或管理学院,课程内容必须体现较高的系统化和专业化,具有明确的创新创业人才培养目标和考核标准依据。磁石模式,认为创业行为不仅是商学院学生的专利,商学院以外的学生也能够学习创业知识,从事创新创业活动,在商学院或管理学院先成立创新创业教育指导中心,通过整合现有优质资源吸引全校范围内的、不同专业背景的学生接受创新创业教育。辐射模式,是在全校统一开展创新创业教育的模式,为不同专业背景的学生创造良好的学习氛围,也鼓励不同背景的教师参与创新创业教育。

欧盟加大公共创新研发的支持力度,1984年开始的欧盟研发框架计划是迄今为止世界上最大的公共财政科研资助计划。从21世纪初开始,欧盟及其成员国先后出台了一系列针对高校在校生的创业教育政策,对高校创业教育产生了较大影响。2006年欧盟进一步发布关于创业教育的报告,将创业教育与培育欧洲独特的创业文化联系在一起。

从20世纪90年代开始,日本经济泡沫破裂,经济发展持续恶化,近三十年未出现新的经济增长点,为此日本政府出台鼓励政策,构建"官、产、学"协同合作的开放式创新生态系统,调动政府、行业企业和学校三者共同参与,以期在互相合作过程中推动经济发展。在政府主导下,由企业和学校共同建立创新创业组织,可以利用高校资源帮助企业以更加经济的方式解决实际问题,也可以为学校师生提供一个实践检验的平台,这是良性互动的合作。

四、国内创新创业教育发展

创新创业教育是满足中国经济快速推进、升级换代、跨越转型的基本要求,也是为了增加国家整体综合国力和持续高速发展的现实需求。创新创业教育是要培养具有主动观察、分析环境变化,能够及时根据变化做出创新创业决策的人,创新创业人才的培养必须走差异化、特色化,有针对性的发展模式。

(一)树立个性化人才培养理念

尊重个性,是创新教育的第一要义,必须充分尊重个性的价值,承认"创造性寓于个性之中"。根据每个人的特点进行施教,而非采用统一模

(二)坚持应用型人才培养理念

重点培养学生对知识的理解和应用能力,结合每个人的个性特色,尊重每个人的成长背景,使个体与环境之间展开有机的互动,把知识应用到解决实际问题的过程中。应用型人才培养要求教学体系不应以学科知识体系为主,而要以实际行业面对的问题为主导。强调"做中学",强调个体的主动探究,提倡团队教学和研究性教学,提倡以解决问题为中心开展教学内容设计。

(三)坚持创新型人才培养理念

从观念上进行突破。培养个性化人才、应用型人才,都是围绕培养创新性人才而设计的。改变传统的教育方式,让学生参与实践实习过程推进知识向能力的转化,提升学生运用知识解决实际问题的能力。精选教学内容,适可而止。

(四)拓宽国际视野人才培养理念

创新性人才是没有国界分别的,创新人才的培养最终要走向国际。有国际视野,要具备国际视野,就首先需要具有跨文化的交流能力,不能完全按照自己本土的定势思维来思考世界上的事情,必须学会站在客位的视角来审视一切,对问题的思考更加全面和深入,最终成为拔尖创新人才。

五、当前创新创业教育体系

创新创业教育是以培养具有创新意识、创新思维、创业能力的创业基本素质和开拓型人才为目标,面向学校和社会,针对所有人(包括有创业意愿和无创业意愿)进行的创新思维培养和创业能力锻炼的教育。构建符合我国经济发展和高校教育的创新创业教育人才培养体系,是目前我国发展大趋势的要求,也是我国新型高等教育的重要研究项目。

(一)创新创业教育形式及要点

1. 创新创业教育主要形式

(1)创业设计竞赛,提倡在赛中学,同时在学中赛。
(2)对现有课程体系进行改革,建立创新创业教育及与专业课教育结合的课程体系,开设创业实践课程。

（3）建设创业园区与创业孵化基地,以基地为依托进行实践教学工作。

2. 创新创业教育要点

（1）扩展功能链条,促进创业教育与创业活动的联动。
（2）构建多元主体,强化创业教育机构体系建设。
（3）加大扶持力度,强化创业教育保障体系建设。
（4）注重内容开发,强化创业教育课程体系建设。

（二）创新创业教育主要内容

创业课程要培养学生把握创业机会的洞察力、面对风险的承受力、应对失败的适应力,同时还要传授创业技能,例如团队建设、团队协作、经营管理、财务知识等。

1. 创业机会识别与商业模式设计

创新创业教育最主要的内容是学习对创业机会的识别与判断,发掘和创新商业模式。在此基础上将会计财务、生产运用、经营管理、市场营销等知识教授给学生,以培养创业者综合素质和提升创业技能为目标,做到学以致用。

2. 创新创业风险与危机分析

创新创业活动面临较大的不确定性,风险随时出现,失败的可能性很大。作为大学生要掌握识别创新创业活动风险和危机的因素,认识到企业所处商业环境的复杂,新创企业会面临各种失败的压力。具备"发现"问题,"认识"问题的能力,培养大学生具备创业家一样对环境的洞察力。

3. 创业者心理养成

创业风险往往给创业者带来巨大的心理压力与时间压力,使创业者感到心理焦虑与自我怀疑。创新创业教育中要增加能帮助学生克服心理障碍,调节创业压力的内容。创业者要在创新创业教育中学习面对各种压力与失败的能力,要具备走出商业失败、进行心理调试的能力。

4. 社会资本与人际沟通能力

中小企业需要借助社会资本与良好的人际关系弥补创业资源不足的问题,创业课程应教授如何通过良好的沟通建立人际网络,说服社会资本以建立发展可信任的商业关系与协作。

第二章　创新意识、创业精神与创业人生

第一节　创新意识与创业精神

一、创新意识

(一)创新意识的含义

创新是对已有的资源(包括人力、物力、财力等)在一定情境下,进行改进或重新创造新的事物(包括方法、元素、路径、环境等),并获得积极效果或影响的行为。创新的动机从人的角度看,分为有意识的主动创新和无意识的被动创新两大类,贯穿于人类社会全过程,是人类不断创造物质文明、精神文明等并持续淘汰落后思维意识、制约事物,创造具有相对先进性、能产生一定社会价值或经济价值的人类活动过程。

创新意识是人的自觉行为,指根据社会发展趋势和人的需求状况,引起的改造现有的或创造新的事物或观念的动机,并在整个创造活动中(包括设想、实现、反思)表现出的意愿和设想。创新意识是人对创造新事物活动本身与新事物产生的价值性、重要性的一种认识水平、认识程度以及对新事物的判定标准,并以这种判定标准来规范和调整自己的行为活动。创新意识能够产生明确的创新目标、具体的创新价值指向、稳定的创新需要并自觉产生创新推动力量。创新意识是一种积极的、有价值的意识表现形式,是产生创造性思维和创造能力的前提,是创新创业活动的起点。

创新意识包括创新动机、创新兴趣、创新情怀和创新意志。创新动机是助推因素,能推动和激励人持续进行创造性活动。创新兴趣能促进成功,是人积极探求新奇事物的心理倾向。创新情怀是引起、推进乃至完成创造的心理因素,是从事风险较大的创新创业活动的重要心理因素。

创新意识与创造性思维不同,创新意识是引起创造性思维的前提和

条件,创造性思维是创新意识的必然结果,创新意识是创造人才所必需具备的。

(二)创新本质

《周易·系辞下》"天地之大德曰生",创新就是"生"。所谓"生",是说"世界"并非本来如此,亦非一直如此,而是生生不息、日新而月异。所谓"创新"就是从被抛弃、被忽略、被认为是"不可能"的"空白处"生出"有"来,超越已有的成果,不为权威的结论所束缚,不被流行的观点所湮没,不因眼前的困难而退缩。创新就要淘汰旧观念、旧技术、旧体制,培育新观念、新技术、新体制。科学就是创新,有没有创新能力是当今世界范围内经济和科技竞争的决定性因素。创新的本质是进取,是推动人类文明进步的激情。

创新的本质是不做复制者,单纯的模仿不是创新,不断重复会造成原创力降低。从时代转变的角度看问题,创新的本质在于继往开来,要批判地对待新旧事物,把过去和未来熔铸在现实。人类靠创新能力自立于天地之间,不断创新的人生最有意义。

(三)创新意识的影响因素

创新意识的产生受到诸多因素影响:领军人物、创新团队、知识储备、科学仪器、科学技术、创新体制、创新文化、人才培养。

1.领军人物

创新想要成功,首先就是人才,没有像田中更一、王选等这样领军型人物,汉字激光照排系统等创新不可能成功,所以说人才是第一要素,创新的关键在人才。

2.创新团队

创新需要把多方面的知识结合起来实现目标,需要团队,以领军人才为中心形成一个紧密合作型的公关团队,进行互相交流、互相促进,才能取得创新成功。

3.知识储备

除了领军人物、创新团队,还需要知识储备。应该建立庞大、完整的机构,把知识收集、整理、凝练、存储,让各个相关者参考利用。

4. 科学仪器

巧妇难为无米之炊,没有好的科学仪器设备,解决重大发现,实现创新是比较困难的。

5. 科学技术

科学仪器不能简单靠引进利用,这个过程综合成本很高,如果我们能够自己生产,经济性就会很强。所以提升创新能力,需要扎实的科学技术基础。

6. 创新体制

创新需要好的保护体制,这有助于创新取得成功,刺激创新创业活动和行为不断产生,必须重新审视创新体制的价值。

7. 创新文化

创新需要崇尚创新的文化,创新文化环境对国家、企业、个人的创新活动影响巨大;创新文化的形成可以在全社会形成宽容的环境,包容创新创业失败;创新文化还能吸引更多人参与到创新创业活动,整合更多优质资源。

8. 人才培养

创新成功人才是第一要素,是创新创业活动成功的关键。政府和企业必须关注人才培养,积极搭建创新创业实践平台,通过实践发现人才,选拔人才,培养人才,让人才在实践中成长。

(四)创新意识的作用

1. 宏观价值

创新意识对于国家发展、民族振兴具有现实意义,对于当今时代青年,尤其是希望从事创业活动的大学生具有重大的价值。

创新意识是一个国家、一个民族重要的精神力量。当今时代创新能力就是国家持续发展、民族振兴的代名词,是一个国家、民族解决发展问题能力的重要标志,是一个国家综合国力的重要评价指标。创新意识推动社会全面进步发展。创新意识受社会生产方式直接影响,它的形成和发展也会反过来推动社会生产方式的进步,带动经济的快速发展。创新意识影响对人才的判定,提高对综合素质的要求。创新创业普及实质上确定了人才标准,新时代的青年必须是复合型,具备综合素质,充满激情和活力、勇于探索和开拓、思维活跃、掌握先进技能。

2. 创新的企业价值

持续的全球化和不断变化的客户需求使得企业长期生存越来越艰难,特别是在新创企业生命周期普遍较短的大背景下,创新被认为是企业在此环境中的重要条件。公司通过培养创新行为和实施产品创新以实现可持续发展的能力是重要的。创新是企业保护其存在的重要武器,它可以使企业比竞争对手更加具有竞争优势。创新包括改变现有方法或创建与提供产品和服务相关的新方法。

二、创业精神

(一)创业者、创业精神

1. 含义

从事创新创业活动的人可以称为创业者,经济学家认为创业者是指在有盈利机会的情况下自愿承担风险创业的人,创业者是推销新产品或服务,将有市场需求却尚无产品或服务供应的新产品和新工艺开发出来的人。约瑟夫·熊彼特(Joseph Schumpeter)专门研究了创业者创新活动本身和结果进步的积极性所导致的动荡和变化,将创业精神看作是"创造性的破坏"力量,创业者采用的"新组合"使原有产品和服务遭到淘汰,原有的经营理念与方式被摧毁。彼得·德鲁克(Peter Drucker)将这一理念更推进了一步,称创业者是主动寻求变化、对变化作出反应并将变化视为机会的人。

创业精神是指在创业者具备的开创性思维意识、个性观念和意志品质等。创业精神是实现创业成功,刺激经济增长,创造就业机会的必要因素,培育创业精神是创造就业机会和促进经济增长的关键。

2. 创业精神内涵

创业精神分为三个层次:哲学层次的创业思想和创业观念,是人们对于创业的理性认识;心理学层次的创业个性和创业意志,是人们创业的心理基础;行为学层次的创业作风和创业品质,是人们创业的行为模式。

第二章 创新意识、创业精神与创业人生

(二)创业精神的作用

(1)人类社会的发展史就是艰苦创业精神的结晶。人类在改造自然与社会的过程中,使艰苦奋斗的创业精神逐渐积淀成为一种崇高的美德,成为后人继往开来、创造更加辉煌灿烂的物质文明、政治文明、精神文明和生态文明的巨大动力。

(2)创业精神是人们成就事业必不可少的精神动力和崇高的美德,创造伟大的事业需要并将产生崇高的精神,崇高的精神支撑和推动着伟大的事业。

(3)为了巩固和提高目前达到的小康水平,为了实现各族人民的共同理想,推动现代化建设,需要大力倡导和发扬艰苦创业精神,尤其是开拓创新精神。

(4)具备创业精神,最大的好处就是在精神上激励创业者为实现创业成功而不断突破自己,创业者在逆境中找到突破口,让人不断振奋。创业的过程能够磨练人的心智,创新精神能够在人的主观意志中起重要作用,让人们在遇到困难时不断突破自我,找到更好的解决方法,从而实现创业梦想,实现个人的自身价值。

良好健康的创业心态和创业精神有助于创新创业活动的成功,作为创业者,首先培养创业精神一定要有不怕苦不怕累的精神,一个乐观的心态;培养创业精神一定要有强大的内心,不能遇难则退;创业精神、经验都是从小的创业开始做的,慢慢开始积累,要端正心态,能够从小事做起。

三、创新创业精神培养

(一)构建创新创业愿景

愿景即前景,是一种可实现的设想。构建创新创业愿景就是建立创新创业活动目标,是创业者对未来发展的一种期望。能够培养无限的创造力,激发强大的驱动力,创造更多未来的机会。

(二)实现以目标为导向

设定创新创业目标,设定行为标准并且为达到标准而努力工作。为实现创新创业目标,投入大量的时间、精力、资金甚至改变生活方式。

(三)持续不懈努力工作

为创新创业目标投入大量的时间、物力、财力和精力,并且具有能够长久坚持不懈地工作的能力。努力工作增加成功的可能性,是实现创新创业活动经济价值、社会价值的重要方式,也是创业者自我成长,增加人生阅历、体现人生价值的重要手段。

(四)建立自信,学会坚持

自信是对自身力量的一种确信,对完成某项任务的肯定,能够实现所确立的目标。建立自信需要有丰富的实践,实践经验的充实有助于自信的建立。创业者自身自信的建立,可以对创业活动的其他参与者产生积极的影响。

(五)能够积极应对失败

从容面对失败,从失败之中汲取经验与教训,并挖掘新的机会和发展,是创业者积极态度和应对能力的最好体现。创业者必将面对很多次失败,因此需要有面对失败的勇气和总结反思失败的能力。

(六)积极主动承担后果

创新创业活动会有很大的可能出现波折和失败,创业者要主动地对成功或失败承担责任,不论成败,不能逃避。

(七)学会倾听

倾听不是简单的用耳朵听,是以一种开放的心态放下自我,以客观角度看待事物。创业者自己努力奋斗承担责任的同时,倾听专家和先行者的建议和意见。

(八)言行一致,诚信为本

"诚"既真诚,"精诚所至,金石为开"。亚伯拉罕林肯曾说:"如果想赢得成功,首先让人感觉到你的真诚"。社会活动中要想赢得对方的信任,让对方接受自己的思想认识和观点要求,真诚是最重要、最有效的手段。"信"既守信用,"言必行,行必果"。承诺别人的事,就要尽力办好,所以人说话办事要有分寸,不能信口开河,承诺能力范围之外的事情,以致失信于人。

(九)勇于承担失败风险

风险就是不确定性,生活中处处有风险,创新创业活动失败风险更大。创业者面对风险就要提前准备,做好应对预案。创业者承担风险不仅仅是要面对失败的危害,重要的是先做风险研究,再做决策,从容面对可能出现的不利情况。

(十)培养决策能力

创业者决策包含决定和选择两方面任务,决策有两种方式:一是靠直觉作出决策,这种能力源于在实践活动中的经验积累;二是靠科学方法作出决策,需要掌握一定的理论,遵循必要的程序。决策能力体现在对问题的界定、挖掘问题产生的各种原因、制定解决问题的方案、对后续影响的判断以及良好的执行能力等。

(十一)优秀领导力

领导力是一种影响力,是领导者影响群体实现目标的能力。领导者要有很强的个人魅力和感召力,有道德能树立良好的榜样,有能力工作努力并获得良好的工作结果,要态度公正而诚实地对待他人,有技巧善于倾听并尊重他人的观点,人际关系处理得当并能保持下去,有方法管理科学高效具有合作性,管理方法得当,好的领导还需要是个热心人,具有团队协作精神。

(十二)储备知识、掌握技能

知识是指能够在适当的时候回忆起来的信息储备。技能是能够应用知识的能力,可通过练习获得或发展。合理的知识结构和应用知识的能力是创新创业基础条件,没有合理的知识结构,创新创业活动就无法落地实现,就不具备可行性。现代社会需要知识结构合理的人才,能根据社会发展和创新创业活动具体要求,将所学到的各类知识(包括科学文化和社会经验)有效地组合起来应用,以适应环境变化。

四、大学生创新创业精神

增强大学生创业信念、认知,培养大学生创业精神,可从以下几个方面进行:通过建立校园创新创业文化,营造文化氛围,塑造学生的优秀创新创业品质,提高学生的创新创业热情。培育创新创业人格,增强创业精神,建立谨慎自信、不屈不挠、进取心强、坚持不懈等特征。勤于实验观察,树立创新意识,努力发现兴趣点,激发求知欲,培养创新意识。通过模拟实践,积极参与科研项目和竞赛,培养创业精神,去学习、去运用、去反思,在实践活动中体验真实感受,强化创新创业意识,确立创新创业信念,明确创新创业风险。努力学习专业知识,掌握创新思维方法,构建良好的知识框架和结构。

第二节　创业人生与目标

一、创业与职业生涯

(一)职业生涯、职业规划与人生发展

1. 含义

职业生涯是所有和职业相连的行为与活动以及相关的态度、价值观、愿望等持续经历的过程,也指职业选择、职位变迁、职业目标实现等过程。

职业规划是对职业生涯进行持续系统的计划过程,是指个人与组织相结合,在对职业生涯的主客观条件进行测定、分析、总结的基础上,对自己的兴趣、爱好、能力、特点进行综合分析与权衡,结合时代特点,根据自己的职业倾向,确定其最佳的职业奋斗目标,并为实现目标做出安排。

2. 职业规划内容

职业规划由能力评估、职业定位、目标设定和实施计划四个要素构成,具体分为六个阶段。

(1)自我评估阶段:主要包括对个人的需求、能力、兴趣、性格、特质等方面的进行分析,以确定个人具备的能力特征和适合的职业类型及岗位。

(2)组织与环境分析阶段:人是环境的产物,受环境影响,短期职业规划需要着重分析组织环境,长期职业规划要重视宏观社会环境分析。

(3)职业生涯发展评估阶段:指对职业发展的长期规划和短期规划。通过对社会宏观环境的分析,结合个人自我评价具体情况,评估职业长期发展;通过对组织微观环境的分析,评估个人在组织中的短期发展。

(4)职业生涯目标设定阶段:职业生涯目标包括长期发展目标、中期

发展目标与短期发展目标,从实施的角度看包括战略目标和具体目标,分别与长期规划、中期规划和短期规划相对应。

（5）职业规划方案制定实施阶段：把职业生涯目标转化成具体的方案和行动措施。具体的行动包括职业生涯发展路线的选择、职业类型的选择,职业教育和培训计划的制定。

（6）评估与反馈阶段：职业生涯规划的评估与反馈过程是个人对个人及职业的不断认识过程,也是对组织与社会环境的不断分析、了解、认识过程,是职业生涯规划有效执行与实现的手段。

3.职业规划的意义

有职业规划的人会有清晰的职业发展目标,能抗拒短期利益的诱惑,坚定地朝着自己的方向前进,才会感觉充实。只有找准职业角色定位才能取得最大的成功,很多时候失败的人不是没有能力,而是角色定位的失败,个人职业规划正是对个人角色的有效定位的方式。

职业生涯规划影响整个职业生命历程,是职业目标实现程度与水平,合理且科学的目标是关键。个人目标包括生活质量提高、职业发展提升、影响力增加、自我价值实现,而职业发展提升在整个目标体系中居于中心位置,关系着个人整个生命周期发展的方向与水平。

（二）职业生涯发展

1.含义

职业生涯发展就是将个人发展与社会、组织发展相结合,在对个人职业生涯的主观条件和客观意愿进行分析评价的基础上,对自己的兴趣爱好、能力特征进行综合分析与权衡,结合社会发展特点,根据职业兴趣与趋向,确定其最佳的职业奋斗目标,并做出行动计划与安排,提升职业技能与能力,拓宽职业生涯的道路,为职业生涯发展提供更多可能性。

2.职业生涯发展的过程阶段

（1）成长阶段

成长阶段,从出生到14岁。在这一阶段,个人通过与家庭成员、朋友以及老师的相互作用以及他们对个人的认同逐渐建立起了自我的概念。这一阶段角色扮演是极为重要的,儿童将尝试各种不同的行为方式,而这使得他们形成了对关系人反应的印象,并且帮助儿童建立起一个独特的自我概念或个性。这一阶段结束进入青春期的青少年,已经形成了对个人兴趣和能力技能的某些基本看法,开始对职业进行带有某种现实性的思考了,形成了最初的职业认识。

(2)探索阶段

探索阶段,发生于15—24岁。在这一阶段,个人将认真地思索各种可能的职业选择。试图将自己的职业选择与个人对职业的了解以及通过学校教育、日常和社会活动等途径中所获得的个人兴趣和能力匹配起来。在这阶段人们往往做出一些带有试验性质的、较为宽泛的、并不明确的职业选择。随着个人职业选择与自我认知的进一步了解,带有实验性质的职业尝试会被重新定义。比较符合个人兴趣与特质的职业被确定,并开始相应的准备工作。探索阶段最重要任务就是对个人能力和天赋形成真实评价,并根据职业选择来做出相应的教育决策,学习是这个阶段最重要的任务。

(3)确立阶段

确立阶段,发生在24—44岁之间,这是大多数人职业生命周期的核心阶段,个人需要在这个时期找到具体、明确、符合自己职业设想和个人特质的职业,并投入到具体实际的活动中。这一阶段个人职业将取得发展,但仍然是在设想与尝试中,不断选择和完善,会经历不同的三个环节过程。

尝试环节。发生于25—30岁之间。在这一时期,个人确定目前所选择职业是否符合职业目标设定,如果不符合,就准备进行相应的变化调整。

稳定环节。发生于30—40岁之间。在这一时期,个人已经确定职业目标,并依据职业发展目标制定明确的职业发展计划来挖掘晋升的潜力、工作更换的必要性以及为实现职业目标需要开展的教育、实践等活动。

中期危机环节。发生在30—40多岁的某个时段上。在这一时期,人们会根据最初的职业设想和规划目标对现实的职业发展情况做全面重新评价,是职业发展的过程管理。在阶段性的评价分析时可能发现,实际职业发展与职业理想高度一致,也可能发现虽然职业发展趋势向前但与职业理想目标不一致,甚至对于职业发展在人生过程中的重要性和价值进行新的定位。这一阶段需要面对现状进行重新抉择,为下一步职业发展确定目标,以及依据目标实现的可能性及支付成本进行投资收益分析,为下一步职业发展做出相应调整。

(4)维持阶段

维持阶段,发生在45—65岁之间。在个人职业发展的后期阶段,已经在从事的行业和工作领域中创造了一定价值,确定了相应的地位,因而绝大多数人在这个阶段会把主要精力就放在保有这一位置上。相应地也就不会提出新的职业理想和具体的行动计划。

（5）下降阶段

下降阶段,发生在65岁以后。当退休临近离开工作岗位时,就进入职业生涯中的下降阶段。这一阶段中个人需要接受权力转移、责任减少的现实,尝试转变个人角色,以更多的经验传授作为重要职业目标。同时,在职业生涯下降阶段需要从生活中重新挖掘兴趣爱好,弥补退休产生的空缺。

3. 大学生的择业就业观与创业观

（1）大学生择业观

择业观在大学生择业过程中发挥着基础性和全面性作用,是毕业生走向人才市场寻找工作必不可少的导向盘。择业者不仅要考虑到个人的需要、兴趣、能力等因素,还要考虑社会发展的需要,因此大学生应在择业过程中统筹兼顾,与时俱进。

随着高校招生规模的不断扩大,大学生的就业压力明显加大,部分学生的择业观念出现了新的变化,由一次就业转变为多次就业,自主择业转变为自主创业。调查显示,大学生选择"先就业再择业"的比例为33.2%,选择"自主创业"的比例为5.6%。

大学生创业观念得到加强,很大程度上是因为21世纪出现的就业高峰导致大学生择业越来越困难,许多大学生更倾向于通过创业来解决工作问题,这与社会环境的转变和个体的选择调整极其相关,逐渐使社会大环境提高了对创业的认同,择业的渠道和范围也不断变化。

（2）大学生就业观

大学生就业观是指他们选择职业时的价值观念,是自我价值取向在职业选择领域内的表现形式。对于大学生来说,就业是他们人生道路上至关重要的一步,找到一份称心如意的工作是每个大学毕业生的愿望。受社会各方面的影响,当代大学生的就业观存在过于功利化、不切实际等问题。要真正适应现代社会的需要,使自己在求职过程中脱颖而出,找到满意的工作,大学生必须与时俱进,清醒、正确地了解自己、认识社会,树立正确的就业观。

（3）大学生创业观

大学生创业观是大学生在创业经验积累和社会实践过程中形成的,是对如何进行创业这一实践活动的较稳定的认识、态度和基本的指导思想。大学生创业观主要包括创业的理想目标、创业的心理动机、创业的认知状况、创业的价值取向、创业的实现途径等五个方面。大学生创业是一种以在校大学生和毕业大学生构成的特殊群体的创业过程。近年来我国社会经济发展方式不断变革,以期实现跨越转型,同时经济发展下行压力不断增加,中美摩擦加剧,突发情况时有发生,大学生就业压力不断加剧,导致创业逐渐成为在校大学生和毕业大学生的一种职业选择方式。创业在解决就业和获得财富外,自主创业的一个重要原因就是实现自身价值与人生目标,获取他人和社会的认可。

大学生是接受过系统学习和训练的群体,有着较为丰富的知识储备和创造力,是创业主要人群。但大学生社会实践经验与创新创业执行能力的欠缺,会导致部分大学生创业陷入困境,甚至会引发创业失败的结果,使大学生创业成为了国家社会共同关注的话题。

二、自我认知与人生规划

(一)自我认知

1. 含义

自我认知指的是对自己的洞察和理解,包括自我观察和自我评价。自我观察是指对自己的感知、思维和意向等方面的觉察;自我评价是指对自己的想法、期望、行为及人格特征的判断与评估,这是自我调节的重要条件。自我认知也叫自我意识。自我,是个体对自己存在的觉察,包括对自己的行为和心理状态的认知。

2. 约哈瑞之窗

展示了关于自我认知、行为举止和他人对自己的认知之间在有意识或无意识的前提下形成的差异,由此分割为四个范畴:一是面对公众的自我塑造范畴;二是被公众获知但自我无意识范畴;三是自我有意识在公众面前保留的范畴;四是公众及自我两者无意识范畴,也称为潜意识。美国人提出的"约哈瑞之窗"理论分成四个部分,人的自我认知也是如此,可以把人的内在分成四个部分:开放、盲目、隐藏、未知的自我。

3. 自我认知的方法

(1)现实情景检测法

在日常活动中认识自己,通常行为都是自然发生的,没有通过任何的反思行为。例如:你会想一下,在对待脾气暴躁的人时,你是否能够以礼相待?如果是,那么你可能具有较强的合作与适应能力,情绪的稳定性也较强。

（2）内省法

通过与自己内心对话,反思自己。也是一个很好的方法。所以可以问问自己：自己工作的意义是什么？什么对自己最重要等。

（3）成长经历法

每个人的成长都是有积累的,例如：可以回想一下自己所经历的事情,自己是否能从中吸收那些失败教训,可利用学习的信息又有哪些？

（4）他人评价法

通过他人对自己的态度和行为方式来了解自己,能够得出较客观的定位。通过同事、朋友和上级的评价,能够加深对自己的了解,进一步完善自我。要保持开放的态度来接受外界的评价,甚至是指责。

（二）人生规划

1. 含义

所谓人生规划,就是一个人根据社会发展的需要和个人发展的志向,对自身有限资源进行合理的配置,对自己未来的发展道路做出一种预先的策划和设计,受人生观支配。人生规划包括：健康规划,长远规划（包括学习、工作、爱情、事业等规划）,事业规划（包含职业规划、学习规划）,情感规划（爱情、亲情、友情）,养老规划,资金规划,幸福规划等。

2. 人生规划内容

（1）具体内容

具体内容为：教育与人生；大学与人生；大学毕业生求职；社会对大学生能力素质的基本要求；大学毕业生成功者的必备素质；理想目标与人生；个人理财；能力与人生；责任与人生；道德素质、爱国责任与人生；意志力、自律与人生等诸多话题与内容。

（2）当代大学生人生规划

好的人生离不开好的规划,成功人生离不开成功的规划及在正确规划指导下的持续奋斗。当代大学生在人生规划过程中,从自我认识,职业定位等一系列都暴露出一些严重的问题,其主要的就表现在以下几个方面：目标设定功利化,规划路径设计不合理,社会实践的方向不清晰等。大学生要确立好自己的人生规划,要做到以下几点：

第一,必须要做到正确地认识自己。正确地认识自己是个人人生规划的基础,也是能否制定可行人生规划实施方案的前提。只有通过对自身全面、科学的评价,认识了解自我,才能对未来的人生规划生涯做出最佳抉择。如果当一个人忽视了对自己的自我评估,那么所做的一切人生规划就是无本之木,很容易前功尽弃。

第二,对当今社会的发展要做有效的分析。社会环境对个人人生生涯发展的影响是很大的,作为社会生活中的个体,只有顺应社会环境的需要,才能最大地发挥个人的优势,实现个人目标。

第三,有一定的策略和措施。人生生涯的策略制定与措施,是在为实现人生目标而制定的行动计划。在我们确定人生目标后,就要制定一个相应的实施方案来实现它们。实施策略措施要可行,能够正确的理解与执行。

第四,要有一个明确的目标。制定个人人生规划就是为了实现某种人生目标,进而获得自己理想的生活,所以目标抉择是人生规划的核心。首先根据个人素质与社会大环境条件,确立人生目标和长期目标,然后通过任务目标分解、分化成符合现实需要的长期、中期、短期目标。

当代大学生在进行人生规划、职业生涯设计时,要用创新思维考虑问题,训练和培养创新意识,用于进行创业尝试。

三、人生目标与管理

美国管理学家彼得·德鲁克(Peter Drucker)1954年在《管理实践》中最先提出了"目标管理"的概念,并进一步论述提出"目标管理和自我控制"的主张,认为:并不是有了工作才有目标,恰恰相反,是有了目标才能确定每个人的工作。因此"企业的使命和任务,必须转化为目标",如果一个企业、一项任务没有目标,涉及的相关工作必然被忽视。因此管理者应该通过设计确定目标对下级进行管理,组织最高层管理者确定了组织目标后,需要对组织整体目标进行有效分解,转变成各个部门以及个人的具体分层目标,并且管理者要根据具体目标的完成情况对下级进行考核、测评和奖励、惩罚。现代目标管理是20世纪50年代以后发展起来的一种管理方法,它以组织的总目标为中心,运用系统方法建立分层的目标体系,通过分权调动被管理者的能动性,从而有效地完成组织任务。彼得·杜拉克说:"目标并非命运,而是方向。目标并非命令,而是承诺。目标并不决定未来,而是动员企业的资源与能源以便塑造未来的那种手段。"

目标管理(Management by Objective),是以目标为导向,以人为中心,以成果为标准,而使组织和个人取得最佳业绩的现代管理方法。目标管理亦称"成果管理",是指在企业个体职工的积极参与下,自上而下地确定工作目标,并在工作中实行"自我控制",自下而上地保证目标实现的一种管理办法。

目标管理,重视人的因素,人与人之间是平等、尊重、依赖、支持的,要改善人际关系;建立目标锁链与目标体系,对目标分解中,权、责、利三者明确对称,提高工作成效;重视成果,以目标完成情况的考核为终结,提高工作成效。这对于青年人确定职业、人生发展方向,使个体的能力得到激励和提高具有积极意义。

在创新创业活动中、职业生涯规划、人生发展规划中引入目标管理理论与方法,对于实现大学生发展具有现实价值。

第三节 创新创业的价值

一、创新思维与意识的价值

（一）创新思维价值

创新的思维能决定如何最有效地利用有限资源出色实现目标。这些资源是为了实施战略所需要的财力、人力和物力资源。创新思维将指导整合有限的人力资源和减少的预算,以获得最好的效果。在竞争环境中创造性地思考也会使你理解并保持竞争优势的驱动因素,赋予对抗竞争的力量,赋予评估竞争对手所采取行动的战略影响的能力,引导采取有助于保持竞争优势的行动。

（二）创新意识价值

社会需要充满生机和活力的人、有开拓精神的人、有新思想道德素质和现代科学文化素质的人,创新意识能促成人才素质结构的变化,提升人的本质力量。

创新意识是人类意识活动中的一种积极的、具有价值的、富有成果性的表现形式,是人们进行创新创造活动的出发点和内在动力,是创造性思维和创造力的前提。代表着一定社会主体奋斗的明确目标和价值指向性,成为一定主体产生稳定、持久创新需要、价值追求和思维定势以及理性自觉的推动力量,成为唤醒、激励和发挥人所蕴涵的潜在本质力量的重要精神力量。创新意识进一步推动人的思想解放,有利于人们形成开拓意识、领先意识等先进观念。创新意识会促进社会政治向更加民主、宽容的方向发展。创新意识是决定一个国家、民族创新能力最直接的精神力量。

创新能力实际就是国家、民族发展能力的代名词,是一个国家和民族解决自身生存、发展问题能力大小的最客观和最重要的标志。

二、创新创业活动伦理价值

(一)个人价值

(1)激发大学生、社会进步青年、科技人员、科研团体和中小微企业的创新创业热情。

(2)改变生活水平和生活质量,拥有更多可以自己支配的财富,更好地完成想完成的事业。

(3)以对创造的社会价值而有存在感、自豪感,实现人生的价值意义。

(4)提高自主创新能力,抓住新的商业机会,创新性整合各类资源。

(5)培养大学生综合素质具有重要作用。

(二)社会价值

1. 创造物质财富与精神财富

企业存在的前提,就是要为顾客创造价值,并获取合理的利润。任何一个企业必然是为顾客创造价值,并为社会不断创造物质财富与精神财富。创业企业需更好地创造物质财富与精神财富。关于物质财富,可以从企业所提供的产品与服务、所贡献的税收等角度来理解;关于精神财富则可以从企业所形成企业文化、企业家精神、创新精神等角度来理解。例如"中华老字号"企业,不仅为社会创造了大量的物质财富,还为社会贡献了传承中华传统文化的精神财富。

2. 提供就业岗位,促进劳动就业

每一位成功的创业者可以解决5个人的就业问题,以创业带动就业具有明显的就业倍增效应。作为一个人口大国,我国长期以来一直面临沉重的就业压力,而通过发展创业经济来带动就业是扩大就业、缓解就业压力、促进劳动力转移的一个有效途径。目前我国有很大比例的就业,是通过各种政策鼓励自主创业和自谋职业实现的。

3. 是"新常态"下经济增长方式转变的新引擎

经济结构不合理,重要根源就是资源配置不均衡。创新创业本身就是一个将不同的资源组合起来,以利用和开发机会并创造新价值的过程。大量创新创业企业的创立、更新、发展、消亡,盘活了丰富的社会资源,开辟了更多的新市场,产生了更高价值的产品与服务,从而自动调节市场供求之间的平衡关系,并促进社会资源配置的优化,进而优化产业结构、促进经济增长方式转变;这种具有极强自主创新能力的创业型经济,自然会加速知识更新与科技创新成果向实际生产力提高的转化,减少社会经济发展对物质生产要素的过度依赖,从而推动经济发展模式由粗放低效高耗能型向集约高效绿色型经济转变。

(三)国家价值

1. 新创企业是国家或者地区经济发展中至关重要的部分,其创业活动直接反映出这个国家或者地区的经济活跃程度

美国管理学者杰弗里·蒂蒙斯(Jeffry A. Timmons)曾经指出美国经济的强劲增长和创新活力,关键在于其整个社会旺盛不衰的创业精神和新创企业生生不息的创业活动。这种由众多新创企业参与、建立在创新经营与新创事业基础上的经济形态,我们称之为创业型经济。其主要特点是以创业精神和创业活动作为经济增长的关键驱动因素,具体表现为高水平的创业活动多、创新发明与专利多、为顾客乃至整个社会带来的创造性价值多、创造的就业机会多、成长型中小企业多。

创业型经济具备增强自主创新能力、转变经济增长方式和扩大社会就业的显著作用,已成为一个国家或地区经济发展的基础。在美国就业机会几乎都是由创业型和创新型企业创造的。

2. "新常态"下我国经济发展的新引擎

大众创业、万众创新,是发展的动力之源,也是富民之道、公平之计、强国之策,对于推动经济结构调整、打造发展新引擎、增强发展新动力、走创新驱动发展道路具有重要意义,是稳增长、扩就业、激发亿万群众智慧和创造力,促进社会纵向流动、公平正义的重大举措。

3. 促进综合国力提升

党的十八大明确提出"科技创新是提高社会生产力和综合国力的战略支撑,必须摆在国家发展全局的核心位置"。强调要坚持走中国特色自

主创新道路、实施创新驱动发展战略。创业必定会带来创新,使中国早日实现建设成为社会主义现代化强国的目标。

创新是企业家对生产要素的重新组合,创新是赋予资源以新的创造财富能力的行为,创新主要有两种:技术创新和社会创新。著名经济学家诺思认为,世界经济的发展是一个制度创新与技术创新不断互相促进的过程。相对于创新理论,创业研究起步较晚,目前尚未形成统一的分析框架,一般认为创业是指一个人发现和捕捉机会并由此创造出新产品或服务的过程,主要标志和特征是创建新企业或新的组织。创业不仅仅局限于创办新企业的活动,在现有企业中也存在创业行为。

三、创业活动伦理与原则

(一)创业活动伦理

创新创业是指基于技术创新、产品创新、服务创新、商业模式创新、管理手段创新、组织架构创新、市场营销创新等方面的某一点或几点创新而进行的创新创业活动。

创新是创新创业的特质,创业是创新创业的目标。创新创业是基于创新基础上的创业活动,既不同于单纯的创新,也不同于单纯的创业。创新强调的是开拓性与原创性,是从无到有,不断优化的过程;创业强调的是通过实际行动获取利益,实现经济价值与社会价值的行为。创新是创业的基础和前提,创业是创新的目标和实现。创新创业与传统创业根本区别在于创业活动中是否有创新因素,这里的创新不单是技术方面的创新,还包含产品创新、服务创新、商业模式创新、管理手段创新、组织架构创新、市场营销创新等方面的创新,概括地说,只要能够给资源带来新价值的活动就是创新。在某一方面或者某几个方面进行创新并进行创业活动,能够产生社会价值或经济价值就是创新创业。

创新创业具有以下特点。

一是高风险性。创新创业是建立在创新基础上的创业,但是创新受到现有知识结构、认知能力水平、行为方式习惯等方面的影响,存在许多不确定性,使得创新创业会面临比传统创业更高的风险。彼得·德鲁克说过,真正重大的创新,每成功一个,就有99个失败,有99个闻所未闻。

二是高回报性。创新创业是通过对已有技术、产品和服务的重新调整优化组合,对现有资源的优化配置组合。给客户带来更多的产品与服务,更多的让渡价值,开创新领域"创业蓝海",获取更多的竞争优势,最终取得更多的价值回报。

三是促进上升。创新创业是在创新基础上的创业活动,创新是创业的基础和前提,创业是创新的目标和实现,并在创业活动过程中,不断进行优化资源配置、产品服务更新,价值创造不断提升。创新带动创业,创业促进创新,二者相互影响,共同成长。

(二)创业活动原则

正确选择合适的创业项目是创业成功的基础,创业者必须秉持严谨的态度,结合自身的优势和资金实力对行业进行细致分析。

1. 因时而动,选择具有前景的行业

创业者必须先知道国家目前正在扶持、鼓励哪些行业发展,哪些行业允许进入鼓励创业,哪些行业限制较多不利于创业。创业者选择国家政策扶持、鼓励的行业,对日后企业的发展将起到不可估量的作用。对于地方政府出台的各种政策也需要核查清楚,确保享受政策红利。

正确选择创业项目要善于分析把握宏观环境和微观环境的变化,随时关注市场行情的变化:首先关注现实市场,看当前的市场需求、产品供给和主要竞争对手。创业者选择畅销产品项目创业时,要全面分析项目实施的可能性,对产品本身、未来市场发展等作出判断。其次关注潜在市场,看行业未来发展趋势,是否符合国家经济发展走向和产业政策,是否准确把握消费者消费需求的变化发展。

2. 以市场为导向,了解市场需求

创新创业要树立"企业是为解决客户需求而存在的"观点,这样才能确保企业长盛不衰。创业项目的选择是以市场为导向的,必须从社会需求出发。要想知道社会需求,就必须做市场调查,特别是第一次创业的创业者,必须对市场进行详细的调研。

(1)了解消费者对产品(服务)的需求程度。根据消费者性别、年龄、文化层次、收入水平、消费习惯等因素的差异,可以把他们进行不同类型的划分,归为不同的消费群体,每一个消费群体就是一个细分市场,也是创业者应该集中精力服务的对象。创业者掌握的创业资源有限,受创业时机和个人精力的制约,创业者选项目时一定要知道自己服务的对象是哪些人,细分市场对产品(服务)需求的具体诉求和强烈程度如何。诉求多需求强的项目越容易做;诉求少需求弱的项目越难做。

(2)创业者要善于发现竞争对手,包括直接竞争对手和间接竞争对手;准确把握竞争的程度,分析是恶性竞争还是良性竞争。一旦面对恶性竞争,分析创业项目的产品服务有无新特色来应对这种竞争,或者考虑寻找没有恶性竞争的新项目。从竞争的角度来看,创业者不应该把眼光始终盯在竞争十分激烈的项目上,应该去寻找有特色、有价值、更易获利的新产品来做,或者寻找竞争规范、不太激烈的新项目来做。在选择创业项目时需要特别注意,既要考虑项目的特色,更需要考虑市场的接受程度、市场的实际需求水平和购买能力,选择有特色、有市场、能被快速接受的项目,这样就能提高创业成功率。

3. 因人而异,利用自身优势与长处

创业者应尽量选择与自己的专业、经验、兴趣、特长相匹配的项目。兴趣是创业的基础,项目能让创业者兴奋是创业成功的必要条件。日本的著名创客"米饭爷爷",几十年专注煮饭,正是因为兴趣让他沉浸其中,乐此不疲。很多创客、极客在切入项目和发展企业时选择自己兴趣所在的领域,他们在工作时往往就是享受且不知疲倦的。因兴趣而萌生的创业往往会走得更远并且容易取得较大的成就。

兴趣爱好决定了价值观,在遇到困难、挫折时,选择坚持还是放弃取决于个人对这件事的重要性、价值及其意义的认识,这就是价值观。创业者在选择创业项目时要问自己:我的兴趣爱好是什么?我认为哪些事是有价值的?创业活动、创业项目是否是内在心理需求反映,与个人价值观匹配程度如何?市场好比汪洋大海,创业者犹如沧海一粟。但是每个人都有自己的长处和优势,当你充分了解了某一行业、某一领域,同时又在技术上有专长时,就形成了自己在行业里的长处。创业者选择一个能充分发挥自己的长处和优势,自己有兴趣且熟悉的行业,那么创业就成功了一半。再好的项目,如果不适合自己,也有可能失败。

4. 量力而行

创新创业是一种风险投资,每位创业者都必须遵从量力而行的原则,应该尽量规避风险较大的创业项目,把为数不多的资金投资到风险较少、规模较小的创业项目当中,积少成多,滚动发展。

创业者在选择创业项目时要考虑产品或服务成本是多少,售价是多少,毛利是多少,毛利率是多少等众多涉及财务的问题。创业者对毛利率低于 20% 的项目要慎重考虑,这类型项目有别于公益类项目,盈利能力较弱,不适合创业新兵对于追求经济回报的诉求。有时候仅毛利率一个因素就可以否定一个创业项目,因为大部分创业项目的重要目标就是获得经济收益。

资源条件也是影响创业项目选择的重要因素。创业者在选择项目时还要充分考虑自身的资源禀赋，分析掌控的资源条件能否满足项目发展的需求，避免在资源供给不足的情况下盲目开展创业项目。例如，作为新创企业，需备6个月左右的现金储备，为企业持续运行和下一轮融资留有余地，否则很可能因为现金流动问题导致创业失败。

5. 把握好创业时机

事物处在发展初期，竞争较弱，此时进场较容易成功，百度、阿里、淘宝、腾讯、京东、小米等企业的发展壮大说明把握先机或大趋势的重要性。市场进入到发展成熟期或衰退期，意味着创业先机已经失去，市场被竞争对手占据，进入成本和竞争成本较大。当行业处于衰退期，进场为时已晚，市场需求稳定且逐步转换和减弱，项目获利能力减弱。进场时机的把控成为创业项目能否成功的关键因素，创业者选择创业项目时可考虑新兴产业，如当下创新创业最火爆的行业就是人工智能产业。

中华民族是一个勇于探索创新的民族，是有光辉的创业创新传统的民族。绵延万里历经千年的长城、连接南北的京杭大运河、明清帝王所在的北京故宫，还有指南针、火药、造纸术、活字印刷术四大发明，张骞出使西域、玄奘西行取经、郑和下西洋都鉴证了中华民族光辉创业创新的传统。中国共产党继承和发展了创业创新的优良传统，领导全国人民进行了艰苦卓越的斗争，打破旧的制约，建立新的模式。我们更应加倍努力发扬创业创新精神，把依靠粗放、传统劳动力密集的生产方式向技术创新、绿色高效生产转型，再向社会服务不断发展细化转型，"大众创业，万众创新"是中国经济未来希望所在，也是每个人实现人生价值的重要途径。

第三章 创业者与创业团队

第一节 成为一名创业者

一、创业者的内涵

1880年法国经济学家萨伊（Say）首次将创业者定义为"将经济资源从生产率较低的区域转移到生产率较高区域的人""创业者是经济活动过程中的代理人"。熊彼特认为"创业者即为创新者，具有发现和引入新的更好的能赚钱的产品（服务）和过程的能力"。创业者是为组织管理一个生意或企业并承担相应风险的人。

本书认为，创业者分为狭义和广义两种。狭义的创业者是指参与创业活动的核心人员。在知识经济时代，拥有核心技术的专家往往是创业者，许多创业活动最早都是由拥有某项特定技术专家发起的。广义的创业者是指参与创业活动的全部人员，包含了即将创办新企业或刚创办新企业的领导人、现有企业中负责经营和决策的领导人，也就是企业家和创始人。在创业活动过程中，狭义的创业者将承担更多的由风险和失败引发的损失，但同时也会获得较多收益。作为大学生，因为接受过良好的专业教育，掌握和了解技术发展的最前沿，所以更容易成为狭义创业者。但是由于本身资源制约和风险承受能力弱，更倾向于成为广义创业者，这与创业者本身的资源禀赋和性格特点有关系。

创业者是主导劳动方式的领导人，是具有创业精神和创业能力、勇于承担创业使命、期望获得成功荣誉的人，他们具备理性分析能力和准确的发展判断能力，能够有效组织、协调和利用资源，同时吸引能在创业活动中创造价值的追随者。

二、创业动机与创业态度

(一)创业动机

1. 创业动机产生

(1) 实现自身价值,获得成功的满足感

创业者往往掌握一定的专业技能或者具备丰富的管理经验,为了最大限度地发挥潜能和特长,实现个人的人生价值,并在创新创业中得到满足,从而寻求从事相关创业活动。

马克·扎克伯格(Mark Zuckerberg)出生于1984年,哈佛大学计算机和心理学专业辍学生,是目前全球最年轻的自行创业亿万富豪,净资产超过180亿美元。创建于2004年的Facebook从一个哈佛校内网站,到全美人气最高的大学生社交网站,再发展为全球性的社交网站,仅用了四年时间。2012年2月2日,社交网站"脸谱"正式向美国证券会提交上市申请,公司估值达到1000亿美元。扎克伯格拥有28.4%的股权,高达284亿美元。

(2) 获得物质回报,提高生活质量

绝大多数创业者创业初期都是为解决基本的物质需求,特别是小企业主基本是为改善生活状况而创业;还有部分创业者虽然已经有较为稳定的工作,但为了获得更多物质回报而从事创业活动。现在社会中的"斜杠青年"就是一群在完成本职工作的基础上,基于兴趣,利用专业特长从事创业活动的人。

(3) 创办企业,实现职业规划与理想

有些创业者是在获得基本的物质保障后,希望更好地实现个人价值和职业理想而进行创业。作为创业者和企业的管理者,可以更多地按照自己的设想意愿行动,但作为一名合格的、期望成功的创业者也需要清楚地认识到,创新创业活动必须符合市场发展的趋势,遵循基本的经营管理理论,能更好地体现创新创业活动的价值。创新创业不是创业者随心所欲的行为,必然会受到许多限制,因此要在规则限制的范围内"跳舞"。

1955年出生于美国旧金山的史蒂夫·乔布斯创业以来,为了能在市场中生存并确保苹果的核心竞争优势,他孜孜以求,长期不懈地对苹果进行创新、创优,追求卓越,成就斐然。乔布斯一手开创了PC(苹果电脑)、数字电影(皮克斯动画)、数字音乐(iTunes)、移动商业体系(APP Store)

和流行科技产品(iPod iMac iTouch iPhone iPad)五大工业,缔造出了一个前所未有的IT帝国。乔布斯的才华、激情和精力是无穷无尽的创新来源,这些创新丰富和改善了人们的生活。苹果公司从2006年至今在"年度全球最具创新力的25家公司"中,一直位列前茅。

（4）争取较大的自由度和灵活性

创业者的创业活动具有相对自由、灵活的时间和空间,这是自主创业的特点。但是作为创业初期的创业者,要清晰地意识到,这时的自由和灵活意味着要付出更多时间和精力,正常生活和工作时间会被扰乱,也要付出更多的时间和精神成本。

2. 影响创业动机的因素

影响创业动机产生的因素包含:个体因素(个人背景、人格特质、认知、能力、心理状态)和环境因素(创业环境、政策环境)两大类。

（1）个人背景

个人的性别、经济条件、受教育程度、价值观念、生活背景等都会影响创业道路的选择。一般男性比女性更倾向于选择自主创业,经济条件较差的人在创业动机产生和创业项目选择时更多的是基于追求物质回报,经济条件较好的人选择时主要追求自我价值的实现和成就的取得。同时原生家庭也会影响个人的创业选择,呈现正相关的特点。

（2）人格特质因素

人格特质对产生创业动机,做出创业决策具有根本影响。创业动机影响创业活动,外向性特质、开放性特质影响创新能力与创业倾向。但个性特质对创业动机的影响有限,因为个性特质会随时间改变而改变。

（3）认知因素

认知是创业者的信息积累及知识体系对创业动机的影响。创业者首先需要获取信息,并识别判断是否为创业机会,最终才会产生创业动机。

（4）能力特征

能力特征指创业者储备的知识和技能对创业意愿及创业动机的影响强度。正是基于相信通过教育,特别是创新创业教育,能够增加创业者的数量,提高创业成功率,世界各国都在积极开展针对全民的创新创业教育。通过相关教育个体可以获得更多创业知识,提升个体发现、识别、把握创业机会的能力,最终也可以促进创业活动的发生和创业成功。

（5）心理特征

心理特征包括创业自我效能感和创业意图。创业自我效能感是指个体相信自己能够成功扮演创业者角色并完成创业任务的信念强度。创业自我效能感是基于过去的经验和成就的反应,能给创业者提供能够胜任创业活动的结论,并产生积极的心理暗示影响,使创业者感觉有能力从事较高风险的创业活动。个体如果认为自己具有必备的创业能力,有很好的风险承受力,那么就更倾向于选择创业。

创业意图是建立新企业的有意识的状态,是创业活动的开始,创业者只有明确了创业意图后,才会开始创业机会的寻求和识别。

（6）创业环境

创业环境因素有:金融政策、政府政策、项目支持、教育和培训、研究开发及转移效率、商业环境和专业基础设施、国内市场开放程度、实体基础设施、文化和社会规范九大方面。不同的创业环境因素对所在区域人的创业意识和创业动机会产生很大影响。对我国来说,最明显的反映在南北差异上,广大南方地区整体创业文化发达,促使个体有意识地搜寻各种商业机会,萌生了很多创业动机,也最终促进了地方经济的快速发展。

（7）创业政策

创业政策是保障鼓励创业者从事创新创业活动的政策措施,目的和导向应是为创业者从事创新创业活动提供便利,降低壁垒,营造良好创业环境氛围,促进创业活动发生和成功。国家经济政策直接影响着创业活动,产业政策、金融政策等对于创业机会的产生发展非常关键,整体营商环境的变化会刺激个体创业热情。创业政策是创新创业活动的基本保障。

（二）创业态度

创业态度指个体对创业的看法和喜好程度,包含对独立、挑战、成就、权利、财富和社会认可等的态度,可以分为内生态度和外生态度。

对于一个经济主体(人或者企业),内生性的东西指的是经济主体可以自己决定的东西,比方说,如果经济主体是个人,那么这个人可以决定早餐吃蔬菜水果,还是馒头稀饭,所以早餐的食物类型就是内生性的;外生性的东西指的是经济主体不可以自己决定的东西,比方说,如果经济主体是个人,那么这个人的性别是男还是女不可以自己决定,所以性别就是外生性的。内生性的创业态度是创业者自己产生的创业想法或意愿,外生性的创业态度不受创业者自身控制,是外部环境影响的产物。

三、创业者类型

按创业者创业目标的不同,大致可以把创业者分成三种类型:谋生型创业者、投资型创业者、事业型创业者。

谋生型创业者往往是因为迫于生活的压力或是为了使自己的生活条件有所改善才决定创业。目前这类创业者占中国创业者总数的约90%。这种创业者绝大部分都是以小资金起步的,企业规模也较小。

投资型创业者是在已经拥有一定经济基础与实力的基础上进行创业,如天使投资。

事业型创业者把实现自己的人生梦想作为创业的目标,把创办的企业当作自己毕生的事业。

四、创业者特质

创业是一个发现捕捉创业机会,创造改良产品或服务,实现价值增值的过程。创业能否成功,与创业者个人密切相关。

科林·巴罗在《小型企业》一书中提出小企业人需要具备的6个特质:①全身心投入,努力工作;②接受不确定性;③身体健康;④自我约束;⑤独创性和敢冒风险性;⑥计划与组织能力。

唐·多曼在《事业革命》一书中提出了创业者的5种人格特征:①愿意冒风险;②能分辨出好的商业点子;③决心和信心;④壮士断腕的勇气;⑤愿意为成功延长工作时间。

第姆·伯恩在《小企业创业蓝图》一书中提出了对创业者、企业家的四点建议:①信心;②专门知识;③积极主动的态度;④恒心。

著名管理专家威廉·拜格雷夫认为优秀的创业者需要具备10个要素:①理想(Dream);②果断(Decisiveness);③实干(Doers);④决心(Determination);⑤奉献(Dedication);⑥热爱(Devotion);⑦周详(Details);⑧命运(Destiny);⑨金钱(Dollar);⑩分享(Distribute)。

本书认为一位优秀的创业者需要具备以下特质。

(一)拥有积极的创业动机

成功的创业者要有改变的激情,有改变世界的渴望,并有清晰的远景规划,能够制定行动规划。创业的愿望不能局限于对物质的追求和对成功的渴望,这样的创业动机会影响创业目标的制定,最终会导致创业失败。在明确动机后,需要组建创业团队,管理创业团队,尽快实现概念的产品化、市场化。

（二）提前把握市场机遇

优秀的创业者、企业家能够在市场形成出现之前看到市场机会，能够找到正确的市场模式。市场机会需要在大部分人发现之前准确把握，需要在不确定性因素较多的情况下开始准备活动。

（三）拥有坚定的创业信念

创业者要坚信自己的创业设想，否则就没有人追随你，就不会成功地组起团队一起前进。创业者必须展示出极大的确定信念，让别人相信创业项目一定会成功。创业者需要阐述自己正在做什么，清晰地表达自己的想法，描绘创业蓝图，谨记："我不确定我可以做这个，那么你会对它感兴趣吗？"

（四）提前做好市场分析预判

创业者把时间、精力和资金财富都投入到创业中，需要了解市场规模、发展潜力、行业竞争和可能遇到的困难，明白创业该做什么，项目如何具体执行落实，如果无法把握细节问题，创业活动将无法进行，更无法成功。

（五）创业者要做好表率

除了能清楚表达战略思想和目标以外，优秀的创业者还要能起到表率作用，做到率先垂范。如果创业者没有全身心投入，付出的时间、精力、资金等都不足，那就没有树立好的创业榜样。如果创业者把个人利益与创业活动深度绑定，全情付出，更加努力工作，团队成员就会在带动下奉献更多时间，把事情做得更好。

（六）成就创业团队与成员

创业项目的成功并非创业者自己的成功，是创业团队的成功，是每一位成员努力的结果。创业者要有培养人才、信任人才、敢于用人的雅量，认可团队成功，不与团队成员争功。优秀的人在一起才能取得成功，好的项目、公司需要优秀的人才和优秀的团队参与其中。

（七）善于听取建议，做出合理决策

"兼听则明，偏听则暗"。创业者要具备从不同角度听取意见，获取信息，并进行分析做出对策的能力。这个过程关键是有足够多的信息作为

决策依据。创业者不可能掌握所有决策所需要的信息,这会导致决策失误,要具备尽快弥补错误,重新整合资源的能力。作为创业者既要广纳谏言,也要明智决断,不接受别人的意见和全盘接受都是错误的。

(八)持之以恒,永不放弃

成熟企业有较为充足的人力资源、资金资源的储备,可以保证企业生存,而新创公司的成功关键是有创意的想法、有实现它的人,还有坚持创意的精神。创业活动具有高风险性和极大的不确定性,成功的创业者遇到问题时要毫不退缩,时刻思考如何攻克难关,坚持寻找解决办法的人。创业者是非凡的,具有较强的创业精神与意志。

五、创业者素质与能力

(一)创业者素质

1. 心理素质

创业者心理包括自我意识、性格、气质、情感等构成要素。创业者应该具备自信、自主、刚强、果敢、坚持和理性。创业者能够承受挫折和挑战带来的心理压力,树立创业理想和信念:创业一定会赢,困难挫折都是暂时的。除了承受风险和失败带来的压力,还要能够在创业成功之后具备坚持不懈的精神。

2. 身体素质

创办企业,从事经营管理活动是艰苦复杂的,创业者必须从事繁重的工作,持续时间长,面对压力大。如果创业者身体素质不好,必然难以承受创业高强度、高负荷的任务和压力。

(二)创业者的能力

创业者既要动脑又要动手,既要有开创精神又要有创业能力,既要能从事生产劳动又要能从事开拓性的创业活动。因此,创业者要具备宽广的视野,善于捕捉信息;有果断的决策能力,敢想敢干、勇于创新;有经济头脑,注重经济效益,讲究工作效率。

1. 具备财务知识和管理能力

"兵马未动粮草先行",财务资金就是创业活动的"粮草"。创业者如果看不懂财务报表,搞不清楚项目营收情况,往往就会出现盲目投资、项目发展过快等问题,这会直接导致新创企业资金链紧张甚至断裂。创业者要学习财务管理基本知识,了解项目和企业的营业收入、利润以及剩余存货价值,科学制定经营发展策略。创业者要有价值意识,要知道创业活动产生经济效益的大小和途径方式,创业活动最终是要追求经济效益的。

2. 有分析预判、规避风险能力

成功的创业者要具有规避风险的能力,形成风险预防的意识,能够主动、充分、及时地收集市场信息,对市场发展趋势和可能出现的变化作出预判;同时提前制定危机处理预案,制定应对策略,做到防患于未然。

3. 善于学习和战略思考

创业者在创业初期不具备丰富知识和经验,但是需要具备良好的学习能力,能够在创业活动过程中快速学习,实现知识和经验的积累。在创业活动中,能够坚持用创新思维看待问题,用发展的眼光分析问题,做出全面判断。

六、创业者准备

创业者为保证创新创业活动的顺利进行,需要在生理、心理等方面做好准备,同时也需要在行业、产品等方面不断尝试。

(一)生理上准备

创业是个艰苦的过程,创业者在创业活动中要处理许多问题,应对随时出现的困难,面临更多的风险和压力,这些都需要用积极的心态来应对,用较长时间的工作来解决,一个好的身体素质是基本的保障。作为大学生创业者要养成良好的学习、生活习惯,为创业活动积累生理资本。

(二)心理上准备

创业首先要做的事情是保证企业生存。创业活动属于高风险行为,会出现许多意外情况。2020年第一季度,全国规模以上工业增加值同比下降8.4%,全国服务业生产指数下降9.1%,社会消费品零售总额78580亿元,同比下降19.0%,全国固定资产投资84145亿元,同比下降16.1%,全国居民消费价格环比下降1.2%,城镇居民人均可支配收入实际下降3.9%;农村居民人均可支配收入实际下降4.7%,一场疫情对于中国经济发展产生了非常大的影响,成为压垮创业者的最后一根稻草。创业者要做好失败的心理准备,万一失败了,需要具有应对失败的勇气与能力。特别是作为大学生创业者,自身应对风险的经验和能力都不足,需要提前做好准备。

(三)充分的计划

"谋定而后动。"创业活动需要整理各种资源,应对许多问题,所以在创业之初就要做好充分的计划准备,否则就会使得创业活动变得杂乱无章。所以好的创业计划表非常重要,作为大学生创业者基本没有创业实践经验,掌握的创业资源相对较少,应对风险的能力弱,要通过学习掌握计划的能力,做到资源利用高效和应对问题自如。

(四)选择熟悉了解的行业

创业者选择创业活动的行业至关重要,要尽量选择自己熟悉了解的行业。能否在一个行业中开展创新创业活动,除了要分析行业整体发展的趋势外,最主要的是分析创业者进入行业掌握的核心优势,包括:行业从业经验、创业资源、核心关键技术等。大学生创业者可以通过理论学习、实践积累、短期培训等方式进行专业技能的准备,也可以通过咨询专家或寻求合作伙伴掌握关键资源。

(五)在创业之前累积人脉资源

"一个篱笆三个桩,一个好汉三个帮。"创业者在创业之初非常需要其他人的帮助,所以要先累积丰富人脉,可以随时利用人脉优势资源。创业人脉资源的积累,可以通过岗位实习、工作经验、社交活动等方式获得。

(六)充足的资金

"兵马未动,粮草先行。"资金是创业者创业必须具备的资源,创业者创业之初要么自己拥有足够的启动资金,要么寻找投资人进行投资。对于大学生创业者,资金是重中之重,"缺少资金"是最可能导致大学生创业失败的风险因素,大部分的创业启动资金和运用管理费用需要父母、亲友投资、小额借贷或个人积蓄,能获得风险投资的可能性和规模都很小,这些来源的资金以亲情为基础,支付的使用成本不高,但是付出的代价不低,同时这样的资金规模较小,难以维持创业项目的持续运营。

(七)组建好创业团队

大学生创业需要建立创业团队,选择优秀的合伙人和员工。在团队成员选择的过程中,专业技术能力是基础,但个人品行是根本,品行不良的成员是企业发展的不确定性因素,会给企业发展带来隐患和风险。大学生创业者一般都具有良好扎实的专业技术,但对创业活动需要的管理、财务、市场营销等综合知识尚不具备,团队合伙人必须有人能够从事相关工作,这样才能最大限度减少创业的短板。初创企业的管理模式不成熟,甚至不科学,往往采用家庭式管理模式,亲情化管理。这种管理模式管理成本低,管理环节简单高效,成员积极性高,但是随着新创企业逐步发展,建立现代企业管理模式,运用科学管理手段很有必要。

(八)借助政府或相关部门的支持与帮助

政府相关部门会帮助创业者提升创业意识、创业能力,并制定出台相关政策在项目选择、问题咨询、品牌推广等方面给予创业者支持,这样的资源直接有效而且成本极低。大学生创业者在创新项目选择时,要善于借助政策资源,响应政府号召,这样可以很好的提升创业成功率。在创业道路上,有导师的指导与支持是一件幸运的事情。

七、领导力

创业者的领导力主要体现在解决问题的能力上,包括创业者自身成长、知人善任、激励人心和团队建设能力,具体体现在以下几个方面。

(一)顺利传达愿景

根据"激励理论",员工通过3个方面获得动力:外在激励(薪酬、晋升、公平)、内在激励(工作本身的趣味或挑战,自己的掌控感)和积极的社会动机(渴望对他人、群体和组织产生正面影响)。外在激励的作用更直接和可控,内在激励则能更长期、更深刻地激发员工的积极性和创造力。因此"传达愿景"非常重要,员工的工作也需要意义感,知道工作的意义和价值,领导者应该强调企业的愿景、对部属交待清楚做好每个任务的价值在哪里,让员工准确感知。

(二)进行利益捆绑

以合伙人的方式吸收有能力的员工以合适的股份等形式共同创业,

把员工的个人利益与创业者的利益捆绑在一起，成为"利益共同体"。

（三）注重绩效

以绩效作为衡量员工能力的核心，把劳动成果和个人、团队的奖金、提成等物质需求直接挂钩，并以此作为满足晋升等发展需求的根本依据。特别需要注意的是，在绩效测评的过程中，要选择适当的评价指标，这对于创业团队的价值取向具有重要影响。

（四）以身作则

对于制度上的安排和要求，创业者要率先垂范，冲锋在前，享受在后，言出必行，绝不迟疑。如果说一套做一套或者不按规章制度执行，那在员工看来创始人的一切承诺都不可信，就会离心离德。如果不能身先士卒，创业者就失去对团队成员的号召力。

（五）充分授权

所谓"用人不疑"，对于愿意并有一定的能力去主动承担责任的员工要充分授权，并在这个过程中建立信任。充分授权可以更好地积累授权对象认真工作，甘于付出，并在工作过程中取得更高的满足感、成就感。

（六）决策公开

对于重大事项都要进行公开的讨论，充分倾听同事的建议和意见，这一方面给团队成员尊重，另一方面也能锻炼队伍。对于提出明确反对或者不同的意见，要进行充分的讨论，不要随口就否定，即使不采纳也要进行充分的沟通说服。要建立组织开放、人人平等的创业文化。

八、成为一名诚信的创业者

（一）企业财务信用

由于缺乏雄厚的资金支持和信用背书，新创企业要特别遵守财务信用制度，在与金融机构、供应商、客户交往时要严格遵守合同约定及时支付应付账款，这样才能建立良好的信用合作关系。在目前的信用体系里，这个方面都有比较详细的体系与论述。

（二）产品信用

企业提供的产品和服务，其质量、数量、交付时间等必须符合与顾客的约定。企业应从以下几个方面入手。

（1）不生产假冒伪劣产品。这是最基本的也是一个法制化市场经济下的必然结果。

（2）建立严格规范的生产流程，对生产环节进行严格把控，保障产品和服务符合约定要求。现代企业必须严格按照规范管理，每一个流程都按质来完成，控制每一个过程，才能保证最终的产品质量是企业预期的。

（3）建立快速、安全、经济的营销渠道，完善物流体系。如果不能保证运输的质量，可能导致产品质量的大幅下滑，这对于以科技创新为卖点，强调客户体验的创业企业尤为重要。

（4）对上市产品严格控制产品保质期，确保产品是在保质期内进行销售。这对于满足消费者不断进行的消费升级意义重大，反之给企业造成的负面影响也就更大。

（5）对发现存在缺陷的产品及时处理与调换，保证消费者满意度最大化。问题产品的出现不可能完全避免，但创业者要及时处理由此给消费者带来的损失和影响，使消费者满意，树立良好的企业形象。

（三）营销信用

企业在营销过程中，其营销活动行为必须是与企业所宣传的产品和服务的价值相一致。

（1）不做过分夸张的营销广告。营销允许适当的夸大，突出产品特点，但创业企业不能忘记"羊来了"的故事，虽然要吸引市场关注，但一个骗子又怎能建立"诚信"企业呢？这会让投资人、市场都放弃企业，放弃企业的产品。

（2）不做虚假伪劣的销售促进活动。适度的夸张可以起到较好的促销效果，但是过度夸张或虚假营销最终会压缩企业的运作空间，虽然满足了消费者短视行为，但最终会破坏消费者信任。

（四）服务信用

企业提供的产品和服务的质量和标准必须与企业宣传承诺和企业文化达成一致。

（1）按约定准时提供产品，这作为企业诚信的基本方面也是市场经济法则生存的必要条件。

（2）按约定对产品进行售后服务，这对企业尤其是中小企业是一个重大的考验。如果企业不能为产品提供持续优质的售后服务，产品的良好印象将会一扫而空，甚至会产生更严重的负面影响，后果无法估算，导致"诚信"形象受到极大破坏。

（3）主动的或按约定积极进行产品增值服务，在与竞争者的竞争中始终要多走一步，快走一步。

（五）内部信用

内部信用是指企业为员工、团队成员提供与其承诺相应的工作环境、薪资报酬、晋升机会。

（1）按约定时间和标准支付员工薪资报酬。
（2）提供安全的、具备工作条件的工作环境。
（3）为员工提供参与公平的竞争机会。
（4）搭建职业发展通道，提供晋升机会。
（5）为员工能力素质提高提供培训机会。

建立良好的内部信用，可以激发员工工作热情，培养员工企业忠诚，建立良好的企业文化内涵。否则企业中不讲信用、投机取巧、危害企业利益的行为就会出现。最终造成企业对外诚信无法建立，优秀人才大量流失，创业团队没有稳定性。

（六）公众信用

企业的对外行为要与其承担的责任、所承诺的标准保持一致。

（1）具备危机意识和危机公关能力，有处理危机的完整程序和机制，有效化解负面影响。
（2）积极履行经济责任，同时完善社会责任的体现，主动参与公益活动，坚持绿色发展，保护环境。
（3）实现企业、顾客、社会三方利益共赢。

当企业积极参与公益活动，主动承担相应的社会责任，有效处理化解危机，企业诚信的公众形象就会得以确立。

【补充资料】

从2012年创立，到2018年以57.5万台的出货量位居中国投影机市场出货量第一，结束我国投影行业被外资品牌垄断15年的局面。这背后是钟波和全体极米人对产品的极致追求,为给用户更好的体验,公司成立5年来,钟波砸毁了近50台不满意的样机。

2012年,钟波放弃了在晨星半导体(MStar)公司的百万年薪,回到成都创业。他笃定地认为:"未来的电视一定是没有屏幕的。""工作期间,我和一些志同道合的同事、同学就有做一款不一样的电视的想法,希望能彻底改变传统电视的形态,提升用户体验。后来,我们在iPhone5的概念视频中看到iPhone从很小的手机里投出一个虚拟的屏幕,还可以控制它放大缩小,变成一个非常棒的显示终端,这启发了我们。""80后"钟波带领一群"80后"组建了创业团队,团队取名"极米科技",进军家用智能投影领域。

创业之初,钟波和他的团队在成都的一处住所专心搞研发。"一楼是放映体验厅,二楼是软件、硬件测试厅,三楼是摆放高低床的宿舍,物质条件相对比较艰苦。"说起在2014年加入极米科技的原因,李强颇为感慨:"我见到极米时,它还是一个很小的团队,不过10余人,但是每个人都充满了激情!"

创业初期,有两条路摆在面前:一是做低风险的行业"跟随者";二是推翻所有既定规则,创造一个全新的产品形态,做"革命者"。面对这道选择题,钟波坚定地选择了后者。"极米的核心竞争力在于研发能力和创新。"与其他企业供应链的创新不一样,极米的创新来自于产品。与传统彩电、液晶电视相比,极米智能投影和激光电视"屏幕更大""应用更灵活"。"只需一面白墙就能投影出鲜活画面,想投哪里就投哪里",这种全新的产品形态,即钟波所说的"颠覆式创新"。"这样的产品形态决定了无屏电视的使用不受空间限制,也不会因为屏幕大而面临运输和安装的窘境。"截至目前,极米已推出30余款无屏电视和激光电视,成为中国获得国际权威奖项最多的投影品牌,引领着投影业界的智能化革命与创新风潮。

"'极'代表'极致','米'是度量单位,'极米'代表着'方寸之间,做到极致'。"关于公司取名极米的寓意,钟波如此解释。"做制造业需要有信仰,越是高科技,越需要'工匠精神',把一样东西做好并不是'工匠精神'的全部,将'专注、极致、创新'深入流程再造之中,才是'工匠精神'应有之义,可以做到100分的考题,就是能得99.9分,我们也不交卷。"

极米在研发无屏电视H1的过程中,内置哈曼卡顿音响引起了机身震动。"音箱上下震动一毫米,用户是看不出来的,但投影出来的画面可能会把抖动放大几十倍,在3米之外可能就是一两个厘米的抖动。"当时如果降低音响配置,依然能够以"全球首款3D全高清1080p无屏电视"

的强悍性能很快上市,"但这不是极米的选择。"为了保障 H1 拥有更澎湃的音质和稳定的投影效果,整整 3 个月时间里,极米的工程师不断探索两全其美的解决方案。钟波咬牙扛住市场的巨大供货压力,"再试试吧"成了他的口头禅,半年后,H1 以最完美的面貌面世。

"极米的愿景是'让光影改变生活',所以我和公司工程师都需要泡'极米论坛',通过和用户交流来获取改进意见。如果试用者反映仍有'痛点',那么已基本成型的样机就会被砸毁。"钟波说,"这是极米从创业初期就沿袭下来的传统。"举起手中的铁斧,朝眼前的全新样机毫不犹豫地砸了下去。时至今日,钟波砸样机的场景都深深地印在李强脑海中,"产品 Z4X 奠定了极米在行业的地位,是我加入极米后的第二个项目,汇报时我们择优打样了 5 个手板,但是看完模型,钟总把所有模型全部敲破了,还指出了很多设计上的细节问题,每一个细节都没有放过。"

"这几年,我砸毁的样机至少有 50 台,都是用的这把铁斧,它陪伴了极米的成长,于是这把被当作锤子用的铁斧,被大家取名叫'极米锤'。"钟波告诉记者,也正是这把"极米锤",砸出了用户的极致体验和颠覆式创新。

【资料分析】
极米就是创业者通过自己新奇的创意,具有良好品质的产品建立起在消费者心目中可靠产品品质的形象,树立起创业者的"诚信"形象。

第二节 打造完美创业团队

一、创业团队

(一)含义

创业团队是指两个或两个以上的人,共同投入资金,参与企业创立、管理的过程。可以从狭义和广义两个角度认识创业团队,狭义创业团队是指有着共同目的、共享创业收益、共担创业风险的经营新成立营利性组织的人。广义创业团队除包括狭义创业团队,还包括创业过程中有关的各种利益相关者,如风险投资人、供应商、专家或咨询机构等。

(二)创业团队类型

1. 星状创业团队

星状创业团队由一个核心主导人物扮演领导者、发起人角色,团队其他成员围绕在核心人物周围,扮演支持者的角色。

优点:团队稳定性好,组织结构紧密,向心力强,主导人物在组织中的影响很大;决策程序简单,组织管理效率较高。

缺点:权力集中于核心人物,容易导致决策失误,团队出现冲突后,成员一般会选择离开团队。

2. 网状创业团队

网状创业团队没有明确的核心人物,团队成员相互间扮演着协作者或伙伴角色。

优点:团队成员关系密切、地位平等、组织结构稳定,沟通交流比较顺畅,容易达成共识,成员能够自觉发挥自身能力,发生问题时能够通过协商解决问题。

缺点:团队没有明显的核心,导致组织结构较为松散,决策效率降低,容易形成多头领导。

(三)创业团队构成要素

1. 人员

创业团队成员的知识结构与能力结构越合理,创业活动成功性就越大。必须充分注意团队整体的知识结构和能力结构,从技术、管理、市场等方面考虑,激发每个成员的能力优势。人是构成创业团队最核心的力量,成功的创业团队必定是各方面人才齐聚。在对近百家高科技企业的研究中发现,年销售额达到500万美元以上的企业中,83.3%拥有一支强大的创业团队;而另外73家失败的创业中,53.8%的企业仅是由数位创始人进行管理,可见人员对于新创企业的影响巨大。

2. 目标

团队要确定明确的创业目标,深刻认识这一目标的意义和价值,并能够把目标转化为对团队成员的激励。另外团队的目标具备生命周期发展的特点,也会有所变化,随着新创企业的发展变化调整。作为团队成员,首先要了解清楚团队的目标是什么,团队成员的分工和任务是哪些,进而发挥自身才能为团队服务、为企业目标实现做出贡献。

3. 定位

创业团队定位包含创业团队的定位和成员个体定位。一是确定团队在企业中的位置及权限责任等；二是对团队成员进行分工,确定成员承担的责任。定位是实现资源分配的前提和基础,例如销售团队需要在决策权限和灵活性方面获得支持,技术团队需要获得更多资源支持。

4. 权限

团队及成员的权限范围必须与岗位职能、工作能力和掌握资源保持一致,必要的、合理的授权是调动团队及成员参与创业积极性的关键因素。"态度决定一切"积极性、主动性,是工作和任务完成的重要推力,而调动和激发他们就是要进行权责配置。团队的权限范围必须和组织的定位和目标要求相一致,成员的定位也要符合组织对其要求和期望。作为创业者要学会授权,虽然创业者要从事繁复的工作,承担更多的责任,但也要学会合理的授权,这样既可以调动成员的积极性,也可以有效利用成员的能力。作为团队成员,要了解自己的权限范围,清楚在组织活动中什么事情可以做,什么事情不可以做。

5. 计划

"谋定而后动",好的创业团队必须有良好的、完善的计划,包括：团队需要成员的数量、对成员的能力要求、团队领导的特征、权限和职责、团队沟通的渠道方式、团队目标和任务界定、管理规范和制度、考核评价机制和激励方式等。创业活动中团队成员个人的计划应是团队计划的组成部分,建立在团队计划的基础上,这样个人计划与团队计划有效结合可以使资源分配更加合理有效。

(四)团队角色

创业团队由创业者和成员构成,都有应扮演的团队角色,它是个体的性格能力特征为团队所能做出的贡献。"团队之所以需要你,是因为你身上具有一个可以弥补其他团队成员性格和能力不足的角色定义。"

团队设计是一个平衡的过程,是一个性格能力组合搭配的过程,不是要求成员趋同,反而是淘汰相似性格能力人的过程,这样才能实现权责有效划分和对等,不会造成资源的重复分配和浪费。就像足球比赛,同一位置上选择不同技术特点的球员并配备一个替补队员,但有相同技术特点的球员不会同时上场。

二、影响创新团队的关键因素

(一)团队与群体

创新创业需要建立有一定组织结构和运行管理的团队,而不是松散低效的群体。团队成员工作能力与内容应是互补的,而在群体中成员之间一般是可以互换的。团队存在于一定的组织中,又超越于个人、组织之外,团队工作方式能够有效地提高企业绩效。

一个良好的创新创业团队,要促进成员队伍的多样化,提高团结协作能力,鼓舞员工士气,提高工作效率;团队成员要能够独立解决问题,保证管理者有时间进行战略思考;团队决策要迅速,善于从负责具体工作的员工处获得信息,提高团队和组织的绩效。

(二)创业团队组建特点

创业团队组织构建时要考虑成员间的互补性、渐进性、动态性。

1. 互补性

互补性是指团队成员在专业知识、性格特征、能力背景上的互补。创业团队的创始人不可能也没有必要具备企业经营管理的各种能力,这就需要团队成员能补充和平衡创业者的不足,同时团队成员间也要互补协调,这样才能使团队能力得到最大体现。

2. 渐进性

渐进性指团队的组建需要不断完善改进,按照"按需组建、试用磨合"的方式组建。在创业企业不断发展的过程中,培养需要的团队成员,逐步完善。

3. 动态性

动态性是指制定团队成员流动规则与制度,在坚持公司利益至上的原则基础上,充分肯定和体现团队成员的贡献,成员要具有流动性,可以随时根据需要吸收人才,也可以淘汰不必要的团队成员。

三、创业团队

(一)创建创业团队

组建成功的创业团队需要完成四个方面的工作。

（1）创业者和创业团队成员形成一致的创业理念和思路。
（2）确定创业计划，制定行动纲领和组织架构。
（3）选择合理的创业活动绩效评价指标，建立评价激励体系。
（4）适时调整创业团队成员。

（二）创业团队组建原则

1. 团队分工明确

2003年冬天王兴回国创业，把熟人社交作为切入的点，打造校内网。当时北京地铁网络尚未建立，学生去火车站十分麻烦。于是在放假期间，王兴发起了一个注册校内网免费乘大巴去火车站的活动，积累了8000种子用户。但由于缺乏明确的盈利模式，资本方对于校内网这个项目并不感兴趣。最后项目资金链断裂，团队成员产生争执，项目被迫出售。这次创业失败给了王兴很大启发：一是创业团队必须分工明确，CEO需要从日常事务中解放出来，关注整个行业发展趋势、经济社会发展的走向；二是互联网项目必须快速推广，尽快获利；三是快速学习模仿他人，理性自我创新；四是提早接触资本，主动进行沟通获得支持；五是团队成员必须能力互补，相互信任，利益关系密切，保持团队的稳定。

2. 目标和愿景一致

成功的创业团队必须有共同的创业愿景与创业目标，达成一致的经营管理理念，这是创业的基础和保障。目标是愿望在客观环境中的具体化，是团队成员的努力方向，是团队运行的核心动力。创业目标需要经历一个不断完善明确的过程，创业初期目标并不清晰明确，只是笼统的发展方向和简单的利益诉求，而随着创业活动的推进以及环境的变化调整，以及创业者自身的改变，创业目标就需要进行适当调整，以符合社会发展和团队成员需求的变化，否则团队将面临不稳定的问题。

3. 集体创新

创业团队成员不是散兵游勇式的简单集合，而是能力性格互补，具有共同创业的理想和目标，普遍具有创新意识，团队协作和配合能力，愿意共同分享创业机会、创业资源，在面对创业风险时能够共同寻求解决方案的人的集合。团队成员必须具有集体意识，能够持续保持创新意识，从事创新工作。

4. 分享认知

创业活动可以是个人行为,也可以是团队行动,采用团队方式创业可以提高对创业机会的判定认知水平。相对于个人创业,团队成员具有不同的知识储备和个性特征,通过团队互动学习更好地保持对外部环境的感知,也可以发现更好的市场机会。

5. 共担风险

对风险的判断感知可以由团队成员共同来完成,一是不同成员具有不同的风险偏好,对风险的感知会有较大差异,能更好地发现各种潜在的问题;二是不同成员的风险承受能力和应对能力不同,能够更积极判断风险,并采取共同承担风险的方式以减缓个体成员承担风险所带来的巨大压力,进而获得更理想的创业回报。

6. 协作进取

创业团队精神是由有思想的人努力把新的创意或新的产品服务推向市场,不受限于原有组织的管理或制约。只有创业团队内部成员既坚持自治原则,还充分相信采取协作方式,才能建立起真正的创业团队精神。

7. 优势互补

建立能力、性格、特长等优势互补的创业团队是保持稳定的关键,团队成员之间在能力或技术上要有较好互补性。团队成员中既要有人"主内"还要有人"主外",需要有人负责技术研发,产品设计生产,也需要有人负责市场营销,与投资人进行交流沟通。创业团队成员除了在能力上要互补,在性格上甚至是价值观上也要保持某种程度上的一致,这样在创新活动中,在新创企业管理过程中,在未来发展规划上才能保持稳定一致。如果团队里既有不断发现问题的成员,也有提出建设性、可行性对策的人,这样的团队非常有竞争力和发展潜力。

在创业活动过程中要保持项目团队的稳定性,需要注意以下几点。

第一,创业设想和创业思路必须是所有成员共同沟通确立的,所有成员要确立共同的创业目标远景,在创业团队整理目标和方向基础上,制定自己的行动纲领和行为准则。

第二,要有法律法规意识,以法律形式明确创业团队成员间的权力、义务及收益回报。"亲兄弟也要明算账",为了创新活动能够持续稳定,有必要"先小人后君子",先把最基本的责、权、利界定清楚,特别是把股权、期权和分红权、增资、扩股、融资、撤资、人事安排、解散等与利益紧密相关的事宜安排妥当。

第三,要保证团队成员间高效的沟通。从项目设计、理想,到运营、管理,直至项目完结都需要及时有效地沟通。不回避问题,不回避矛盾,直面创业活动中成员间的冲突,这样才能及早发现问题,解决问题,有利于团队项目的发展。

(三)创业团队的八大意识

创新意识——没有创新,团队就没有生命力。
敬业精神——具有敬业精神的员工可以生产出高质量的产品,可以给客户提供高质量的服务,可以在工作中做出突出的成绩。
团队意识——整个团队的业绩取决于最薄弱环节的改善程度与改善速度。
服务意识——服务是提高执行力的关键,没有服务就没有和谐。
学习意识——"学而不思则罔,思而不学则殆",学能致用,学能养性。
忠诚意识——团队的业绩靠忠诚的全员创造,团队的信誉靠忠诚的员工维护,团队的力量靠忠诚的员工团结凝聚。
责任意识——有责任,才有约束,才有规范,才能推动员工主动完成应尽任务。
感恩意识——用感恩的心做事,用感恩的心做人,相互帮扶,共同进步。

四、创业团队的价值

(一)组建创业团队的意义

相对个人创业而言,创业团队具有一些突出优势。
第一,创业团队对于工作有共同的目标,可以共同分担责任。
第二,团队的力量大于个人的力量,团队成员能力互补,认知共享;创业团队合作完成项目,提高工作效率。
第三,创业团队思考全面,提高决策的有用性。
第四,创业团队对于技术变革的应对能力更强,同时对于创业机会的识别、开发和利用能力也大大提高。

(二)创业团队对创业活动的影响

创业企业要实现又快又好地成长,一靠团队,二靠制度,需要合适的创业团队和制度,并且创业团队需要"新陈代谢",企业制度要"与时俱进"。

创业需要各种资源和机会,团队整体所拥有的相对丰富的资源增加了创业成功的可能性。而且随着竞争加剧、信息膨胀、技术日新月异,创业的高风险性和不确定性也比过去的任何时候都要高,团队创业分散了创业风险,避免了创业过程中许多不利的因素。

由于创业活动充满不确定性,创业团队的稳定性对新企业的生存和发展十分重要。

第三节　创业团队管理

一、创新团队人员构成

创业团队必须包括以下几种人:一个创新意识非常强的人,这个人可以决定公司未来发展方向,相当于公司战略决策者;一个策划能力极其强的人,这个人能够全面分析整个公司面临的机遇与风险,考虑成本、投资、收益的来源及预期收益,包括公司管理规范章程、长远规划设计等工作;一个执行能力较强的成员,这个人具体负责下面的执行过程,包括联系客户、接触终端消费者、拓展市场等;一个善于计算的人,这个人掌握必要的财务、法律、审计等方面的专业知识。

(一)管理团队成员构成

1. 主导者

耐心听取别人的意见,但在反驳别人的意见时会表现足够的强硬态度;能很好地授权于他人,是一个好的咨询者,一旦作了决定不轻易变更。

2. 策划者

是"点子型的人才",知识面广,思维活跃并且发散,喜欢打破传统。

3. 协调者

能够带领、引导不同技能和个性的人共同完成目标;成熟自信,公正客观,不依个人好恶做判断;管理不仅依靠权威,更有个性魅力和人格感召力;善于发现团队成员优势和能力,并进行合理安排使用。

4. 信息者

其强项是与人交往,在交往的过程中获取信息;对外界环境十分敏感,最早感受到变化。

5. 创新者

拥有高度的创造力,思路开阔,观念新,富有想象力,有挑战精神,会推动变革。

6. 实施者

会将主意变为实际行动,崇尚努力,计划性强;有很好的自控力和纪律性;对团队忠诚度高,为团队整体利益着想而较少考虑个人利益。

7. 推广者

说干就干,办事效率高,自发性强,目的明确,有高度的工作热情和成就感;遇到困难时,总能找到解决办法,而且一心想取胜,具有竞争意识。

8. 监督者

对工作方案的实施等实行监督,喜欢重复推敲一件事情,决策时能把范围很广的因素都考虑进去。挑剔但不易情绪化,全面且逻辑性很强。

创业管理团队开始时规模一般较小,但是"五脏俱全",配置完整。创业团队成员不能全是技术研发、产品设计人员,也不能全是营销推广、对外联络人员,必须是性格、技术、能力、特长互补的人组成团队,达成优势互补。

(二)创业管理团队成员应具备的能力

1. 客观经验与能力

管理活动对于活动参与者的素质与能力都有较高要求,特别是作为创业管理团队成员必须具备更好的管理能力与管理经验要求:职位所需的技能、此前供职创业公司的经验、与团队其他成员相适应的个性、与团队其他成员共同的目标、远大的抱负、适当的技能,以及此前的创业经验。

2. 主观认识与能力

创业公司需要员工"5＋2""白＋黑"的努力。同事间共度很长时间,团队成员之间个性的融洽非常关键。核心团队成员间,最好有互补性。这种互补,既包括知识、经验上的互补,也包括性格、能力上的互补。

3. 共同的目标

团队每个成员都应有着同样的目标。当我们希望制造一辆汽车时，对于其中的细节，团队需要很明确，小型箱式货车、SUV、皮卡或豪华轿车，面向不同市场，有着不同的开发成本，需要不同的市场策略，没有共同的目标就不可能实现对应需求的满足。

4. 远大的抱负

团队中的所有人都必须对产品有着深深的热情和理想，从而全力投入，迅速赢得市场。这不会是一项朝九晚五的工作，而支撑你拼命工作的将是你对工作的热情。

5. 识人、用人的包容性

具有识人的眼光是作为领导者整合人才资源的第一条件。但光会识人还不够，还要有敢于用人的魄力，容人的雅量。大行不顾细谨，成大事者历来都是心胸似海之人，所谓"用人不疑、疑人不用"。

在竞争中胜出，必须要有一个对市场反应迅速、高效高能的人才团队，包括核心团队和员工队伍。而整个团队的凝聚力是决定企业成败的关键，建立高适应性的团队，对于一个创新组织来说非常重要。

二、创业团队的组织方式和具体形式

（一）创业团队的组建方式

创业团队在创业投资时可采用的组建方式主要有公司制、合伙制两种，两种方式各有其特点。

1. 公司制

创业投资采用公司制形式，即设立有限责任公司或股份有限公司，运用公司的运作机制及形式进行创业投资。有限责任公司是由两个以上的创业投资者共同出资，每个投资者以其认缴的出资额对公司承担有限责任，公司以其全部资产对其债务承担责任的企业法人。股份有限公司是指全部资本由等额股份构成并通过发行股票筹集资本，股东以其认购的股份对公司承担责任，公司以其全部资产对公司债务承担责任的企业法人。一般非家族成员的创业者采用公司制比较多。

采用公司制的优势主要体现在以下几个方面：一是能有效集中资金

进行投资活动;二是公司以自有资本进行投资有利于控制风险;三是对于投资收益公司可以根据自身发展,作必要扣除和提留后再进行分配;四是随着公司的快速发展,可以申请对公司进行改制上市,使投资者的股份可以公开转让而以套现资金用于循环投资。

2. 合伙制

合伙制是指依法在中国境内设立的由各合伙人订立合伙协议,共同出资、合伙经营、共享收益、共担风险,并对合伙企业债务承担无限连带责任的盈利性的经营组织。合伙人执行合伙企业事务,分为:全体合伙人共同执行合伙企业事务和委托一名或数名合伙人执行合伙企业事务两种形式。全体合伙人共同执行合伙企业事务是指按照合伙协议的约定,各个合伙人都直接参与经营,处理合伙企业的事务,对外代表合伙企业。委托一名或数名合伙人执行合伙企业事务是指由合伙协议约定或全体合伙人决定一名或数名合伙人执行合伙企业事务,对外代表合伙企业。在我国现阶段,主要有四种合伙形式:亲戚内合伙、家族内合伙、朋友间合伙、同事间合伙。咨询类、律师事务所和会计师事务所多数采用合伙制形式。在我国农村农民们办的很多企业都采用了合伙制形式。在全世界90%以上的小企业中有80%的是家族企业,甚至在《财富》杂志排名前500家的大企业中,就有三分之一由某个家族控制。不同类型的合伙形式都有自身的优势和不足。就家族合伙制来说,创业时期,凭借创业者在血缘关系、类似血缘关系,能够以较低的成本迅速网络人才,团结奋斗,甚至不计较报酬,从而使企业能在短时间内获得竞争优势;而且内部信息沟通顺畅,对外部市场信息反馈及时,总代理成本比其他类型的企业低。但这种类型的企业的缺点是难以得到优秀的人才,在某种程度上制约其迅速发展。创业团队投资采取合伙制,有利于将创业投资中的激励机制与约束机制有机结合起来。

(二)创业团队的组织形式

创业活动除了有激情和创新,更要有完善的制度体系、合理的创业团队、良好的盈利模式以及具有前瞻性的法律设计。创业者进行商务活动,采用不同组织结构,吸纳人才参与采购、经营、市场推广、销售、售后等商业经营并接受与组织结构类型相应的市场与税务,以及相应的监管。创业从一个想法的诞生,到实质性落地的第一个标志即为选择组织形式,这需要创业者结合自身资源,根据各组织形式不同的适用场景,在"公司""合伙企业""个人独资企业"和"个体工商户"之中作出选择。创业团队的组织形式如下：

1. 公司

公司具有法人资格，法人是具有民事权利能力和民事行为能力，依法独立享有民事权利和承担民事义务的组织，投资者以投入资本为限承担有限责任，分为有限责任公司和股份有限公司。

有限责任公司根据股东人数多少可分为普通有限责任公司和一人有限责任公司。有限责任公司是大多数创业者的首选，可以是一人投资，也可以是多人投资，投资金额也可以高低不同，且承担有限责任，容易很好地隔离投资者风险。同时有限责任公司因为组织管理的规范性和可成长性，对公司未来做大做强能够提供很好的平台。特别强调的是一人有限责任公司，因为设立简单及运营决策的便捷，受到某些创业者的青睐。法律规定，一人有限责任公司的股东不能证明公司财产独立于股东自己的财产的，应当对公司债务承担连带责任。因此公司应当在每一会计年度终了时编制财务会计报告，并经会计师事务所审计，以证明财产的独立性，避免承担连带责任。公司制因其独立的法人地位及管理运营规范，在筹资发展方面具有天然的优势，特别是有大梦想奔着创业板去的创业者首选。

2. 合伙企业

合伙企业是指自然人、法人和其他组织依照《合伙企业法》在中国境内设立的普通合伙企业和有限合伙企业，其中普通合伙又可以进一步分为一般普通合伙和特殊普通合伙。

普通合伙企业的合伙人对企业债务承担无限连带责任，有限合伙企业的合伙人以认缴出资为限对合伙企业债务承担有限责任，当然权利也会受到限制，如有限合伙人不得以劳务出资，不得对外代表合伙企业等。合伙企业的法律依据是《合伙企业法》，合伙企业不具有法人资格，在税收和融资方面具有优势，只向合伙人征收个人所得税，免征所有税，并采用先分后税的原则，全国各地税收优惠政策有所不同，但普遍采用较低税率核定征收。合伙企业适合多人投资创业，出资形式比较灵活，一般律师事务所、会计师事务所和咨询类企业均采用合伙企业。普通合伙企业因为其无限责任承担，其适用范围受到较大限制。有限合伙因只承担有限责任的特性被广泛应用于持股平台和私募基金项目投资运作方面。

3. 个人独资企业

个人独资企业是依照《个人独资企业法》在中国境内设立，由一个自然人投资,财产为投资人个人所有,投资人以其个人财产对企业债务承担无限责任的经营实体。个人独资企业资产所有权和控制权,以及经营权、收益权高度统一。有利于保守企业机密,以及发扬业主个人创业精神。个人独资企业不具有法人资格,适合风险较低及整体规模不大的项目,具有运营管理的便捷性,特别是税收的灵活性。个人独资企业法的主要法律依据是《个人独资企业法》。

个人独资企业免交企业所得税,税收适用于个体工商户生产经营所得,比较适合某些成本低利润高,总体规模不大的业务。像某些现代服务行业、管理咨询、营销策划、建筑设计、技术服务、会议展览、各类设计服务类型的企业等。个人独资企业可以设置分支机构也是其主要特点之一,对于连锁经营项目的创业者需要关注。

4. 个体工商户

个体工商户主要特点是简单,有经营能力的公民,依照规定经工商行政管理部门登记,从事工商业经营的,为个体工商户。个体工商户可以个人经营,也可以家庭经营,分别以相应财产对个体工商户债务承担无限责任。其法规依据是《个体工商户条例》。个体工商户不具有法人资格,具有一定的封闭性,因此有很多限制。

个体工商户主要适合以家庭成员为主进行经营,规模较小的商业项目,当然个体工商户也可以招聘员工,但不得开设分支机构。个体工商户有税收优势,可以采用核定征收,对某些特殊人群还可以减征免征,特别适合以个人经营为主的饭店、超市、奶茶铺、幼托机构、婚姻介绍所等小规模经营者。且随着个人所得税监管的日趋严格,个体工商户组织形式被更广泛地应用。

(三)创业团队的组织结构

创业团队管理是企业管理的一种,创业团队的组织结构与其他组织机构基本一样,常见的有5种。

(1)集权式组织结构形式,又称军队式结构。领导关系按垂直系统建立,不设专门的职能机构,自上而下形同直线。组织各级部门从上到下实行垂直领导,下属只接受一个上级的指令,各级负责人对所属单位的问题负责,管理职能由自己执行。

优点:组织结构比较简单,权力责任划分明确,命令统一,能够得到有效地执行,在组织运行过程中能实现有效监控管理。

缺点:管理者需要具备良好的综合素质、各种知识和技能,凡事要亲力亲为。随着新创企业规模逐步扩大,业务范围和内容也不断拓展,所有管理职能集于高管一身,对个人能力的要求显然过高,难以胜任,会影响最终判断的准确性和有效性。

(2)职能型组织结构,又称分职制或分部制。指组织在同一层级横向设置划分为若干个部门,每个部门业务性质和基本职能相同,但互不统属、相互合作。

优点:组织可以按职能或业务性质不同进行分工管理,选聘专业人才,发挥其专业特长,便于成员能够专研业务,进行相应管理活动的深入思考,进而完善改进管理业务,同时进行职能划分,同类业务划归同一部门,可以建立高效的运行管理及考核评价制度,防止趋利避害、相互推诿而导致的管理漏洞,这种模式非常适应现代化工业企业对生产技术复杂、管理工作精细的要求。由于进行职能划分,选派专业人员负责相应工作,很好地减轻了直线领导人员的工作负担。

缺点:不利于领导绝对权威的树立和集中领导指挥,会出现多头领导情况,当指令发生矛盾时,下级就无所适从,影响工作正常进行,造成管理混乱;不利于建立明确责任体制,由于各部门各管一摊,难免"有功大家抢,有过大家推",部门间各自为政,难以协调统一调配。

(3)直线职能制组织结构。是直线制结构与职能制结构的结合,以直线为基础,在各层级负责人下设置相应的职能部门从事专业管理,实行主管统一指挥领导。职能参谋部门只进行业务指导,拟订的计划方案与指令,由直线主管批准下达,实行高度集权的管理模式。

(4)事业部制组织结构。按企业的产出将业务活动组合起来,成立专业化经营管理部门,每个事业部有自己的产品或服务的生产经营全过程。这种组织结构模式,要求企业最高领导层要摆脱日常行政事务干扰,集中力量研究和制定经营战略方针,把对具体事物的管理权限尽可能下放到各事业部,各事业部依据企业的经营目标、政策和制度,自主经营,充分调动积极性和主动性。

(5)矩阵式组织结构。是围绕某项专门、具体、特定的任务成立的跨职能部门的组织机构。如组成一个专门产品(项目)小组去从事新产品研发工作,在需求洞察、技术研究、产品设计、成品试验制造等各个环节,由相关部门派人参加具体项目团队。这种模式组织框架是固定的,根据任务需求不同而调整人员变动的,适用于横向协作和攻关项目。

三、创业团队的组织逻辑与原则

(一)创业团队的组织逻辑

组建创业团队是创业之路的起始,团队的建立可以是理性逻辑选择,也可以是非理性逻辑选择。

1. 理性逻辑组建创业团队

创业者采用理性逻辑建立创业团队,需要着重分析创业所需要的资源和能力,与已掌握的资源和能力进行比较,弥补创业所需资源的不足和已有资源的欠缺,以提高资源整体水平和竞争力为目的。遵循理性逻辑组建的创业团队规模较大,团队成员之间因要实现资源、技术、能力的互补而具有较大的差异,团队成员之间以合作关系为基础,熟悉程度较低,沟通和交流要更加谨慎。

2. 非理性逻辑组建创业团队

不以团队成员拥有的能力和资源作为选择的重要依据,主要考虑创业者与团队成员间的人际关系密切程度,强调团队凝聚力建设。遵循非理性逻辑组建的创业团队规模较小,团队成员之间资源、技术、能力、兴趣、爱好、价值观等趋于一致,团队成员之间以人际关系为基础,熟悉程度高,沟通和交流更加顺畅。

选择理性还是非理性取决于创业者的判断和偏好。所依据的逻辑不同,团队结构也会存在一定程度上的差异。两种逻辑很难说孰优孰劣,采取什么样的逻辑来组建创业团队,还需要仔细评估和分析创业机会。若创业机会所蕴含的不确定性较高,价值创造潜力较大,具有的挑战性更高,此时采用理性逻辑来组建创业团队可能会更好地应对创业过程中的复杂任务,有助于创业成功。若创业机会所蕴含的不确定性较低,价值创造潜力一般,在这样的条件下,创业团队成员之间的齐心协力和信任感更加关键,采用非理性逻辑组建的创业团队更可能成功。创业者应根据创业机会的具体状况有所偏重地选择。

(二)创业团队的组建模式

1. 关系驱动模式

以创业者为核心的人际关系圈成员组成团队,彼此间因为生活背景、共同兴趣爱好结成合作伙伴,再发现商业机会后共同从事创业活动。这种创业模式运用最广,符合中国文化特点,有助于创业初期的团队稳定,但与核心成员的关系亲疏会成为团队不稳定的重要诱因。

2. 要素驱动模式

创业团队成员根据自身资源属性,提供创业所需的创意设想、人财资源和技术技能等要素,要素具有互补性,团队成员在组织内部的地位平等。现代企业的创办主要采取要素驱动模式,特别是互联网创业团队一般采取这种模式,这种模式最关键的是各要素间,各成员间的磨合,这直接关系到团队能够存在,创业活动能否持续进行。

3. 价值驱动模式

创业者、创业成员将创业活动作为实现自我价值的手段方法,创业使命感强,创业热情持续存在,不把物质回报作为唯一的评价标准。价值驱动模式中的团队成员是以追求自我实现组合在一起的,有强烈成功的欲望和实现目标的能力,但是由于自我价值追求不一致,一旦出现分歧,就没有回旋的余地,团队面临解散的风险很大。

(三)创业管理团队组建原则

1. 目标明确合理原则

创业团队目标必需明确,成员要了解奋斗方向和努力目标是什么。要注意团队目标合理性和可行性,这样才能起到激励的作用,创业目标可以宏大,但不能过分开展,不具备可实现性的目标缺乏应有的推动激励作用。

2. 能力互补原则

创业活动需要形成创业团队,就是因为创业者掌握的资源和能力有限,只有通过组建团队才能利用成员优势弥补创业者的不足和劣势。当团队成员在专业知识、技术技能、实践经验等方面实现互补时,就能够发挥更大的协同效应。

3. 精简高效原则

创业活动需要必要的成员提供各种资源,但资源本身也会导致运营管理成本提高、创业成果分配等。创业活动的参与人都希望利益最大化,所以创业资源应坚持够用原则,在保证高效运作的前提下,尽量精简避免资源浪费或闲置。

4. 动态开放原则

创业活动具有高风险性和不确定性,团队成员会因为主观能力不足、观念变化等原因离开,也会因为客观条件、环境制度的变化终止创业活动,但同时也会有人要求加入。在创业团队组建管理过程中,要时刻保持团队的动态性和开放性,制定保障机制,让想走的人走得了,想来的人进得来。

(四)创业团队组建步骤

创业团队的组建需要不断选择与磨合,有时成员的加入与离开,是一个繁复的过程,不同类型的创业团队组成各有差异,步骤也不完全相同,一般要做六个方面工作。

1. 确定团队创业目标

创业团队的目标分为:总目标和子目标两大部分。创业团队的总目标就是要通过完成创业阶段的各项准备工作,实现新创企业从无到有,逐步发展成熟。在总目标确定之后,是保证其实现,要将总目标加以分解,设定成若干可行的、阶段性的子目标。

2. 制定创业计划

在确定了子目标以及总目标之后,紧接着就要研究如何实现这些目标,制定周密的创业计划。创业计划是在对创业目标进行具体分解的基础上,以团队为整体来考虑的计划,创业计划确定了在不同的创业阶段需要完成的阶段性任务。

3. 选择团队人员、招募企业员工

选择团队人员、招募企业员工是创业团队组建最关键的一步,要从两个方面考虑:一是成员互补,在能力或技术上形成互补,强调团队成员间协作。创业团队必须具备管理、技术和营销三个方面的人才,保证创业活动顺利进行。二是适度规模,成员太少无法实现团队功能和优势,成员过多可能会产生沟通障碍,影响到凝聚力减弱,导致效率降低。一般创业团队的规模控制在 2~12 人最佳。

4. 合理进行职权划分

创业团队职权划分是根据创业计划执行实施的需要,确定成员的权利和职责范围,是执行创业计划、开展具体工作的前提。职权划分必须做到范围明确,避免职权交叉重叠或没有实现全面覆盖。新创企业面临的环境是不断变化的,随时会出现新情况、新问题,团队成员在一段时间内是稳定的,因此有必要及时对成员的职权进行相应调整。

5. 构建创业团队制度体系

"没有规矩,不成方圆",创业团队制度体系是对成员的控制和激励的最有效方式,主要包括:团队约束制度和团队激励制度。

一方面创业团队要建立约束制度,包括:纪律条例、组织条例、财务条例、保密条例等,通过规范性的约束条件指导成员避免做出不利于团队发展的行为,保证团队稳定,创业项目和企业持续运行发展。

另一方面创业团队要建立激励机制,包括:利益分配方案、奖惩制度、考核标准、激励措施等。通过选择相应的评价指标和建立评价体系,落实评价结果,使团队成员看到随着创业目标的实现自身利益也会得到回报。这样能够有效地调动成员参与团队活动的积极性,最大程度发挥团队成员价值。需要特别注意的是,有效激励首先要界定成员的收益模式,涉及股权、奖惩等事宜。以符合法律规范的书面形式确定,以免不必要的麻烦。

6. 及时团队调整融合

创业团队的建设管理不是一日之功,不可能一蹴而就,会随着创业想法和新创企业的发展不断形成和发展完善。随着创业活动的不断推进,组建时的人员构成、制度设计、职权划分等方面会逐渐的出现不适应的问题,而问题的产生暴露、矛盾的激化是需要一个解决过程,因此团队调整融合也是动态持续的过程。在团队调整过程中要注意及时性,快速准确发现组织已经遇到或可能遇到的问题;要注意有效沟通,成员间要建立有效的沟通模式,保持团队的凝聚力;要注意调整的目的性,是以解决问题为最终目的,直到符合实践要求为止。

一个运行成功的团队需要具备以下几个特点:知己知彼的团队成员,相互熟悉,知根知底;才华各异,各有长处,能力互补,相得益彰;能力出众的带头人,并不单单靠资金、技术、专利。

(五)创业团队的作用与价值

1. 对社会

(1)创业企业要生存必然要追求收益与利润,创业团队和团队的管理者在经营管理企业过程中重点是提高效益,较少成本支出,按照法律规定缴纳税负后获取最大的利润,为社会创造更多的价值财富。因此新创企业要尽可能地创造大的经济效益,这是创业团队要承担的主要社会责任。

(2)创业者和团队在新创企业首先要获得物质生存的保障,进而获得更高层次需求的满足。从创业企业内部管理来说,首先要注重内部员工分配的公平合理,能够及时地按照标准给员工发放工资报酬和各种福利待遇;其次注重对员工的培训和教育,为员工的职业发展提供上升的通道和空间。企业提供大量就业岗位,培养和发展员工素质能力为社会稳定和发展做出重要贡献。

(3)企业发展要为社会发展贡献,一般情况下要实现企业利益与社会利益协调一致发展,但是如果二者利益出现冲突,创业企业就需要牺牲自己利益保护社会利益。例如,企业需要不断增加技术研发投入,这对企业短期盈利造成影响,但是只要通过新技术、新工艺才能实现社会经济整体的绿色可持续发展,所以企业必须要增加创新投入,这既是为了自身发展,也是企业要承担的社会责任。同时,企业在进行生产经营活动时要追逐利润,但也要注重社会道德。这既是对成功的要求,也是对处在初期的创业企业的要求。

2. 对企业

(1)建立维持核心创业团队

团队成员人数不宜过多,能满足基本需求即可。选择在能力、技术上具有互补性的成员组成创业团队,彼此间处于同一等级,差异不宜过大。创业团队的核心成员在理解能力、表达能力、执行能力、社会资源能力、思维创新能力等方面需要良好的互补性,保证沟通和执行的顺利。如果有成员出现创业激情下降,事业心减弱,对其他成员产生负面影响,与团队互补性降低甚至出现重复时,就可以适当地调整团队成员。

(2)保持创业目标的稳定

创业目标是创业团队在实践中总结形成的共同目标,是团队努力的目标和方向。清晰明确的创业目标,能够集中体现团队成员的利益,促使团队成员的价值趋向一致,同时也只有在新创企业中保持一支稳定的创业团队,才能使创业目标不会因为个别成员的流动而发生改变。

(3)制定有效的激励机制

稳定良好的创业团队能够保障成员利益实现,需求满足,团队中有些成员主要追求物质需求,有些成员希望获得荣誉认可、个人价值的实现等其他利益。建立稳定良好的团队,才有可能更好地发掘每个团队成员的需求,并制定相应的激励措施,体现个人贡献价值的差异,或以物质的形式,或以精神价值的形式满足不同需求,保持参与者较高的积极性。

(六)创业团队可能出现的问题

1. 团队成员心态不成熟,难以承受挫折

初次创业者创业经验不丰富,没有经受过创业挫折失败的考验,心理承受能力和自我调节能力较差,容易产生挫折感,导致犹豫不定,无法正确识别自己的创业优势,甚至会妄自菲薄,在竞争中信心不足,错失市场机会,导致创业失败。作为大学生创业者,社会经验少,风险承受能力弱,在面对挫折与困难时更容易一蹶不振,需要提前做好心理建设。

2. 融资渠道单一,创业企业发展缺乏动力

"巧妇难为无米之炊"初次创业者资金来源渠道窄,资金积累规模小,资金筹措能力弱。在创业初期和新创企业运营管理过程中也不易获得风险投资的关注,这会限制创业活动的快速拓展,导致团队不稳定,为企业持续发展埋下隐患。

3. 企业形态盲目,商业模式不清晰

初次创业者创业激情度高,但选择一般缺乏理性较为盲目,没有进行充分的市场分析调研,以模仿其他创业者或企业为主。没有根据自身项目的特点,团队成员的构成选择适合的企业形态,特别是很多创业者在没有明确的商业模式下就开始创业,导致以失败告终。

4. 管理经验不足,手段和制度落后

初次创业者缺少实践经营管理经验,在财务管理、市场营销、沟通协调等方面能力欠缺。在新创企业的管理中,创业者会以个人的经验和好恶,作为管理的依据和方法,这样在面对日益激烈的市场竞争时,企业就会出现管理混乱、低效,对市场反应不敏感,甚至会出现资金链断裂的问题,把新创企业引向失败。

5. 法律观念不强,维权意识淡薄

初次创业者法律观念薄弱,有可能深陷法律陷阱。在与合作伙伴、客户签订合同协议时不注意审查必要的信息,对对方主体资格、信用、履行合同的能力、偿债能力等情况了解不够,导致合同协议无法履行,甚至自

身原有利益受到侵害。而在权利受到侵害时,维权意识淡薄,不会通过法律途径解决问题,引发更大的法律风险。

6. 信贷信誉低,融资困难

新创企业注册资金少,营收情况不确定,企业抗风险能力差,应对突发情况经验少,所以创业团队不容易获得商业银行信贷支持,同时通过其他途径获得资金支持的难度也很大。

7. 团队成员承担无限责任

创业活动风险很大,作为创业者和核心成员,一旦经营管理出现问题导致亏损破产,除了创业企业本身的资产要清偿债务外,团队个人财产会被列入清算范围。这加大了创业者和团队成员的投资风险,"一夜回到解放前",困扰造成创业团队不团结、不稳定。

8. 可持续性低,团队整体价值无法充分体现

创业活动想要快速发展,必须尽早获得资本的关注和投入,但是投资人对所有事务具有绝对的决策权,这就弱化了团队成员的决策权,忽略了创业团队价值。所有创业活动决策依赖个人,如果投资人失误,新创企业破产,项目失败,团队成员财产也会损失,这个过程团队成员参与少,权责不对等,造成团队抵御风险能力弱。

四、创业团队的管理

团队创业与个人创业的成功率基本相同,这让很多创业者感到难以理解,主要原因是两个:一是决策分歧,二是利益冲突。创业团队只有找到适合的结构模式,才能解决关键问题。

创业团队的管理不同于工作团队的管理。工作团队一般将工作重点放在过程管理上,注重沟通机制、决策机制、互动机制和激励机制等制度的建立,希望通过制度化管理,实现绩效提升。而创业团队管理重点在于结构管理,寻找有助于团队成员沟通协调,发挥各自资源优势,实现互补,而不是强调过程管理。

(一)创业团队的三维结构

创业团队可以从知识结构、情感结构和动机结构三方面来搭建和实施结构管理。

1. 知识结构管理

知识结构是管理的核心,要建立以创业任务为核心目标的知识和技能互补,创业团队成员有足够的能力来完成创业活动需要完成的任务。

唐僧师徒组成的取经团队就是一支"黄金组合"的创业团队。四个人的性格各不相同,能力互补,形成了不可替代的优势。师傅唐僧有明确的创业目标,坚定地去西天取经,从不动摇,有良好的道德水准,慈悲为怀,特别注重团队管理制度建立,注重行为规范和工作标准,作为团队的核心,就算是团队能力最强的孙悟空犯错也会受到惩罚。大师兄孙悟空能力出众武功高强,是取经过程中的先行者,能迅速判断、解决问题,是团队业务骨干和技术核心;二师兄猪八戒组织沟通能力强,善于协调团队成员关系,能够活跃工作气氛,调动团队成员工作热情;沙僧是团队中执行能力最好的人,踏实肯干,能够完全执行组织安排的任务,而且意志坚定,不被环境干扰影响。

新东方的创业团队与唐僧取经团队非常类似。徐小平是俞敏洪在北大时的老师,王强、包凡一同是俞敏洪北京大学的同班同学,王强是班长,包凡一和俞敏洪是室友。这些人能力都出众,个性突出:论学问,王强出自书香门第,家里藏书超过5万册;论思想,包凡一擅长冷笑话;论特长,徐小平梦想用他沙哑的嗓音做校园民谣。五个创始人在性格、能力、特长上实现了互补:俞敏洪温厚,王强爽直,徐小平激情,杜子华洒脱,包凡一稳重,五个人的鲜明个性让企业时刻处于不甘平庸的氛围当中,而知识和技能互补是五个人实现有效分工的重要依据,取长而非补短最终成就了一番事业。俞敏洪敢于选择这些人作为创业伙伴,并成就新东方,是一个成功的创业团队领导者。作为团队领导者的俞敏洪在经营管理中坚持自己的想法,善于表达和坚持自己的认识,为新东方打造了批判和宽容相结合的企业文化,大家知道论对错,互相之间不记仇恨,能够互相谅解,相互合作。

2. 情感结构管理

情感结构管理的重点是关注成员间年龄、学历、经验等不可控因素的差异。中国文化中有注重层级和面子的习惯,创业团队之间年龄、学历、经验差距过大,会更加容易出现矛盾和冲突,引发情感危机。一旦出现这种情况,创业团队将耗费大量时间和精力用于化解矛盾,资源消耗大,并且浪费了有限的资源,不利于创业成功。

新东方团队能够有效处理矛盾和冲突,主要是因为创业团队成员之间有师生、同学关系，同时有相似的学习生活经历和背景，都接受过北大的自由文化和人文环境洗礼。团队主要成员的年龄相近和学历背景相似，于是俞敏洪就可以很好地管理由众多牛人组成的创业团队，这是新东方成功的关键因素。

3. 动机结构管理

动机结构管理注重创业团队成员理念和价值观的一致。如果创业团队成员之间价值观不一致，就会出现对于利益分配、收益划分、发展规划认识不一致而导致的短期行为。相似的理念和价值观可以帮助创业团队保持方向和目标的一致，更好地应对创业风险和突发情况的出现。

新东方股权改革后，公司资金充裕，但创业团队年底分红却减少了，于是团队成员间出现了激烈的内部矛盾。俞敏洪被迫从团队领导位置退出，不到三年的时间 11 个创始人都当过董事长和总裁。最后俞敏洪力排众议，给股份定价，收回股权，根本解决了短期收益与长远战略之间的矛盾，为新东方的稳定发展壮大提供了基础。

创业团队的结构管理应该是兼顾三方面结构要素的平衡过程，符合"木桶效应"，短板效应明显。一般创业团队能够意识到知识结构的互补性，而对于情感结构管理和动机结构管理因为缺乏具体的评价衡量标准，就会被忽视，可是一旦创业出现问题或困难，就会给创业团队造成极大的损耗破坏，甚至导致创业失败。知识结构反映的是创业团队的能力素质；情感结构是创业团队的重要保障；动机结构则是创业团队实现理念和价值观认同的关键因素。

（二）创业团队管理互动

建立促进合作和学习的决策机制是发挥创业团队结构优势、进而成功创业的重要途径。就是因为核心团队成员能够看到他人的长处，并不断相互学习，最终促进了新东方的快速发展。创业团队管理互动过程的实现应遵循两个原则。

1. 建设合作式冲突

团队中冲突不可避免，但要注意保持目标持续，鼓励激发在冲突中发现对方的长处和价值，不要把对错问题转变成人身攻击和权力争夺。合作式冲突能够充分调动每个人的潜能和专长，更有效地形成决策方案和解决手段。

2. 避免竞争式冲突

所谓竞争式冲突,争论的目的并不是为了达成某种共识,解决问题和矛盾,而是固执己见,不听取他人意见。竞争式冲突对于团队稳定非常不利,会造成成员间嫌隙,影响合作。

(三)创业团队的管理技巧

1. 具备团队领导思维能力

领导是在一定的社会组织和群体内,为实现组织预定目标的组织者和管理者。领导者运用组织赋予的法定权力和自身魅力影响被领导者的行为,并将被领导者引向实现组织目标努力的过程。成功的领导者需要具备技术能力、人际沟通能力和概念能力。

(1)技术能力

技术能力指的是对某项活动,包括方式方法、程序环节,经验技巧等特定活动的理解程度和熟练程度。它涉及专业知识储备、专门领域分析,规章制度制定、选择、运用的熟练情况。领导者拥有一定的技术能力有助于取得创业活动管理上的便利,具体计划的制定和执行更具针对性,工作效率得到大幅提高。

(2)人际沟通能力

人际沟通能力是有效地与他人共事和建立团队合作的能力。要建立良好的沟通能力,从两个方面着手:一是提高理解别人的能力;二是增加别人理解自己的可能性。组织中任何层次的领导者都不能逃避人际沟通能力的要求,这是领导者履行领导行为最基本的要求。

(3)概念能力

概念能力是按照工作预想、模型、框架和广泛关系进行思考的能力,如制定企业发展的中长期计划和战略规划。作为创业者,随着项目的不断推进和新创企业的发展壮大,概念能力的要求会越来越高,作用也就越明显。

概念能力处理的是观点思想问题,人际能力关心的是人,技术能力涉及的是事。作为创业者在一定的时间段内,能力结构是一定的,但不是保持不变的。随着创业活动的进行和企业规模壮大,创业者管理层级提高,技术能力要求下降,而概念能力要求就会提升,合格的创业者要将自己的个性融入到职务角色中,随时调整能力结构以适应创业活动的要求。

2. 关注下属的职业生涯

（1）点燃团队成员的激情

作为创业团队管理者需要用自己的激情影响成员的创业热情，形成有凝聚力、战斗力的创业团队。创业初期会遇到许多风险和困难，只有团结有热情的团队才能应对初期的各种阻力和障碍。创业活动中，创业者与团队成员是互为影响、互为促进的。

（2）为团队成员创造学习机会

"一花开放不是春，众花开放春满园"，创业者需要不断学习、不断提高，团队成员同样也需要提升，创业者要为团队成员创造学习机会，安排各种培训活动以提升团队整体素质。创业团队应该是学习型团队，具备持续进步发展的能力。

（3）鼓励团队成员独立思考力和团队协作精神

创业团队要鼓励大家为自己发现的问题提供解决策略，要正确对待成员的建议和意见，鼓励团队成员参与经营管理活动，以树立团队协作意识和主人翁意识，提高独立思考和处理问题的能力。经常组织"头脑风暴"，提供成员畅所欲言的机会，充分表达每个人的观点和认识，做到集思广益，取长补短，培养团队协作能力，更好地实现创业目标。

（4）赋予成员适合的岗位和权责

一块地不适合种麦子，可以试试种豆子；豆子种不好的话，可以种种瓜果；瓜果也长不好的话，可以种种花生，多试试总能找到适合的。团队成员的能力水平、性格特征、兴趣爱好各有不同，个人资源禀赋的不同，意味着擅长的工作内容也不一样，创业者要有伯乐的眼光和发掘培养人才的气度，结合成员的个性差异，在团队中为其提供适合的舞台，做到人尽其才，各尽所能。

（5）关注细节严格管理

"勿以善小而不为，勿以恶小而为之"，创业者在日常管理中，就要做到严格要求，奖惩分明。下属出点小问题，说了一句错话，账薄上差几毛钱等，表面上看起来是小事，但形成不良习惯后就会产生极大影响。要从细节抓起，防微杜渐，培养团队良好的行为习惯。但创业者也要有气度，一旦成员出现失误，造成影响，不要着急抱怨，要冷静下来积极寻求弥补的办法，解决问题克服困难，"不要让事情变得更糟"。

3. 关注团队成员的精神需求和心理变化

（1）塑造和谐温馨的家庭氛围

创业者要把企业打造成一个大家庭，让团队成员都有家庭成员般的归属感和安全感，进而激发成员的责任意识和付出精神。创业者和团队成员变成家人，会凝聚大家的力量，产生源源不断的能量，促使大家为实现"家"的目标努力奋斗。

（2）信任、鼓励、支持团队成员

善待团队意见和建议，尊重成员的想法和方案，这是创业者做出正确判断的基本依据，只有相互间的尊重理解、信任支持、鼓励积累才能为创业团队建立积极向上的发展氛围。创业者要成为团队的坚强后盾，使大家都能够获得安全感和成就感，没有从事创新创业活动的后顾之忧，能够全身心投入到创业活动中。这样管理者可以提高威信，建立个人魅力，也能提高团队的战斗力，创业成功自然水到渠成。

（3）科学运用表扬和批评

"老板是老板着脸的人，经理是经常不讲理的人"，这是新创企业的大忌。创业者要把表扬和批评变成管理"工具"，变成有效的激励手段。表扬能够让成员感受到成就，但批评是更深刻的爱，是成员最大的财富，有技巧的批评是精神激励的有效方式，会产生更大的效果或价值。创业者在管理中，表扬要多于批评，鼓励要重于谴责，让团队在批评和表扬中不断成长。

（4）要讲制度有原则

坚持"公开、公正、公平"原则，创业团队要想健康发展，团队要稳定提升，必须要讲原则、有规范，用制度来规范约束大家的行为。制度是团队管理重要的组成部分，"没有规矩不成方圆"，建立完善的制度，给团队成员划定行为标准，他们做什么、怎么做，积极性必然会提高，效果也自然会更加理想。

（5）利用各种机会增进感情

生日、结婚纪念日等是对每个人都非常重要和有意义的特殊日子，创业团队在管理中要很好利用这些机会增进情感交流，通过电话短信问候、聚会聚餐、赠送礼品等方式拉近成员间的关系，建立深厚的友谊。

团队成员是团队最大的财富，也是创业活动顺利进行的保证，要重视团队建设，维持创业团队的相对稳定。创业者要学习和掌握团队管理技巧，有效激发和调动成员积极性，注重细节管理和过程控制，洞悉团队成员的心态，调整团队精神状态，"人尽其能"，团队的成功也就指日可待。

第四章 创业机会与创业风险

第一节 创业机会

一、创业机会的含义及特征

机会与创业机会就是机遇,就是好的境遇。有时机遇对每个人都是均等的,有时却不是。人生的机遇不会太多,而机遇是留给准备好的人。劳伦斯·J.彼得说过,不要有怀才不遇,生不逢时的想法,只要你是锥子,哪怕是放在口袋里,年长日久,也会冒出尖来。机遇是企业持续创新不可缺少的特殊要素,从企业内外环境入手提出机遇的四维特性,即机遇时效度、机遇广度,机遇深度和机遇概度。

创业机会是实现现实或潜在未满足有效需要的商业可能性,是市场需求和创新创业精神的交集,机会的来源是影响现有市场均衡的因素。创业机会的出现往往是因为环境变动、市场不协调或混乱、信息滞后及其他因素的影响。

创业机会有赢利性和可行性两大特征。赢利性指创业具有竞争优势和行业吸引力,以及目标市场利益的可能;可行性指受社会环境,创业者的能力和创业者特征决定的创业机会付诸实行的可能性。

二、创业机会来源

国外学者对于创业机会来源研究较多,较有代表的有以下几种。

（一）彼得·德鲁克的创业机会来源

意料之外的事件——意外成功、意外失败、突发事件。
不一致的情况——实际结果与预期设想不一致。

基于程序需要的创造。

基于产业结构变化或市场需求调整,出现的市场空白或需求未被满足的缺口。

人口统计特征的变动(包括性别、年龄、收入水平、消费习惯等)。

认知、情绪及意义上的改变。

新知识出现与运用。

(二)Olm 和 Wddy 的创业机会来源

先前的工作经验,在此基础上获取产品市场知识、供货商与客户。

学习模仿借鉴,从有创意的他人得到机会。

得到某一权利、授权或是特许权,购得尚未完成开发的"半成品"。

与熟知某一社会、专业或科技领域的专家接触所引发。

研究资料所得,如最近研究报告、搜寻最新的公告专利、与特殊领域专家面谈等。

搜寻研究先前市场失败的案例,转换环境下成功的可能性。

探寻研究先前市场成功的案例,应用于不同市场。

把创业者个人兴趣爱好、业余特长转化成事业机会。

在个人的经验基础下,发展出事业化的追求。

根据个人需求变化,进行研究发展。

(三)熊彼特的创业机会来源

创造新产品或服务。

对于现有产品或服务进行品质或等级方面的更新改善。

引入生产新流程、新工艺。

开辟新市场。

开发供应的新来源或深挖现有来源的潜力。

产业内组织的新形态。

(四)蒂蒙斯的研究

法律法规的改变,对行业进入的要求发生改变。

科学技术、生产技术的快速创新变革。

市场营销创新,价值链或销售渠道的重组。

现有管理或投资问题,导致新机会出现。

具有创业精神的领导。

市场领导者受资源禀赋限制,尚未满足部分的客户需求。

（五）当代大学生创业机会的主要来源

国家及地方各级政府的大学生创业政策对大学生创业意愿有直接的正向影响。

相关部门创业项目支持政策对创业机会有影响,如商业银行对大学生创业项目的贷款政策等。

创业机会原型及其各维度对创业意愿有积极影响,大学生创业机会的挖掘以专业学习实践为主要来源。

三、创业机会类型

根据机会来源不同可以分为以下不同的类型。

（1）问题型机会,指由现实需求中未被解决的问题或尚有改进空间的问题所产生的一类机会。

（2）趋势型机会,就是在变化中看到未来的发展方向,预测到将来的潜力和机会。

（3）组合型机会,就是将现有技术、产品、服务等资源重新整合,为实现新的价值而发掘的创业机会。

四、创意与商业机会

创业机会不论可行与否,都是先有创意产生,经过设计、论证、开发为具备商业机会的产品,满足各种需求这样一个过程,其中创意是起点,也是根本。

（一）创意

1. 含义

创意是创造意识或创新意识的简称,亦作"刱意"。指对现实存在事物的理解以及认知所衍生出的一种新的抽象思维和行为意识。汉朝王充《论衡·超奇》:"孔子得史记以作《春秋》,及其立义创意,褒贬赏诛,不复因史记者,眇思自出於胸中也。"创意是一种通过创新思维意识,进一步挖掘和激活资源组合方式进而提升资源价值的方法。创意是对传统的叛逆,是打破常规的哲学,是破旧立新的创造与毁灭的循环,是思维碰撞与智慧对接,具有新颖性和创造性,区别于寻常的解决方法。

2. 创意来源

创意需要主题构想单纯,完全围绕一个主题进行构思;表现方式构想新颖,给人以强烈刺激,造成强劲的冲击;创意形象构想确切,包含特定内容和方式;创意情感效应构想自然,在感情上征服受众。为实现创意目的,商业行为创意可以采取以下几种方式。

(1)模仿跟进

跟进模仿本身就需要对自己进行锤炼和改变,否则难以实现有效的模仿跟进。跟进模仿就是适应性创新。这本身就是适应性的创新过程,因为对他来说一切都是陌生的,随时都在外界的环境中变化。这个阶段基本上照搬照抄,保证产品的品质就可以了,这也是国内许多作坊型的加工企业的运作模式;率先模仿就是创新。找到最有参考性的标杆企业,率先模仿,就能获得一定阶段的市场领先优势,这样的企业不一定要有自己的研发部,但必须有自己市场情报分析系统,能够对相关业态进行研究,找到率先要模仿的对象;模仿+持续的改良就是创新。在模仿的基础上,进行持续的改良是非常有效的创新模式。找到模仿对象的优点进行不断强化,缺点尽量想办法克服或规避,开发出更适合市场需求的产品或服务,就能取得意想不到的效果;集合模仿就是系统创新。集合模仿,就是将不同业态的各种先进、有效的技术、方法、管理模式进行整合集成,就是系统创新。

(2)空白区域

空白区域方法的运用需要企业具备敏锐的市场感触,准确把握市场发展趋势;具备宽广的经营管理视野,及时发现有潜力的产品服务需求或市场空白区域;具备优秀执行力,能够快速行动填补空白市场。空白区域方法有两种运用情况,一是区域性企业发现有价值的产品或服务,而其他企业的产品或服务尚未进入本区域,从而快速行动推出类似产品占领市场。二是区域外企业发现区域性企业有相对竞争力的产品或服务,进行改进和完善,然后在其他区域市场推出,快速占领市场。

(3)新建品类

一是品类嫁接,把市场现有的两个或多个产品品类,融合进一个新产品,从而诞生了新的品类,实现了多品类优点的融合。二是品类借接,即把市场上比较受欢迎或者比较常见的一个品类冠名到另一个品类上,进而产生的一个新品类。例如,小米在手机领域取得一定成绩后,开始转向其他产品的贴牌生产,出现了小米盒子、小米电视、小米插线板等众多"小米"系列产品。三是市场细分,基于对消费者特征的市场细分,而开发产生一个新品类。

（4）替代转换

从相似行业中寻找替代转换，也可以是从相异行业中寻找替代转换。比如：在相似增值服务行业中，既然阿里巴巴可以提供保险金融类服务，那么京东也可以提供金融保险类产品；在相异的行业中，既然阿里巴巴可以提供线上支付服务，那么银行也可以提供线上支付服务。目前这种替代转换的创意方法比较常见，使得创新创业活动更加容易成功。与新建品类的方法相比，不需要耗费更多资源去开发全新市场需求，只是分流部分原有的市场需求。

（5）增值挖掘

增值挖掘方法就是转化经营管理战略思想，主攻某个细分市场的顾客群。波特认为，在与五种竞争力量（现有行业中的竞争、供应商、买主、替代品、潜在的新进入者）的抗争中，有三种战略思想手段：总成本领先战略；差异化战略；专一化战略。具体的做法就是，以前期销售的产品和提供的服务为基础，通过进一步营销手段增加客户黏度和忠诚度，促使再次购买和习惯性购买行为的发生，提高企业对消费者的销售额。

（二）商业机会

1. 含义及特征

商业机会是创意活动商业化的过程，是创业活动必然环节，商业机会经济意义上讲是能由此产生经济效益的机会，表现为市场需求的产生与需求被满足方式在时间、地点、成本、数量、对象上的不平衡状态。商业机会不断更新迭代，旧的商业机会消失后，新的商业机会又会出现，商机是买卖交易活动的基础，是创新创业的基础。商业机会具有客观性、偶然性、时效性、公开性、效用性、未知性和不确定性。

2. 创业者商业机会主要来源

（1）发现新问题

创新创业成功的根本是满足顾客需求，从市场机会看顾客需求没有得到满足就是市场供给存在问题。寻找创业机会的重要内容，就是善于去发现目标市场消费者在需求方面未得到的满足或遇到的难处。

（2）适应环境变化

创业的机会大都产生于变化的市场环境，环境变化了，市场需求、市场结构必然发生变化。彼得·德鲁克将创业者定义为"寻找变化，并积极反应,把它当作机会充分利用起来的人"。这种变化就是来自于市场环境变化引发的产业结构的变动、消费结构升级、思想观念的变化、政府政策的调整、人口结构的变化、居民收入水平提高等方面。比如居民收入水平提高、消费结构升级,购买私家车成为一种大众选择,私人轿车拥有量将不断增加,派生出汽车销售、保养、装潢、二手车交易等众多市场机会。

(3)创造发明激发新需求

创造发明提供了新产品、新服务,更好地满足顾客需求,同时也带来了创业机会。比如随着计算机被发明,个人电脑普及,互联网技术发展,电脑维修、软件开发、信息服务、网络销售等创业机会随之而来。这个过程中每个人都会不自觉地参与到活动的某个环节,甚至发现创业机会。

(4)应对市场竞争

发现并弥补竞争对手的缺陷和不足,也是创业机会的重要来源。在日常工作、生活中与周围的公司对比,看能否提供更为优质的产品和服务,看能否建立更为高效、便捷的营销渠道,这都可以发现创业机会。

(5)新知识、新技术的产生

新知识、新技术可以使之前不能实现或实现价值不大的产品服务落地,例如,互联网技术的快速发展,出现了互联网+思维模式,并最终引发了一场创新创业浪潮。

五、有效创业机会

(一)寻求创业机会

只有把好的创业进行完整、科学、有效地商业论证和转化,才能形成有效的创业机会。目前寻求有效创业机会的途径有以下几种。

1. 创新型机会

通过技术的改造创新为人们带来方便,比如苹果、微软等公司,核心竞争力就是开发提供别人短时间内没有的技术创新,根据创新技术,不断满足消费者对智能产品的需求。

2. 模仿型机会

通过模仿他人的技术和服务,优化产品品质,努力在价格方面形成竞争优势,或者在现有用户中进行新技术推广、新产品和服务营销的创新创业活动。比如百度模仿谷歌的运营管理模式,但提供的内容和方式更符合具体国情;腾讯则利用庞大用户基数,不断推出相关新产品,增加已有顾客对其产品服务的依赖性,成功推出了"微信",成为排名第一的社交软件。

3. 识别型机会

通过已有技术、产品和服务利用现有市场需求成为供给方。比如百合网利用中国青年人口数众多,且大量在一二线城市工作,社会活动少,交际范围窄,难以顺利解决婚恋等问题,结合科学心理分析,大数据分析,将生活背景、兴趣爱好、学历知识水平接近的人组合在一起,提高配对率,成为国内最大的婚恋交友平台。

4. 发现型机会

将新技术、新产品、新服务应用到不同领域,与其他行业融合。例如,阿里巴巴将互联网技术和商业买卖活动融合到一起,创造了网络交易模式,改变了人们的消费观念和消费方式。

(二)有效创业机会的评价

创业机会最关键的是匹配、可实现性及价值和风险性。

1. 创业机会要和现实情况相匹配

匹配包括了在资源、能力、特长、人脉、环境所限制的范围内合理实际的选择。每个人的选择空间和范围大小是不同的,比如资金充裕的人选择空间和范围就比资金少的要大;创业能力强的比没有创业能力的选择大,创业一定要根据自身情况找准机会,而不是寻找整个行业发展最好的机会,要明确:我是谁,我有什么,能做什么?

2. 创业机会要具有可实现性

千万别幻想:设计一个创业项目,投资1000元,每月收益30000元,这就是盲目的,可实现性难度大,这样的创业活动就是不靠谱的。

3. 创业机会价值与风险并存

高价值必有高压力,高收益必有高风险。不能只顾高收益,却忽略高风险,当要高价值时,一定要承担高压力,创业项目的收益与项目本身风险紧密相关,创业活动的成败与创业者风险承受能力密切相关。

在坚持以上三个原则同时,还要对各种创业机会进行具体的分析。

第一,市场沉淀,不要选择冷门,互联网的发展已经使得冷门消失,也没有中国企业的"蓝海理论",不要培养建立市场,要直接引爆市场。

第四章 创业机会与创业风险

第二,产品品质,成份、产地、技术、概念,效果是不是好,产品效果是否理想等。

第三,背景资质,创业项目手续是不是齐全,有没有什么背景,技术含量。

第四,产品成本,创业投资成本费用规模、构成等。

第五,市场接受,符合常识又高于常识,产品和服务要有特点和亮点,但又不违背大众的常识,易于接受。

第六,竞争力,产品和服务要尽可能做到极致化、专注化、至简化、精神化、高端化、品牌化,确定行业竞争地位。

第七,市场负面度,被市场和消费者普遍质疑的项目不能做。

第八,政府支持,是否具有政府和主管部门的背书,比如农村电商、绿色可持续发展等。

第九,产品延伸或升级,有没有后续的产品和开发能力,能否保持创新。

第十,舆论评价,有没有媒体曝光过相关新闻。

【补充资料】

商业机会评价指标体系

类型	指标	最有利标准	最不利标准
行业与市场可行性	市场需求	产品或服务可以创造一种夹缝市场	顾客群忠诚于其他品牌产品或服务
		能够形成的顾客群	顾客不集中
		顾客利益点突显	产品顾客利益点不显著
		投资回收期在1年以内	投资回收期在3年以上
	市场结构	销售者数目少销售者规模小	销售者数目多销售者规模大
		分销、进入和退出沉没成本较低	分销、进入和退出沉没成本较高
		信息不对等	信息对等
	市场规模	需求容量大且全速增长市场容量大但稳定	规模小
		持续成长率在30%~50%(新进入者不会引起市场现有竞争者的愤怒)	不能持续增长
	市场份额	占市场份额20%以上	占市场份额小于5%
	成本结构	不依赖于规模经济	依赖于规模经济

续表

类型	指标	最有利标准	最不利标准
经济可行性	税后利润	10% ~ 20%	低于 5%
	盈亏平衡	1 年	3 年
	资本要求	中低水平资本	大量资本量
	毛利率	大于 40% ~ 50%	小于 20%

类型	指标	最有利标准	最不利标准
企业出售可行性	增值潜力	分销优势	分销无优势
		顾客基础优势	无顾客基础优势
		地理、文化覆盖优势	地理、文化覆盖无优势
		知识产权优势	知识产权无优势
		契约权利优势	契约权利无优势
	退出机制	服务维修方面有出售企业后的退出机制	没有考虑退出机制
	资本市场环境	不依赖资本市场环境	依赖资本市场环境
竞争优势	成本	变动成本最低地位	变动成本较高地位
		固定成本最低地位	固定成本较高地位
		产品成本最低地位	产品成本较高地位
		营销成本最低地位	营销成本较高地位
	控制程度	市场领导者对价格、成本、分销渠道具有中等或较强的控制力	没有对价格、成本、分销渠道等的控制力
		市场领导者份额大于40%甚至60%，但主导者生产能力已经饱和或革新速度很慢或傲慢等待顾客	市场的大玩家没有疲倦和迟缓
	进入壁垒	所有权壁垒 法规优势壁垒回应/交付周期壁垒	无法把其他竞争者阻挡在行业外

续表

类型	指标	最有利标准	最不利标准
团队适应性	创业团队	囊括行业内超级明星的高效团队	缺乏业内专家
	个人履历	在管理、技术、营销、利润等方面的履历满足投资人的期望	缺乏经验
	整体性	创业团队不但个体好而且整体优	有过不团结记录
	自知之明	企业创始人知道自己知道什么和自己不知道什么	没数
个人标准	成功标准	符合创业者个人成功标准	不符合个人成功标准
	承担风险	财务风险小于创业者个人资产净值	财务风险大于创业者个人资产净值
	机会成本	价值大于其他工作	价值小于等于其他工作
	愿望	是自己的爱好	不是向往
	压力承受	能够接受高成长、高收益企业的压力	对高成长、高收益企业的压力感到恐慌
战略差异性	致命缺陷	没有致命缺陷	有一个或两个致命缺陷
	服务管理	全新的服务标准	传统服务标准
	时机	恰当时机	半夜鸡叫（早了）息灯号（晚了）
	技术	突破性所有权	没有独创技术
	柔性	快速上马、快速下马的能力	6年时间改变战略10~20年时间改变文化
	分销渠道	邮寄、网络等	传统
	容错空间	在计划收入、成本、现金流、时机资本等企业财务战略方面容许有较大误差	容不得犯错误

来自李俊：《创业基础》

商业机会评价准则

九成以上的创业梦想最后都落空。创业本身是一种高风险行为，新创业企业获得成功的概率不到1%，如果创业者能先以比较客观的方式进行评估，那么许多创业失败的悲剧结局就不至于一再发生。

1. 市场评估准则

(1) 市场定位

一个好的创业机会,必然具有特定市场定位,专注于满足顾客需求,同时能为顾客带来增值的效果。因此评估创业机会的时候,可由市场定位是否明确、顾客需求分析是否清晰、顾客接触通道是否流畅、产品是否持续衍生等,来判断创业机会可能创造的市场价值。创业带给顾客的价值越高,创业成功的机会也会越大。

(2) 市场结构

针对创业机会的市场结构进行分析,包括进入障碍、供货商、顾客、经销商的谈判力量、替代性竞争产品的威胁,以及市场内部竞争的激烈程度。由市场结构分析可以得知新企业未来在市场中的地位,以及可能遭遇竞争对手反击的程度。

(3) 市场规模

市场规模大小与成长速度,也是影响新企业成败的重要因素。一般而言市场规模大者,进入障碍相对较低,市场竞争激烈程度也会略微下降。如果要进入的是一个十分成熟的市场,纵然市场规模很大,由于已经不再成长,利润空间必然很小,因此这项新企业恐怕就不值得再投入。反之,一个正在成长中的市场,通常也会是一个充满商机的市场,所谓水涨船高,只要进入时机正确,必然会有获利的空间。

(4) 市场渗透力

对于一个具有巨大市场潜力的创业机会,市场渗透力(市场机会实现的过程)评估将会是一项非常重要的影响因素。聪明的创业者知道选择进入市场的最佳时机,也就是市场需求正要大幅增长之际,你只要做好准备,等着接订单。

(5) 市场占有率

从创业机会预期可取得的市场占有率目标,可以显示这家新创公司未来的市场竞争力。一般而言,要成为市场的领导者最少需要拥有20%以上的市场占有率。但如果低于5%的市场占有率,则这个新企业的市场竞争力自然不高,自然也会影响未来企业上市的价值。尤其处在具有赢家通吃特点的高科技产业,新企业必须拥有成为市场前几名的能力,才比较具有投资价值。

(6) 产品的成本结构

产品的成本结构,也可以反应新企业的前景是否亮丽。例如,从物料与人工成本所占比重之高低、变动成本与固定成本的比重,以及经济规模产量大小,可以判断企业创造附加价值的幅度以及未来可能的获利空间。

　　2. 效益评估准则

　　(1)合理的税后净利润

　　具有吸引力的创业机会,至少需要能够创造15%以上税后净利。如果创业预期的税后净利是在5%以下,那么这不是一个好的投资机会。

　　(2)达到损益平衡所需的时间

　　合理的损益平衡时间应该能在两年以内达到,但如果三年还达不到,恐怕就不是一个值得投入的创业机会。不过有的创业机会确实需要经过比较长的耕耘时间,通过这些前期投入,克服进入障碍,保证后期的持续获利。在这种情况下,可以将前期投入视为一种投资,才能容忍较长的损益平衡时间。

　　(3)投资回报率

　　考虑到创业可能面临的各项风险,合理的投资回报率应该在25%以上。15%以下的投资回报率,是不值得考虑的创业机会。

　　(4)资本需求

　　资金需求量较低的创业机会,投资者一般会比较欢迎。资本额过高其实并不利于创业成功,有时还会带来稀释投资回报率的负面效果。知识越密集的创业机会,对资金的需求量越低,投资回报反而越高。因此在创业开始的时候,不要募集太多资金,最好通过盈余积累的方式来积累资金。而比较低的资本额,将有利于提高每股盈余,并且还可以进一步提高未来上市的价格。

　　(5)毛利率

　　毛利率高的创业机会,相对风险较低,也比较容易取得损益平衡。毛利率低的创业机会,风险则较高,遇到决策失误或市场产生较大变化的时候,企业很容易就遭受损失。理想的毛利率是40%。当毛利率低于20%的时候这个创业机会就不值得再考虑了。

　　(6)策略性价值

　　能否创造新企业在市场上的策略性价值,也是一项重要的评价指标。策略性价值与产业网络规模、利益机制、竞争程度密切相关,而创业机会对于产业价值链所能创造的加值效果,也与它所采取的经营策略、经营模式密切相关。

　　(7)资本市场活力

　　当新企业处于一个具有高度活力的资本市场时,它的获利回收机会相对也比较高。不过资本市场的变化幅度极大,在市场高点时投入,资金成本较低,筹资相对容易。但在资本市场低点时,投资新企业开发的诱因则较低,好的创业机会也相对较少。对投资者而言,市场低点的成本较低,有时投资回报反而更高。新创企业的活跃的资本市场比较容易创造增值效果,因此资本市场活力也是一项可以被用来评价创业机会的外部环境指标。

第二节 创业机会识别

一、创业机会识别

(一)含义

机会识别是指创业者识别商业机会,探寻产品开发、市场拓展等活动的过程。对创业机会识别的理解分为两种:一是客观认知,持客观观点的学者认为,创业机会是客观存在于社会环境之中的,需要创业者去探索发现。二是主观认知,认为创业机会识别是主观的、是创业者个人或团队创造而成,并非简单发现,机会识别本身就是创造性活动。

在真实的创新创业活动过程中两种观点并不矛盾,而是互相补充的。创业者在市场探索分析过程中会同时使用以上两种方式,因而创业机会既可以被发现也可以被创造。从大量成功的创新创业案例也可以看出,创业初期在市场上机会识别过程中创业者个人的经验认识会对整个创业活动起到关键作用。

静态观将创业机会看作是客观存在的,创业者需要依靠敏锐的观察力发现其存在。动态观认为创业机会是创业者主观感知到的甚至是其主动创造的、满足市场需要的可能性。很多时候创业机会因素是客观存在的,但机会存在和个人发觉是相互作用的,机会的最终识别需要创业者个人对机会的感知能力、分析能力和把握能力,因此创业机会识别是主观因素与客观因素结合的结果。

(二)影响创业机会识别的因素

创业机会识别带有浓厚的主观色彩,创业机会识别是创业者个体与创业环境的互动过程,外部环境因素尤其是环境中的客观机会因素对于创业机会的识别影响很大。

第四章 创业机会与创业风险

1. 创业者个人因素

（1）创业警觉性

创业警觉性指一种持续关注、挖掘未被发觉的市场机会的能力。创业警觉性是多维思考和行动的整合体，首先要有敏锐预见能力，对于创业机会的出现、商业前景能准确地做出前瞻性预测；其次能深度探求、挖掘潜力，善于分析和挖掘商业情报和信息，并从中离析出潜在的市场机遇和创业机会，准确找到利润点；具备整合资源、重新构建新商业模式的能力，能够打破现在的商业范式，赋予有限资源以新的价值和用途。同时创业警觉性还应包括扫描和搜索、联系和联想、评估和判定三个维度。

（2）知识储备与实践经验

创业者选择机会时更容易关注与已有知识和实践经验联系密切的领域。Bamn认为对于创业者而言，丰富且广泛的工作经验与生活阅历是识别创业机会的主要决定因素，能够帮助创业者识别、分析、判断信息的潜在价值。创业者都有各自的工作生活经验与知识储备，进而影响知识结构和认知水平的差异，这种差异会导致对于潜在创业机会理解认识、发掘把握、开发利用的不同。个人知识结构由常识和专业知识两方面构成。前者指在生活中形成的对一般事物的普遍性认知，后者是由创业者在多年学习工作中积累的知识和经验。也有研究者提出对创业机会识别起关键作用的知识有四种，即特殊兴趣知识和产业知识的结合、市场识别管理知识、商业模式知识和需求洞察知识。先验知识不仅被用来搜索创业机会，更会影响后续创业活动过程的资源整合与配置。

（3）创造力

创造力作为成功创业者的性格特质之一，其在创新创业活动中的重要性越发凸显。创造力需要具备发散思维和聚合思维的能力。互联网时代，信息资源日益丰富与多样化，信息多样化对于发散性思维产生了重要影响，在多样化条件下，发散性思维对于创新创业理念的形成产生了积极影响。创业机会识别本身就是一项创造性活动，受到创业者创造力的直接影响。

（4）社会资本

社会资本是联系创业者和创业机会的纽带与桥梁，创业者只有通过一定的社会网络获得有关创业机会的信息和相应的资源，才能从事创新创业活动。创业者自身社会资本的规模大小、禀赋特点、丰富程度等都将对创业机会识别产生重大影响，社会资本与创业者识别创业机会的成功率呈正相关，创业者的社会资本一方面会对他能不能发现市场机会、能够发现什么样的市场机会产生影响,另一方面社会资本也是创业者从事创业活动过程能否成功的重要影响因素。

2. 创业机会因素

创业机会发现的过程和难易程度不同,有的相对明显容易发现,有的相对隐蔽不易被发掘。相对容易和显现的创业机会则比较容易通过创业者系统搜索识别,而相对隐性的机会需要通过创业者先前知识的学习积累、实践工作经验的丰富识别。创业者往往偏好于有市场价值的且与以往知识经验有关的创业机会,这是因为这种机会符合创业者的现实感受,对于其他竞争者具有一定的限制和壁垒。

3. 各因素的交互作用

影响创业机会识别的因素在不断地变化和发展,创新创业活动能否成功不是简单受某一因素的影响,而是众多因素相互共同作用的结果。创业警觉性和先验知识的交互作用,创业警觉性和创新认知能力是影响发现新商业机会的重要因素;知识储备、实践经验和创新认知能力的交互作用决定创业机会可行性的识别。信息越是多样化、丰富化,发散性思维对于创新创业理念的形成影响就越发显著。此外,学习经历长、工作经验丰富的创业者更能识别到具有创新性的机会,创新创业活动也更容易成功。

二、创业机会的识别过程

创业机会识别可以分为机会识别阶段和机会认知阶段。

(一)机会识别阶段模型

1.Lindsay 和 Craig 机会形成的三阶段模型

Lindsay 和 Craig 认为创新创业机会形成的基本过程包括三个阶段。

一是机会搜索阶段。在这一阶段创业者需要依据掌握的社会资源搜索整个环境可能的机会,发掘潜在的创业商机。

二是机会识别阶段。在这一阶段需解决两个重要问题,首先搜索到的创意是否具有创业价值,其次发现的机会是否具有可行性与创业者的认识是否契合。对于第二个问题的评价,创业者需要用标准化的机会模式,识别所遇到的机会是否理想,是否具有一定的开发价值,避免主观因素的过度影响;同时也要有个性化识别,考察创新创业机会与创业者自

第四章 创业机会与创业风险

身特点的匹配程度,因为兴趣是创新创业活动持续进行,特别是遇到问题时进行下去的重要保障。

三是创业机会评估审查阶段。在这一阶段要分析先前收集的相关信息,进行科学的量化评价,判定创业项目可行性和创业风险,根据风险评估和预期回报分析的一致性评价创业机会。

2. Ardichvili 的机会开发模型

Ardichvili 从市场需求和创业资源的关系出发,提出机会识别是由三个不同的阶段组成。

一是创业者要能够感知和察觉到市场的需求,包括现实需求和潜在需求,能够利用现有资源和挖掘未充分利用的潜在资源。

二是要发现创业资源与市场需求的匹配。资源与市场的匹配既可以是对空白市场的满足,也可以是市场中已经存在的但并不完美的部分,这也为创业者实现匹配提供了可能。

三是创业者需对现有创业资源重新定位和组合。分析目标市场需求,重新定义和整合现有资源,实现资源与需求的匹配,使资源发挥创造更大作用和价值。

Ardichvili 认为完整的机会开发包括机会识别、机会评估和机会开发三步。创业机会经过上述三个步骤被识别,就进入开发阶段,而对于创业机会的评估则贯穿于整个活动过程。在活动开始阶段评估的结果不理想可能导致创业行为终止,评估结果符合预期则创业活动会积极展开;同时在创新创业活动过程中,评估实现了对创业活动的过程管理,有助于及时发现问题,做出调整,使创业活动更容易成功。

3. 以创造力为基础的多维度机会识别过程模型

Hills, Shrader 和 Lumpkin 提出以创造力为基础的多维度机会识别过程模型,该模型将机会识别分为以下五个阶段。

一是准备阶段,指专业知识、基本常识、实践技能的准备,这些知识和技能来源于创业者的生活背景、工作或学习经历、兴趣爱好以及社会网络;

二是沉淀阶段,指创业者的创新创业构思活动,在这一过程中创业者并非完全有意识的认识问题、系统分析问题和主动解决问题,而是无意识地对各种现状和情况进行思考;

三是洞察阶段,指创意从创业者潜意识中迸发出来,或由于其他刺激而被创业者所意识,用"豁然开朗"来形容,是对创新创业活动由量变实现质变的过程；

四是评估阶段，指有意识地对创意价值和可行性、创业活动的收益和风险进行评定和判断，评估的方式包括市场调查、过往经验总结对市场前景分析；

五是落实阶段，是指对创新意识进一步细化和明确，使创新创业活动最终开展落实。

(二)机会认知阶段模型

1. 模式认知：特征分析模型与原型模型

创业者识别机会是因为机会本身存在可观察的特征，能够被创业者识别。识别依赖于创业者经验获得，而认知框架和模型起到了关键作用，这些框架和模型可以使创业者把单独出现的事件或变化之间建立起一定的联系，进而实现对创新创业机会的识别。机会识别模型分为特征分析模型、原型模型两种。

特征分析模型，即创业者利用机会的特征，当发生事件或变化特征与模型特征匹配，创业机会便被识别。创业机会的特征分析模型主要从几个维度考虑：新颖性，分析判断新刺激是否区别于已有模型；可行性，分析创业机会是否具有可操作性、可实现性；独特性，即创业机会中的新产品和新服务与竞争者产品和服务之间的比较；独立性，是指创业机会内在的独特因素，不能被其他人轻易模仿，具有一定的进入壁垒。特征分析模型是关注机会的特征，但创新机会具有不同的特征，创业者对机会的想象也不尽相同。新手对创新创业机会的想象是基于新颖性和独特性，以兴趣爱好为导向；而经验丰富的创业者则是基于盈利性和可行性，已获得汇报和控制风险为导向。这直接反映在对于创新创业项目的评价和认知上，也影响对于项目机会本身的评价。

原型模型，指的是一个类别或范畴内所有个体的典型表征，由创业者通过自身经验构建。原型模型认为创业者会将观察到的事件与变化，感受到的刺激与现有的商业模式比较，在三个要素的分析识别中发现创业机会。与原型模型类似，范例模型更强调具体实例，对比对象不是有关商业机会的典型表征，而创业者本身经历过的经验。原型模型和范例模型的基本观点是一致的，以模式识别理论为基础，强调将新事物、新刺激与原有认知进行比较。特征分析模型关注的是零散的特征，各个要素的对比匹配；原型模型则是将特征要素整合起来，以实现复杂的机会识别过程。

2. 结构匹配模型

不同的心理连接在机会识别过程中会起到不同作用,也会产生不同结果,并在此基础上构建了机会识别认知过程的结构匹配模型。结构关系更直接参与高级的机会识别推理过程,关注事物的本质特征,能从资源组合、结构匹配度等方面考虑创业项目的可行性。

三、创业机会评价方法

(一)蒂蒙斯创业机会评价体系

美国蒂蒙斯教授的创业机会评价框架,涉及行业和市场、经济因素、收获条件、竞争优势、管理团队、致命缺陷问题、个人标准、理想与现实的战略差异等八个方面的53项指标。通过定性或量化的方式,创业者可以利用这个体系模型对行业和市场问题、竞争优势、财务指标、管理团队和致命缺陷等做出判断,来评价一个创业项目或创业企业的投资价值和机会。

1. 行业和市场

(1)市场容易识别,可以带来持续收入。

(2)顾客可以接受产品或服务,并愿意为此支付费用。

(3)产品和服务有较高的附加值。

(4)产品和服务对市场影响力大。

(5)产品生命周期长,行业竞争不大。

(6)项目所在的行业是新兴行业,竞争不激烈。

(7)市场规模大,销售潜力能达到1000万~10亿美元。

(8)市场成长率在30%~50%甚至更高。

(9)现有厂商的产品供给能力基本达到极限。

(10)未来五年内成为市场领导者,市场占有率达到20%以上。

(11)产品上下游价值链完善,具有成本优势。

2. 经济因素

(1)达到盈亏平衡点所需要的时间在1.5~2年以下。

(2)盈亏平衡点不会逐渐提高经济价值。

(3)项目投资回报率在25%以上。

(4)项目对资金的要求符合实际,能够顺利获得融资。

(5)产品或服务的销售额年增长率达到15%以上。

（6）现金流量稳定,达到销售额 20% ~ 30% 以上。
（7）获得持久的毛利,毛利率要达到 40% 以上。
（8）获得持久的税后利润,税后利润率要达到 10% 以上。
（9）资产不能过度集中,分布合理。
（10）运营资金规模合理,变化稳定。
（11）产品技术研究开发不单纯依靠资金。

3. 收获条件

（1）创业项目带来的附加价值具有较高战略意义。
（2）项目具有很好的退出方式。
（3）资本市场环境良好,可以实现资本流动。

4. 竞争优势

（1）产品和服务的固定成本和可变成本较低。
（2）创业者对项目产品成本、价格和销售的控制度较高。
（3）项目已经获得或可以获得专利所有权、市场准入等保护。
（4）行业竞争不激烈,竞争对手少。
（5）拥有行业进入壁垒,如专利技术等。
（6）拥有良好的社会资源,容易获得市场认可。
（7）拥有杰出的创业团队。

5. 管理团队

（1）拥有人数众多,配合高效的创业者团队。
（2）团队成员的行业和技术经验达到领先水平。
（3）管理团队正直廉洁,管理科学有效。
（4）团队善于反思,能够及时提升能力。

6. 弥补缺陷

能够及时发现创业活动的致命缺陷,并进行完善弥补。

7. 创业者个人能力

（1）创业者个人目标与创业活动价值追求相符合。
（2）创业者可以尽可能的实现成功。
（3）对于物质回报的接受度高。
（4）享受创业活动过程,不是简单追求物质回报。
（5）创业者可以有效控制风险,并承受适当的风险。

第四章 创业机会与创业风险

（6）创业者能够很好地应对压力。

 8. 创业理想与实践活动

（1）理想与现实情况基本吻合。
（2）管理团队在现有条件下实现最优。
（3）有先进的市场开发和服务理念。
（4）创新创业项目符合时代发展趋势。
（5）技术具有创新性、突破性，能够避免众多潜在对手产生。
（6）敏锐观察、灵活适应，能快速地进行取舍。
（7）持续创新思维与创业活动。
（8）产品或服务与市场领先者保持一致。
（9）能够获得或已经具备销售渠道。
（10）能够允许失败、承受失败的压力。

该评价体系主要适用于具有行业经验的投资人或资深创业者对创业企业的整体评价，必须运用创业机会评价的定性与定量方法才能得出创业机会的可行性及不同创业机会间的优劣排序。

（二）平衡记分卡

平衡记分卡是由哈佛大学罗伯特·S.卡普兰教授和复兴国际方案总裁戴维·P.诺顿设计的。平衡记分卡不仅仅是一个强有力的战略绩效管理的工具，还是一种有效的管理方法。平衡记分卡通过财务、客户、内部流程及学习发展四个指标以及各指标之间的相互关系展现组织的战略轨迹，实现绩效考核与绩效改进、战略实施与战略修正的目标过程。平衡记分卡的平衡体现在以下四个方面：长期与短期目标之间；外部计量（股东和客户）和关键内部计量（内部流程、学习和成长）之间；所求的结果和执行动因之间；客观性测量和主观性测量之间。

 1. 评价指标释义

（1）财务指标

财务指标描述创业者及创业团队对新创企业的经济收益产生的作用，财务指标是其他三个指标的出发点和归宿，目标是解决"股东如何看待我们"这类问题。财务是描述预期投资回报及财务风险，主要包括预期内部报酬率、预期投资回报率、投资回报周期等。

（2）顾客指标

顾客指标主要解决企业为谁提供及提供什么产品的问题。顾客评价是通过顾客角度从成本、价格、质量和服务几个方面看企业，关注市场份额、顾客需求和满意程度的变化，目标是解决"顾客如何看待我们"这类问题。顾客指标是衡量创新创业机会能否成功的最重要标准，也是创新创业活动持续存在的根本推动因素。

（3）内部流程指标

顾客指标和财务指标因素都属于外部因素，为了满足股东投资和顾客的需求，创业者必须创造性地整合其内部资源，这些资源即包括人的因素如创业者、创业团队等，也包括物的因素如创业资源、创业者的网络等。内部因素的目标是解决"我们擅长什么"这类问题，内部因素是新创企业的核心竞争力。

（4）学习发展指标

学习发展指标将注意力引向企业持续成功的基础，涉及团队人员构成与更新、信息收集与系统建立、市场开发与创新等问题。其目标是解决"我们在进步吗"这类问题，主要包括创业团队与成员是否有持续进步的潜力、创业机会是否有持续增长的潜力、创业机会对环境的适应能力及创业者抵抗风险的承受能力等。

2. 创业机会评价指标之间的内在联系

财务指标是创业者创业活动最终的追求和目标，也是创业机会的物质保证；要提高企业的盈利能力，实现财务指标，必须以客户为中心，以满足客户需求为出发点，不断提高客户满意度，培养顾客忠诚；要满足客户不断变化发展的需求，创业者和新创企业必须加强自身建设，提高企业内部的经营管理效率；而要提高新创企业经营管理效率则需要创业者和创业团队有较强的学习能力。这四个要素构成一个循环，从不同角度解释新创企业在发展中所需要满足的条件，并通过适当的管理和评估促进新创企业的发展，保证创新创业活动的成功。

（三）创业机会评价指标实证

清华大学经济管理学院姜彦福通过实证对属性库的关键性指标进行了排序，并对经济型指标通过调查问卷进行了实证。姜彦福在蒂蒙斯的机会评价框架下，通过调查问卷的方法对中国资深创业者和一般管理者进行比较研究，提出适合中国创业者进行非正式评价或投资人在进行尽职调查前快速评估创业机会的10项关键指标序列，并得出结论，中国创业者在进行机会评价时应该最重视人的因素。

(四)其他评测指标

1. 市场评估指标

(1)市场定位

好的创新创业机会,必须是有明确的市场定位,专注于满足顾客需求,给予顾客更多让渡价值。因此评估创新创业机会的时候,可由市场定位的准确性、顾客需求满足程度、顾客需求发现、项目产品和服务是否持续吸引目标市场等,来判断创业机会可能创造的市场价值。创业项目带给顾客的满意程度越高,创业活动成功的几率也就越大。

(2)市场结构

针对创业机会的市场结构可以从4个方面分析,包括行业进入障碍、利益相关者博弈、需求满足替代品的威胁、行业内部竞争的激烈程度。对市场结构进行分析可以了解新创企业在市场中的地位,以及可能面临的市场竞争。

(3)市场规模

现有市场规模大小及潜在市场的开发成长速度,也是影响新创企业成败的重要因素。如果进入新兴行业,市场规模大,尽管进入障碍相对较低,市场竞争激烈程度也会较为缓和。如果进入成熟市场,即使市场规模很大,但潜在市场几乎没有,新创企业将不能进一步开发市场潜力,发展必然受限。创业可选择正在成长的市场,只要进入时机正确,一般都会获得成功。

(4)市场渗透力

对于具有市场潜力的创新创业机会,市场渗透力评估是非常重要的影响因素。成功的创业者需要选择在适当时机进入市场,也就是当市场需求顾客购买能力增长时,做好开始创业活动的准备,提供产品与服务。

(5)市场占有率

分析创业机会可预期判断取得的市场占有率目标,这反映新创企业未来的市场竞争力。行业领导者需要拥有20%以上的市场占有率,如果低于5%的市场占有率,则说明创新企业的市场竞争力不高,对于IPO估值会产生较大影响。目前从创新创业的热点——高新技术领域,具有赢家通吃的特点,新创企业必须在行业内处于领先地位,才具有投资价值,能够赢得资本青睐。

（6）产品的成本结构

产品的成本结构也可以反应新企业的前景。原材料成本与人工成本关系、可变成本与固定成本比重、经济规模产量大小等都可以判断新创企业创造价值和盈利的能力以及未来可能的发展空间。

2. 效益评估指标

（1）合理的收益

具有吸引力的创新创业机会,至少需要能够创造15%以上的税后净利。如果创业项目预期的税后净利在5%以下,就不是一个好的创业项目或投资机会。

（2）适当的损益平衡时间

创业项目应在两年以内实现损益平衡,但如果三年还无法实现损益平衡,说明创业项目存在问题。一般新创企业的生命周期为24—30个月,项目需要在这个时间段内得到发展,不过有的创业项目需要经过较长的经营管理时间,这样虽然前期投入较大,但同时也形成较高的进入壁垒,保证后期的竞争优势。这种情况下前期投入长期投资,损益平衡时间可以适当延长。

（3）投资回报率

创新创业活动会面临较多的不确定性和复杂的风险情况,创业项目的投资回报率应该在25%以上,才具有吸引力,投资回报率低于15%以下的项目是很难获得投资认可的,也不是很好的创业机会。

（4）资金需求

资金需求量少的创业机会,投资者会比较欢迎。投资资本额过高并不利于创业活动,甚至会影响投资回报率,延长平衡所需时间。一般知识密集型的创业机会,对项目资金的需求量低,投资回报较高。创业者在创业初始阶段,不要对外募集太多资金,可以通过企业自身盈余积累的方式来储备创业资金。另外较低的创业资本,有利于企业IPO时估价估值。

（5）毛利率

毛利率高的创业机会,相对风险较低,也比较容易实现损益平衡。毛利率低的创业机会,风险较高,遇到决策失误或市场发生较大变动时,容易遭受损失,不利于实现损益平衡。理想的毛利率是40%,当毛利率低于20%的时候,创业项目就不值得实施。互联网行业的毛利率通常很高,如果能够有较高的市场占有率,互联网行业创业活动成功的可能性较大。

（6）策略性价值

能否创造新企业在市场上的策略性价值,也是一项重要的评价指标。

策略性价值与产业规模、利益机制、竞争程度密切相关,创业机会对于产业价值链所能创造的价值效果,也与它所采取的经营策略与经营模式密切相关。

(7)资本市场活力

资本市场对于新创企业来说是重要的外部因素,当新企业处于高度活跃的资本市场时,获利回收机会相对比较高。但资本市场的变化速度快、幅度大,当处于资本市场高点时投入,资金成本较低,筹资也相对容易;但在资本市场低点时,投资新企业开发的诱因低,资金成本会增加,筹资也会变得更难。但对投资者而言,市场低点时反而投资回报更高。

(8)退出机制与策略

所有投资的目的都在于回收,因此退出机制与策略就成为评估创业机会的重要指标。新创企业的价值也要由具有客观衡量能力的交易市场来决定,而这种交易机制的完善程度会影响新企业退出机制的弹性。由于退出的难度普遍要高于进入,所以一个具有吸引力的创业机会,要为所有投资者考虑退出机制,以及退出的策略规划,吸引投资者参与创业活动。

四、创业环境分析

(一)含义与分类

1. 含义

创业环境是开展创业活动的范围和领域,是创业者所处的境遇和情况,是影响创业活动的各种因素和条件的总和,是创业活动的基本条件。在大环境中机遇与挑战并存,利益与风险同在,适应与创新共求,顺境与逆境俱进,抓住机遇需要才能、智慧、勇气和毅力,适应需要创新,创新也是一种适应。

2. 分类

创业环境按创业环境的构成要素可分为:经济环境、政治法律环境、科学技术环境、社会文化环境及地理环境。按构成要素的影响程度可分为:间接影响因素和直接影响因素。按创业环境的区域层次可分为:宏观环境、行业环境和微观环境。按软硬环境可分为:硬环境和软环境。

创新创业最重要的是适应宏观环境,宏观环境是指国际、国内和地区范围内对新创企业和所处行业都将产生影响的各种因素,是给创业活动带来市场机会或环境威胁的主要社会力量,内容包括政治经济环境、法律制度环境、社会文化环境、科学技术环境、地理区位环境因素。宏观环境分析的目的是发现机会和威胁,捕捉机会与避开威胁,去赢得企业的生存与持续发展。法律制度因素是指一个国家或地区的国体、政体、路线、方针政策、法律法规等。经济环境因素是指社会经济发展的整体情况,包括国内外经济发展形势及未来一段时间经济发展趋势。社会文化环境因素是指一个国家和地区的人口因素与文化风俗因素,影响人们对经济活动的态度,影响人们的价值取向、生活方式、消费取向、工作态度以及企业的管理方式。科技环境是指企业所处的社会环境中的科技要素,以及与该要素直接相关的各种社会现象的实时状态的集合,它包括社会科技水平、科技力量、科技体制、科技政策和科技立法等基本要素。地理环境包括自然环境和人文地理环境。自然环境是指所在地域的全部自然资源所组成的环境,人文环境是人类创造与地表之上的人文景观。

(二)创业环境分析的价值

创业环境分析对创业者的意义:规避创业风险,提高创业成功率;对政府的意义:完善社会服务功能,建立有效的创业支持体系。

创业环境综合分析,明确行业和企业成功经营的关键因素,发现和确认企业未来发展的机会和威胁,弄清企业自身的优势和劣势,将关键因素,机会威胁,优势劣势结合起来,进行综合分析为创业构思和战略的制定提供依据。

环境机会是指环境中对新创企业有利的因素,如政府政策与制度支持、高新技术研发与应用、良好的上下游价值链;环境威胁是指环境中对新创企业不利的因素,指竞争对手的出现(包括现实竞争者和潜在竞争者)、市场增长速度缓慢、技术研发与运用缓慢,上下游价值链不完整等。

(三)创业环境分析方法

创业环境的分析方法有很多种,如 SWOT 分析法、PEST 分析法、定量分析法、定性分析法。

1.SWOT 分析法

由美国哈佛大学学者安德鲁斯提出,根据所有公司资源禀赋的不同,可以进行公司内部优势、劣势公司外部环境机会、威胁分析,进而发现公司面临的经营管理机会和风险,从而为公司选择恰当的战略,创业环境的综合分析也常用此法,SWOT 法是分析企业的优势(strengths)、劣势

第四章 创业机会与创业风险

(weakness)、机会(opportunities)、威胁(threats)后,并将其用矩阵形式表示的方法,包含以下几个过程。

(1)建立 SWOT 矩阵的途径。

(2)列出公司关键的外部环境提供的机会。

(3)列出公司关键的外部环境构成的威胁。

(4)列出公司关键的内部优势。

(5)列出公司关键的内部劣势。

(6)将企业优势和外部机会相结合,制定出发挥优势,利用机会的 SO 战略。

(7)将企业优势和外部威胁相结合,制定出发挥优势,避开威胁的 ST 战略。

(8)将企业优势、劣势和外部机会相结合,制定出利用机会,弥补劣势的 WO 战略。

(9)将企业优势和外部威胁相结合,制定出弥补劣势,避开威胁的 WT 战略。

综上,若以 S 为坐标轴横轴的右端点,W 为坐标轴横轴的左端点,O 为坐标轴纵轴的上端点,T 为坐标轴纵轴的下端点,则由 SO 围成的第一象限为增长型战略,WO 围成的第二象限为扭转型战略,WT 围成的第三象限为防御型战略,ST 围成的第四象限为多种经营型战略。

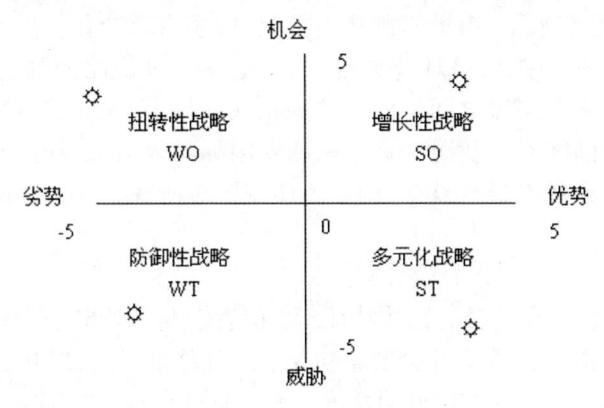

2.PEST 分析法

是对宏观环境的分析,P 是政治,E 是经济,S 是社会,T 是技术。在分析新创企业所处环境时,一般从这四个角度入手来判断企业所面临的情况。进行 PEST 分析需要掌握大量的、充分的相关研究资料,并且对所分析的企业有着深刻的认识。政治方面有政治制度、政府政策、产业政策、相关法律法规等。经济方面主要内容有经济发展水平、规模、增长率、政府收支、通货膨胀率等。社会方面有人口、价值观念、道德水平等。技术方面有高新技术、工艺技术和基础研究的突破性进展。

（1）P（Politics）即政治要素

是指对新创企业经营管理活动具有现实与潜在影响的政治力量和法律、法规等因素。当政治制度与政治体制、政府组织对企业所经营业务的态度发生变化时，或当政府颁布实施对企业经营管理具有约束力、限制性的法律法规时，企业的经营管理战略需要及时做出调整。法律环境主要包括政府制定颁布实施的对企业经营管理具有约束力的法律法规，如反不正当竞争法、税法、环境保护法等。处于竞争中的企业必须仔细研究政府管理理念和商业活动有关的政策和思路，特别是作为新创企业，应对风险和承受风险的能力相对较弱，必须提前研究相关政策、法律法规。如研究国家的税法、反垄断法以及取消某些管制的趋势，了解与企业相关的一些国际贸易规则、知识产权法规、劳动保护和社会保障等，这些政策和法律法规影响到各个行业的运作和利润，蕴含着创业时机的把握和创业活动行动指导。

（2）E（Economic）即经济要素

是指一个国家或地区的经济制度、经济结构、产业布局、资源禀赋、经济发展水平以及经济发展趋势等。构成经济环境的关键要素包括国民生产总值（GDP）发展、利率水平、通货膨胀情况、失业率水平、居民可支配收入规模、汇率水平、市场机制建设情况、市场需求变化发展等。新创企业处于宏观环境中，经济环境必然决定和影响企业战略的制定，同时经济全球化还带来了国家之间经济上的的相互依赖，企业在战略决策过程中还需要关注国际经济状况。近年来随着国际间政治关系的变化，创新企业面对的国家环境日益复杂，创业者还需要对所在行业的国际环境做出准确判断。

（3）S（Society）即社会要素

是指组织所在社会的民族特征、文化传统、价值观念、宗教信仰、教育水平以及风俗习惯等。社会要素包括：人口总量、年龄结构、民族构成、收入分布、消费水平、人口流动性等。人口总量直接影响国家或地区市场容量规模，年龄结构则决定消费方式和消费产品类型。价值观具有高度的持续性，是一定区域内历史、文化的沉淀，通过家庭教育和社会教育传播延续，具有相当的稳定性。文化传统由共同语言、共同价值观念体系及共同生活经验或生活环境的群体所构成，相同的群体有类似的社会态度、爱好和行为，从而形成类似的市场需求和相近的消费行为。同样，不同的国家之间有人文的差异，不同的民族之间也有差异，这对于创业者分析市场需求,开发相应产品和服务是有直接影响的。例如,不同民族在饮食结构的偏好和食物构成上就有很大差异,可见文化对于新创企业战略的影响是巨大的。自然环境是指企业业务涉及地区的地理、气候、资源、生态等环境。不同的地区自然环境,对于企业战略会有一定影响。我国是一个幅员辽阔的国家,南北跨度大自然环境差异明显,也形成了有很大差别的消费习惯,大到公共设施的建设,小到饮食起居,创业者要遵循自然环境差异而产生的需求差异。

(4)T(Technology)即技术要素

技术要素包括革命性的发明创造,还包括新技术、新工艺、新材料的出现和应用。在过去的不到200年间,人类在科学技术方面取得了极大的成就,创造了比之前几千年人类社会更多的财富。近年来像微软、华为、阿里巴巴等高技术公司的崛起改变着人类的生活方式,科学技术已经成为国家综合国力竞争的最重要要素,各国政府为此不遗余力。

3. 定量分析法

指对社会现象的数量特征、数量关系与数量变化进行分析的方法。在企业管理上,定量分析法是以企业财务报表为主要数据来源,按照数理方式进行整理加工和分析,得出企业经营管理结果。定量分析是投资分析师使用数学模块对公司可量化数据进行的分析,通过分析对公司经营给予评价并做出投资判断。定量分析的对象主要为财务报表,如资金平衡表、损益表、留存收益表等。其功能在于揭示和描述社会现象的相互作用和发展趋势。

4. 定性分析法

包括因果分析法、比较分析法以及矛盾分析法。定性分析法,主要依靠分析人员的实践经验以及主观判断和分析能力,以推断事物的性质和发展趋势的分析方法。是依据预测者的主观判断分析能力来推断事物的性质和发展趋势的分析方法。这种方法可充分发挥管理人员的经验和判断能力,但预测结果准确性较差。

新创企业缺乏完整、详细、准确的经营管理资料,需要邀请熟悉该企业或行业的专家,根据他们从业所积累的经验进行分析判断,提出初步意见,然后通过召开座谈会的方式对专家初步意见进行完善,并做出对新创企业发展的研判。定性分析法从质的方面分析事物,要在各种研究现象中把握事物的本质,以辩证唯物主义和历史唯物主义作实际的材料,然后用正确的观点对这些材料进行去粗取精、去伪存真、由此及彼、由表及里地全面分析和综合,才能从现象中找出反复出现的规律性。只有这样才能准确描述该事物,揭示事物间的相互关系。定性研究分为三个过程:分析综合、比较、抽象和概括。

第三节 创业项目选择与评价

一、商业机会与创业机会

机会是指尚不明确的市场需求,或者未被利用的资源和能力。商业机会指有吸引力的、能实现某种商业盈利目的、适时的商务活动空间。创业机会是适用于创业的商业机会,主要是指具有较强市场吸引力、能够持久的产生价值与利益的商业机会,创业者依据创业机会为客户提供有价值的产品或服务,并获得相应的收益回报。

由商业机会而发现创业机会,创业范围更大,所包含内容更多,对于市场情况要大量调查研究,才能找到合适的商业机会,商业机会不是凭空来的。

二、创业项目筛选

(一)创业项目筛选原则

1. 创新性

创业项目投资不能盲目,必须对创业项目进行严格的评估。如果创业项目没有独特的市场吸引力和创新之处,是不值得创业者开展相关活动,创业资本也不会投资的。

2. 市场前景

创业项目要有良好的、广阔的市场前景,能够在可预期的时间内占据一定的市场和取得相应的投资回报。目前风险投资基金和"孵化器"比较感兴趣的创业项目集中在网络技术、软件信息、新材料、新能源、机电一体化、节能领域、生物医药及精细化工等方面,这些项目发展前景好,也更容易成功。

3. 符合国家产业政策

我国处在工业化发展初期,为了赶超发达国家,实现科技和综合国力的超越,国家鼓励扶持发展高科技产业。给予制度政策和经济政策上的极大地扶持,如果创业项目符合国家的产业政策导向,更容易获得政策红利,有助于创业活动的成功。

(二)大学生创新创业项目的特点

大学生创业者具有特殊性,选择的创业项目要尽可能发挥大学生自身优势,优先考虑以下六个方面作为创业活动开始。

1. 优先考虑政策鼓励的创业项目

为了激发和调动大学生创业热情,各级政府和行政主管部门出台实施一系列的优惠政策,例如大学生创业办信息业、咨询业、技术服务业的企业,可免征企业所得税两年等。大学生创业者可以根据自身情况,在可享受政策优惠的项目中挑选适合自己创业的项目。

2. 优先考虑技术性较低的项目

大学生创业者尽量避免一开始创业就进入高科技行业,高科技行业前期需要投入大量的研发成本和研发时间,对于资本金规模小,必须尽快实现收支平衡的大学生创业者是难以实现的。大学生创业者可以从技术性较低,进入壁垒不高,竞争不激烈的行业开始,在积累一定的资本后进入高科技行业。

3. 优先考虑处于成长期的项目

大学生创业者在创业时应尽量回避市场规模不确定,未来发展不明确的项目,因为新市场的开发需要大量资金的投入和较长的创业时间,对于大学生创业者的风险性和不确定性较大。应选择处于成长期的项目,这可以有效降低风险,尽可能快地被市场接受,以获得较大的利润空间。

4. 优先考虑有特色的项目

大学生创业者在选择创业项目时要尽可能做到:人无我有、人有我优,人优我强。先于市场竞争者发现市场、开发产品,并且要挖掘自身特色,特色项目可以避免陷入市场同质化的困境,还可以提升产品的辨识度和认知度,占据有利的市场竞争地位。

5. 优先考虑前期投资少的项目

大学生创业者的创业资金大部分来源于父母亲友的资助和自己的少许积蓄,规模小、风险可承受性差。所以大学生创业者在创业初期,应尽量选择资金投入少,周转快,能快速实现营收平衡的项目,这样才能保证新创企业有足够的流动资金维持企业的运营管理。

6. 优先考虑雇佣人力较少的项目

大学生创业者普遍缺少管理实践经验,对于企业组织架构搭建、组织人员管理缺乏具体的了解,难免陷入管理混乱的局面。可以先选择创建人数较少的小企业,逐步积累管理实践经验,伴随着创业项目的成长,创业者的管理能力和经验也会得到提升。

大学生创业者具有自身特点,在选择创业项目时,要充分对创业项目的要求和大学生的特点进行分析,二者的契合度越高,创业成功的可能性就越大。大学生创业者在深入了解创业项目影响因素的前提下,根据自身资源禀赋做好创业项目的选择,可以增加创业成功的概率。

三、创业项目评估

(一)创业项目评估及评估原则

1. 内涵

创业项目评估,是为创业活动利益相关者选择项目及实施方案提供多方面的告诫,评估要客观、准确地将与创业项目执行有关的资源、技术、市场、财务、经济、社会等方面的数据资料全面、完整、真实地呈现于利益相关者面前,使创业者和其他利益相关者能实事求是地作出正确、合适的决策,时刻保持相对竞争优势,同时也为投资项目的执行和全面检查奠定基础。

2. 评估原则

创业项目评估的基本原则:坚持客观、科学、公正、有效的标准,在具备可比性的创业项目之间,进行综合评价与比较择优,评估可采取定量分析与定性分析相结合,技术分析和经济分析相结合,经济效益分析与社会效益分析相结合的方法,全面、完整地对创业项目进行分析。

(二)创业项目评估的主要内容

创业项目评估涉及创业团队、创业风险、财务情况等问题的综合分析。本书着重从团队、方向、财务评价、项目建设条件等方面介绍对项目的评估。

1. 团队

创业投资是对创业者和创业团队的投资,人是最关键的因素。对创业者评价,最重要的标准是诚信,人无信不立,创业者如果没有诚信,是得不到投资的。对创业团队评价,最重要的是能洞察用户需求,对市场极其敏感,志存高远并脚踏实地,创业团队应该是几个优势互补的人的组合,有人擅长技术、有人擅长管理、有人擅长市场开发或带动企业快速扩张,同时团队成员中应有从事创业活动经验的人。

2. 方向

方向就是在对的时候做对的事情,准确把握行业发展趋势。方向评价标准:做最大的市场;选择正确的时间点;专注做一件事情;业务在小规模下已被验证。

3. 盈利能力分析

财务盈利能力分析,主要计算分析全部投资回收期、投资利润率、投资利税率、资本金利率、财务净现值、财务净现值率、财务内部收益率等。财务盈利能力评价主要指标:项目清偿能力分析,主要计算分析借款偿还期、资产负债率、流动比率、速动比率等评价指标;财务外汇效果分析,主要计算分析财务外汇净现值、财务换汇成本等评价指标。

4. 建设条件评估

评价内容:资源是否充裕,是否具备相关机构批准;原材料供应是否可靠和价格低廉;交通运输条件和方式是否经济合理;基础设施建设、配套项目是否落实,建设情况及进度;环境保护治理方案是否符合国家法律法规要求;项目是否选择最优方案,厂址选择是否合理等。

四、创业项目选择评价技巧与策略

(一)高效的行业调研

1. 行业所对应的市场规模和潜力

就目前投资热点互联网领域而言,由于处于成长期,投资人希望市场容量能达到千亿元级别的规模;而传统行业升级时,因为传统行业大多存在产能过剩的问题,利润率较低,所以投资人要求的市场规模要达到五千亿以上甚至是万亿以上级别,这样对投资人才有持续的吸引力。

2. 所处行业国内外发展情况

对行业现状的分析包括国内外类似的上市公司,以及初创公司。关注上市公司会尽量地帮助创业者在业务上避免出错,因为上市公司的相关信息比较容易获取。国内企业与国外企业的发展情况对比,这对传统行业升级的创业项目非常关键。而面向顾客的互联网轻质化的产品,挖掘的是人性本质和需求,国内外差异并不大。对第一产业和第二产业的升级创业来说,国内外可能会存在 30~60 年的差距,因为市场成熟度不一样,直接借鉴国外的模式可能并不符合实际。应该分析国内目前市场发展的实际情况,结合需求状况对比国外在同一情况下采取的方式有无借鉴的意义和价值。如果发现市场深挖的空间较大,行业整体还有上升的空间,说明这个项目具有投资价值和创业价值,反之则说明行业不具备改造成新的价值,可能面临淘汰的情况。

(二)选择市场业务模式

创业方向确定之后便是选择具体的商业模式,需要关注两个层面的问题:横向上基于行业的整体产业链结构做某个环节上的商业模式创新,纵向上充分考虑时间维度和市场需求的不断变化。

例如原来还是马车的时候,道路污染很严重,清理马粪就可以成为一门赚钱的生意,但是汽车出现之后,清理马粪这门生意就走向没落,不存在变革的必要性和可能性。一般传统行业升级的都是比较落后的产业或部门,第一产业中的农林牧副渔,第二产业中的制造业,升级方向也多是往服务行业去转型,期望从服务中获取更多的利益,而不是直接靠商品买卖获取利润。最明显的就是汽车销售企业,一改过去以销售利润为主要目标,强调建立长期的客户关系,希望通过后期汽车保养维护获得更多的服务报酬。当前互联网技术快速发展和运用,形成了数据化、信息化、规范化的管理方式,实现了降低业务成本、提高效率和利润率,这是互联网+思维的根本,会颠覆传统的市场模式。

(三)早期投资人投什么

早期投资人投资称为风险投资,但风险投资不是说投资人要为创业者的创业风险买单,而是要做合理的风险控制,尽可能使风险降低使收益提高。投资人的投资是分成两个层面。

1. 第一层面——"VC to VC"

投资人投资一个项目首先要考虑后面是否会有足够多的其他机构愿意继续关注这个项目的发展,并为此进行再次投资。投资人投资项目的理想状态是希望公司能够独立上市并成为行业领导者,完成投资之后,投资人希望项目或企业被其他公司收购,这样投资人就可以退出并获得相应回报。

创新创业项目要符合整个投资市场的逻辑,这样才会有投资人去关注项目,并进行投资。创业项目基础层面包括以下几个方面。

(1)背景强大的创业团队。拥有大公司背景的创业者和管理团队,更受投资市场的欢迎。在创业者和投资人相互不了解的情况下,通过个人经历去判断创业者的能力与水平,是一种相对高效的方法。

(2)市场规模大。创业项目涉及的产品和服务如果需进一步开发,市场空间需要达到千亿规模,如果是传统行业转型规模须达到五千亿或万亿级别以上,只有这样对于投资人才具有吸引力。

(3)处于行业发展窗口期。处于窗口期的创业公司更容易快速获得投资人青睐,取得多轮融资,并形成资金壁垒,同时利用资金撬动更多市场资源、用户资源,这对于行业的后进入者来说就是巨大的挑战。创业者最好在市场即将成熟的时期,准确把握时机成为第一批进入者,这会极大地提高创业成功的几率。以互联网为例,它是一个马太效应比较明显的行业,加上资本运作,一般互联网创业项目的窗口期为6~12个月,如果不能及时把握这个机会将会错过这类项目的创业机会。

(4)概念化的模式。投资人投资创业项目,往往是在市场尚未明了,大多数人还没有详细分析市场就开始相应的投资活动。作为投资人没有必要、也不可能对所有项目做到深入了解和掌握,只需要从理论上、逻辑上做出的宏观判断即可。创业项目在未得到市场检验前,要让投资人快速了解项目就需要套用一些筹资概念。

如果能够符合以上这四点的话,就能保证投资人有比较高的持续关注度,创业项目的可行性也会得到更高的认可。

2. 第二个层面——"对自身、团队、社会负责"

(1)创业者本身实力最为重要

创业者本身决定了新创公司能够走多远,除了具有强烈的成功欲望,还需要具备四个能力。

一是较强学习能力,可以形成比较正确的方法论。创业者想挖掘一个新的市场、开发一个新的需求,需要强大的学习能力。创业项目所处行业的窗口期较短,留给创业者创业的时间也不多,从统计数据来看大概有 6~12 个月的时间,这就需要创业者能够快速地学习、及时进行自我总结和反思、迅速做出相应调整以适应市场变化。在创业活动进行中,还需要带动团队成员学习。

二是组建团队的能力。作为创业者,应该像西天取经的唐僧,善于挖掘、管理、整合优秀人才组成创业团队。创业者要找到比自己能力强的"孙悟空",因为他们既可能具备很强的实力,还可能具有创业者缺乏的背景资源,增加了创业活动资源的丰富程度。

三是强大执行力。投资人评估创业项目的时候,对市场发展速度、业务增长水平有较高的期待,尽可能短的投资回报周期,较高的投资回报更有吸引力,更容易吸引投资人的关注,这需要创业者在创业项目初始阶段就努力取得较好的发展成绩。

四是心理抗压能力强。在创业过程中,不管是团队内部管理还是企业外部竞争,都会形成较大的压力(包括市场竞争压力、资金压力、心理压力等)。绝大多数创业者会出现失眠、焦虑、迷茫、困惑的情况,如果创业者内心不够强大,很可能错失成功的重要节点,所以创业者最好是经历过失败,有较强的风险承受能力。

创业团队的气质各有不同,农业团队普遍实干,执行力强;社交类团队,团队文化氛围、气质比较重要,创业者在选择创业方向、吸引团队成员的时候,往往寻找气质相同的人在一起,这样更容易形成团队凝聚力。

(2)创业市场空间的走势

判断创业项目的第二个逻辑就是市场空间的发展趋势,尽量选择朝阳产业和处于上升期的行业。除非是基础产业,就算是处于下降阶段还会有一定创业机会的,暂时不会消失,但对于创业者而言可能存在进入壁垒高、竞争更加激烈的问题。

第四章 创业机会与创业风险

（3）良好的商业模式

创业者在实践过程中会不断调整方向，在融资时候介绍的计划在资金到位后也会做出调整，甚至主营业务和产品都可能会发生变化。所以投资人看项目一般不做商业模式的正确判断，而更关注创业者做出模式选择时的逻辑，判断是否有相应的事实支持，看创业团队对行业和企业管理战略的把控能力，是否对未来发展进行预判。

五、创业者如何少走弯路

（一）形成良好的创业团队

整个创业过程中创业者要花 60%～70% 的时间用于搭建团队、与团队沟通。在团队组建的过程中，跟不上团队发展的人就要及时换掉，如果顾虑情面问题给予过多的试错，其实是浪费团队其他成员的时间。

（二）精准业务方向和模式定位

创业者要准确定位业务发展方向和选择明确的商业模式，在这个过程中要注意三点。

1. 确定出发点

抓住行业的本质，行业间本身就存在壁垒，跨行往往更容易带来市场的快速增长和高收益回报。创业者有两个行业的核心资源和经营管理思维本身就是一种壁垒，整合两个行业的资源来开发新产品和服务，一般在产品质量、运营效率、投入产出比上都会形成更强的竞争优势，这也是创业活动重要的出发点。

2. 选择适当模式

不同商业模式在不同行业里体现出的价值也不一样，要用投资人容易理解的理念，像共享经济、O2O、B2B 快速了解项目的基本定位，取得投资人的青睐。

3. 确保竞争力

创业者选择创业项目时要尽可能减少与大公司的业务重合。创业者认为自己的项目与其他项目有很大的差异，或认为可以提供更优质的产品与服务。但从投资人角度看，如果市场相关度高，那可能就是竞品，从强大潜在的竞争对手手中分一小杯羹的话，就会存在很大的风险。

(三)融资时间点把控

1. 企业外部节奏把控

从外部时间点来看,大多数投资机构会给行业排名第一的公司较高的市场估值,但是对于排名其后的企业估值就会比较苛刻,甚至不愿进行投资。

2. 企业内部节奏把控

近几年整个资本市场环境不理想,投资人在项目评估时对运营数据要求比较高,同时投资策略也越发谨慎。

第四节 创业风险及风险管理

一、风险及创业风险

(一)风险

风险就是目的与成果之间的不确定性和不一致性,有两层含义:一是强调了收益的不确定性;二是强调成本或代价的不确定性。若风险表现为收益或者代价的不确定性,说明风险产生的结果可能带来损失、获利或是无损失也无获利,属于广义风险。而风险表现为损失的不确定性,说明风险只能表现出损失,没有从风险中获利的可能性,属于狭义风险。

(二)创业风险

1. 含义

对创业风险的界定,目前尚未形成统一的认识。Timmons 和 Devinney 认为创业风险是创业决策环境中的一个重要因素,在创办新企业、开发新市场、引入新产品时都会出现风险。从创业人才角度认为创业风险就是指创业者在创业活动中存在的风险,即由于创业环境的不确定性,创业机会与新创企业的复杂性,创业者、创业团队与投资人的能力限制,而导致创业活动偏离预期目标的可能性及其后果。

第四章　创业机会与创业风险

2. 创业风险的特点

（1）创业风险存在的客观性，不以人的意志为转移的。创业者只能在一定的范围内改变风险形成和发展的条件，降低创业风险发生的概率，减少风险损失程度，而不能彻底消除创业风险。

（2）风险的损失性，人们无法预料和确定。只能在认识和了解创业风险的基础上严防风险的发生和减少风险所造成的损失，损失是创业风险的必然结果。

（3）风险损失发生的不确定性。创业风险是客观存在的、普遍发生的随机现象，可以预防，但不可完全避免。

（4）风险存在的普遍性。创业风险时刻存在、发生时间不确定，造成的损失也可能越来越大。

（5）风险的社会性。创业风险与创业活动的利益密切相关，企业将面临生产经营和财务上的损失。

（6）风险发生的可预测性，创业风险的发生是可以预见的。利用互联网技术和大数据分析可以对创业风险发生的问题进行统计分析，以探寻创业活动风险发生的规律性。

（7）风险的变化转换性。创业风险可以增减，可以变好，可以变坏，也可能出现新旧风险的交替变化。

3. 创业风险的类型

（1）按风险来源划分，可分为主观创业风险和客观创业风险。主观创业风险，是指创业者自身身体条件与心理素质等因素导致创业失败的可能性。客观创业风险，是指由于客观环境的变化如市场的变动、政策的变化、竞争对手的出现、创业资金缺乏等原因导致创业项目失败的可能性。

（2）按创业风险的内容划分，可分为技术风险、市场风险、政治制度风险、经营管理风险、生产风险和经济风险。技术风险指技术创新与运用的不确定性。市场风险指市场需求、变化情况的不确定性。政治制度风险指由于国内外政治环境变化、政府组织调整而引起的管理变更、政策调整所导致的创业活动蒙受损失的可能性。经营管理风险指经营管理不善产生的市场风险。生产风险指从小批量试制到大批量生产存在的原材料供给不稳定、市场需求快速饱和等的风险。经济风险指宏观经济环境波动带来资金、销售等的风险。

（3）按风险对创业投资的影响程度划分，可分为安全性风险、收益性风险和流动性风险。安全性风险指投资者财产的安全存在危险。收益性风险指预期实际收益有损失的可能。流动性风险指资金不能按期转移或支付造成运营停滞,蒙受损失。

（4）按创业过程划分,可分为机会识别与评估风险、准备创业计划风险、获取创业资源风险和新创企业经营管理风险。创业活动须经历四个阶段:识别与评估创业机会;准备与计划阶段;获取创业资源;新创企业经营管理,四个阶段都有对应的不确定性、不全面性及对应的风险。

（5）按创业与当前市场的关系划分,可分为改良型风险、杠杆型风险、跨越型风险和激进型风险。改良型风险,是指利用现有市场、现有技术进行创业所存在的风险。杠杆型风险,是指利用新的市场、现有的技术进行创业存在的风险,一般是对于未开辟的市场开发。跨越型风险,是指利用现有市场、新的技术进行创业存在的风险,主要体现在技术的迭代,企业进行二次创业。激进型风险,是指利用新的市场、新的技术进行创业存在的风险,存在极大的不确定性。

（6）按创业构成人员来分。来自合伙人撤资退出、不尽职、不配合、个人负面信息的影响,甚至越权干扰企业运营的风险。来自员工尤其是有特定资源和主要依赖技术的影响,他们的思想行动和个人行为,人都是善变的,如果是正面的会带来效益,负面的就是风险。

二、新创企业常见风险

企业在发展过程中会遇到各种风险,作为新创企业特别是大学生创业所遇到的风险会具有一些共性。

（一）项目选择太盲目

创业项目缺乏前期市场调研和论证,只凭创业者个人兴趣和想象来决定投资方向,甚至仅凭一时兴起做决定。大学生创业者可承受风险能力弱,必须在创业初期做好市场调研,在了解市场的前提下选择项目进行创业。大学生创业者创业资金规模小,来源渠道单一,风险承受能力弱,需要选择资金要求不高、人员条件一般的创业项目,从小做起。

（二）缺乏创业技能

大学生创业者缺乏实践经验,往往当创业计划开始落实操作时,才发现不具备解决相应问题的能力,缺乏实践经验的创业活动犹如纸上谈兵。为解决这样的问题,大学生应先去企业打工实习,积累相关管理经验;也可以参加提升创业能力的培训,积累创业知识、创业技能,提高创业成功率。

第四章　创业机会与创业风险

（三）财务风险

财务风险是企业可能丧失偿债能力的风险和股东收益的可变性。财务风险会常伴创业者左右，是否有足够的资金创办企业是创业者遇到的第一个问题。企业创办后，是否有足够的资金支持企业的日常运作成为现实问题。企业财务风险贯穿于生产经营的整个过程中，包括：筹资风险、投资风险、资金回收风险和收益分配风险。

（1）筹资风险指的是由于资金供需市场、宏观经济环境的变化，企业筹集资金给财务结果带来的不确定性。筹资风险主要包括利率风险、融资风险、财务杠杆效应、汇率风险等。

（2）投资风险指企业投入资金后，因市场需求变化而影响最终收益与预期收益偏离的风险。

（3）资金回收风险指企业产品销售的实现与否。资金回收要依靠资金的两个转化过程，一个是从成品资金转化为结算资金的过程；另一个是由结算资金转化为货币资金的过程，这两个转化过程的时间和金额不确定性，就是资金回收风险。

（4）收益分配风险指由于收益分配给企业的后续经营和管理带来的不利影响。收益分配限制了下一次的资金来源，制约着资本价值的规模，影响创业活动持续进行。

（四）社会资源贫乏

新企业开办、新市场开拓、新产品推广等都需要调动整合社会资源，大学生创业者在社会资源禀赋方面较差。大学生平时应多参加社会实践活动，扩大人际交往的范围，建立广泛的社交网络，并且可以到相关行业实习工作一段时间，为创业活动储备社会资源。

（五）管理风险

大学生创业者可能具备一定的专业技术能力，但不可能具备营销、沟通、管理、财务等方面的综合能力。要想创业成功，大学生创业者必须具备全面的综合能力，从投资少、人员少的小项目开始锻炼创业能力。研究表明大学生创业失败者，基本上都是管理方面出了问题：决策随意、信息不通、理念不清、用人不当、忽视创新、盲目跟风等，这些都会促使创业活动走向失败。

(六)竞争风险

竞争是必然的,也是客观的,创业者希望寻找蓝海作为创业的开端,但并非所有的新创企业都能找到蓝海。市场经济条件下,资源实现有效配置,意味着蓝海只是暂时的。如果创业者选择的是竞争激烈的领域,在创业初就会受到同行的挤压,行业垄断者常会采用低价倾销的方式对初创企业造成毁灭性的破坏。创业者需要考虑好如何应对行业的残酷竞争。

(七)团队分歧的风险

新创企业诞生和成长过程中最主要的力量来源是创业团队,优秀的创业团队能使企业迅速地发展。但同时也存在巨大风险,创业团队的力量越大,可能产生的风险也就越大。一旦核心成员无法达成一致继续合作,就有可能给创业项目带来不可逆转的冲击。创业者要做好团队的协作并非易事,特别是当新创企业发展逐渐步入正轨,涉及股权、利益等问题时风险更大。

(八)核心竞争力缺乏

对于创业者来说,目标是不断地发展壮大企业,而企业能否持续发展的关键是核心竞争力的把握,这是最不可忽视的问题,没有核心竞争力的企业最终会被市场淘汰。

(九)人力资源流失风险

新创企业需要及时发现市场需求变化,快速开发产品和提供服务,就必须拥有一支高素质的人才队伍,高素质人才构成了新创企业最核心的竞争力。没有人才方面的竞争力,新创企业将很难成功,所以防止专业人才及业务骨干流失应是创业者时刻注意的问题,特别是依靠某种技术或专利创业的企业中,关键技术的业务骨干是最主要风险源。

(十)意识上的风险

意识上的风险是创业团队内在的风险,这种风险来自于无形,却有强大的毁灭力。风险性较大的意识有:投机心态、侥幸心理、尝试心态、依赖心理等。

三、创业风险管理

创业者以合理的风险成本投入,通过对风险的确认、选择和控制,以期达到最大的经营安全度。

(一)创业风险管理的三个要点

(1)创业风险管理要能够化险为夷,提高经营安全性。

(2)创业风险管理是企业通过购买保险单、分摊意外事故损失的财务安排,管理方法更加复杂。

(3)企业经营风险是为了预防和减少损失所进行的计划、实施、控制、处理活动。如企业建造防火建筑物、制订和实施安全条例、提供劳动保护用品、检查通风设备、实施技术操作规程以及防盗措施等,涉及内容更多。

(二)创业风险管理的过程

(1)制定新创企业风险管理的计划。风险管理的计划是对未来风险处理行为的规定,计划工作包括风险的调查和预测、认定;风险处理方法的选择;风险处理预算的编制;风险处理实施方案的编制等。风险处理计划管理是企业经营风险管理的首要职能,制订企业风险管理方针说明书和风险管理手册是企业风险管理计划工作的重要方面。

(2)建立新创企业经营风险管理的组织。企业经营风险管理的组织是指风险管理机构的建立、人员的配备、职位的安排、权力的授予、任务分工制度的建立和实行、任务的分解、资源的分配等,风险管理的组织是落实风险处理计划的重要保证。

(3)进行新创企业经营风险管理的协调。企业经营风险管理的协调是使企业各部门和各环节及与外部的关系在风险管理过程中和谐、同步的管理活动,以利于达到风险管理的目标。协调即包括企业与外部政府机关、社会团体、企业单位、消费者等关系的改善,又包括管理好企业内部各部门之间、管理人员与工人之间的关系,还包括风险管理计划、方法的调整等。

(4)落实新创企业经营风险管理的管制。企业经营风险管理的管制是根据风险管理的目标、计划、方针以及制订的具体标准,对其风险管理的实际情况进行监督、检查、分析、评价、纠正,使之符合风险管理目标要求的管理活动。管制是对企业经营风险的调查、预测、认定其是否妥当,采用的风险管理手段配合是否适当、有效,风险管理费用的使用是否合理等进行监督、检查。

（5）成立新创企业经营风险管理的组织机构。企业经营风险管理的组织机构是指企业为了搞好风险管理建立的企业风险管理部门。它是企业风险管理的一种组织形式，是组织职能的主要内容。

【补充资料】

清华博士六年创业复盘

"一将功成万骨枯。"创业路上其实白骨累累。媒体注意力集中于塔尖的少数成功者，大量长尾创业者隐身在后，但他们却背负同样的压力。

疫情以来，我的 8 家茶馆，关了 6 家，剩下的两家，也就恢复了三成营收，能多赚一点是一点。没事干的话，我也心里发慌，过去创业这几年，忙习惯了。

过去 6 年，我共经历了四次互联网创业，横跨了三个领域：教育、金融、茶饮，累计投入资金超过 3 千万，最后都遭受挫败——死于团队的不 all-in，死于平台的封杀，死于股东的内讧，死于疫情，堪称血泪斑斑。

一、首次创业集齐 AT 人才，败在团队没 all-in

2013 年，在清华读博的我已经 30 岁了，对未来很是忧虑。从学还是从商？我必须做一个彻底决断，不留后路。我赌定移动互联网，觉得当下就是最好的介入时机，旁观的代价永远都是错失机遇。

2014 年，经过了一段时间的准备，我开始全力投入创业，方向是我的专业——教育信息化。核心成员是我的几个师兄弟，有腾讯的产品经理，也有淘宝的工程师，是一个履历漂亮的团队。

我们计划做一个包含了 O2O 和电商概念的在线教育平台，它的业务逻辑大致是：整合线下的教育机构，让他们把课程录制成视频放在平台上，免费或者低价供用户学习，形成一定流量之后，可以赚三块业务的钱：一是直接卖线上的视频课程，包括单课、专栏、会员等；二是为线下机构导流赚取佣金；三是卖广告。

放在 2020 年的今天看，这个业务逻辑没有问题，很多在线教育公司都发展得很好，有很高的市值、估值。

彼时，正是大众创业万众创新的口号吹得正响的时候，中央领导视察了创业大街之后，那里成了创业圣地，各类互联网项目投融资和路演都聚集于此。我们也选择了一个离创业大街很近的小区，租了一套房子，搭了一个录影棚,开始一边录课,一边整合培训机构,一边开发网站,一边做公众号积累种子用户。

当时除了我之外,另外两个核心创始人——我的腾讯产品经理同学和淘宝工程师师弟——还没有辞职出来,也打算等到模型跑通了,再辞职出来,组成一个完整团队去融资。

而我手里的自有资金比较充分,之前靠做教育积攒了第一桶金,于是就由我独立出资启动项目。

团队一开始就没有全力以赴,是导致我们的首次互联网创业失败的根本原因。因为没all-in,整个项目的进度被严重拖延了。网站迟迟不能上线;开一个会需要大家约时间;每一个时间节点都不能正常交付,跑了半年,大家都感到模型很难跑通:

一是录制精品视频课程需要耗费大量的时间精力,而且需要专业的摄制团队,录好一门课程,少则十来万多则三四十万。

二是对于在线课程,用户没有支付习惯,在线支付的条件也还不成熟,移动端的观看体验不流畅,闭环难打通。

三是宽带的费用很高,当时服务器和流量都要自己掏钱去买,再加上广告费用,如果没有雄厚资金支持,我们做出了课程,也没钱推广。

时代变化太快,2014年看起来很难解决的问题,到了2020年就已经完全不是问题了。2014年的时候,移动互联网的用户还集中在城市人群,他们喜欢看录制精美的视频课,到了2020年,五环内外集中上网,用户反而更喜欢简单真实的短视频,粗糙一些也无所谓,而且有了大量的第三方平台做技术支持,用户的付费习惯也建立起来了。有时我复盘起2014年那场创业,不由感慨,现在做内容创业的人真的太幸福了!

我们干了半年之后,就没心气再继续往下做了,团队因为没有all-in,大家对解散也没有多可惜,加上硬件投资全是我个人出资,也不存在清算的问题。几个师兄弟喝了一顿酒,就各干各的事去了。解散之后,淘宝工程师师弟去了硅谷进了谷歌,腾讯产品经理同学去做了风险投资人,都有比较好的职业发展去向。

这是一次典型的理想式创业失败,总结出两个重要的原则。

(1)创业型公司应该用最小的切口、最低的成本,最快的速度跑通业务闭环,而不是一开始就要铺大摊子做大平台。

(2)创业型公司的合伙人必须投入资金和全职参与创业,否则最多只能担任拿兼职薪酬的顾问,创业合伙人一开始就要做深度的利益绑定。

二、做分销遭遇微信封杀,"备份"关乎生死

2014年底,在线教育项目解散之后,我到欧洲休假一个月,一边放空一下自己,一边思考下一个项目做什么。研究了一段时间之后,我发现互联网保险的风口即将到来。基于上一个创业项目的经验,我定了两个原则:一是,开始就要融到足够的资金支持;二是,创业核心团队成员必须全职。

回国之后,我开始游说一些保险行业的高管投资,很快融到了300万的天使投资。之所以能较快拿到融资,外因是当时市场环境好,大家对互联网保险的未来极度乐观,内因是我有一定的互联网经验,这恰是保险行业的人缺乏的和想要的。

我们认为保险行业的主要痛点是产品不透明,营销成本高导致产品价格高,老百姓买不到性价比高的产品。我们想要通过精算师制定比价模型,然后通过人工智能推荐,将需求和产品匹配,然后再打通电商销售,就形成了在线购买保险的闭环,可以实现保险销售的去中介化,帮助普通消费者做决策支持和保单管理。于是我和几个保险行业高管一拍即合,他们出资金和专业技术,我来搞产品开发和运营推广。

2015年春节一过,我开始招兵买马,一个月左右,集齐了一支最简的7人全职开发团队,很快新公司注册成立,在中关村鼎好大厦的一个孵化器,租了几个工位,团队就投入到紧张的开发去了。

那时互联网行业的风气,都以产品和用户为评价指标,少有人讨论商业化的必要性,市场上的钱也比较多,速度和规模是唯一KPI。

产品1.0不到3个月就上线了。用户增长用了两个策略:一是做内容运营,注册了一些保险主题的公众号和媒体号;二是做社交电商,主要是社群和分销。到2016年下半年,我们有了差不多40万的用户,用户可以直接下单购买,生成保单,查看保单,管理保单。按照一个注册用户100块的估值方法,我们也有4000万估值了。基于社交电商的分销策略,我们的用户增长也比较快速。社交电商,就是利用微信的社交关系来推广平台和产品,平台把产品销售的利润让渡一部分给消费者,或者直接提供补贴,鼓励消费者向亲友推荐,吸引更多人成为平台分销商。这种增长策略,从2015年开始在微信生态里野蛮生长,很多平台都在很短的时间里,实现了用户爆炸式增长。

在当时,保险产品的社交分销是互联网保险一个非常大的机遇:保险行业有高达800万的代理人,他们都有很强的分销赚钱的意愿,而且这些人很容易通过社群和保险自媒体来批量触达;大众的保险意识在崛

起,一些性价比很高的短期意外险和健康险种很容易被大众接受,在线购买,例如几百块保几百万的百万医疗险;对于新兴事物,保监会的监管态度比较开放,并没有禁止,给了科技公司参与保险业务的时间窗口(到2019年窗口就关闭了)。

我们恰好踩在了时间节点上,太幸运了。当时我们士气很高,压根没预料到,一场致命危机潜藏在眼前。2016年11月,微信以净化营销环境的名义,一刀切地封杀了所有能查到的分销平台,毫无预警。我记得那天是傍晚,同事打电话说出事儿了,后台服务器登录不进去,公众号内容全都没有了。我们这些工科男都比较理性,不容易着急,我第一反应也没什么,以为只是系统问题,微信应该很快会修复。然后我打开电脑试图登录后台,提示账户因涉及三级分销已被永久封禁,我意识到,的确是出了大问题了。有点发懵,像在做梦,头脑一片空白。

彼时,我们正在谈一轮300万左右的小投资,是早期投资人介绍的关系,差不多谈定了。当天晚上,我就紧急向投资人汇报了情况,大家也都见惯了各种突发情况,没有人责备我,也没有人很着急,都在积极地考虑应对策略。当时我们账上的钱已经不多了,花掉了200多万,从头再来意义不大,因为如果不依托微信的社交流量,我们自己绝对做不起来流量,又看不到其他更有效的引流方式。我们只能一方面向微信提出申诉,一方面准备裁掉技术团队,留住剩下的钱,再等待机会。

微信的封杀给了我一个极为重要的教训:对任何可能存在的风险,要提前做好风险切割和风险预防。例如,在大平台上做开发,一定要时时做好数据的备份,同时要随时向APP等导流;我们做两套系统,主系统严格地在平台规则范围内运作,不试探任何边界,用副系统去尝试边界探索,两个系统之间数据打通就可以了,即使副系统被封禁也不会危及主系统。当时名声很大的几个社交电商,也都遭遇了封禁。有一些就此在江湖中销声匿迹了,比如云在指间、小黑裙;有一些做好了备份,断臂求生后,又浴火重生了,比如云集、环球捕手等。

三、外部遇冷,两大强势股东内讧

2017年1月,确定了上个项目已经无力回天之后,我以COO的身份,加入了一个刚刚获得2000万元投资的互联网保险团队。

这个团队阵容豪华,两个实际控制人分别是一家中型保险公司的总经理和一家国内最大的医疗科技公司的董事长,看似一次力图改写行业规则的强强合作。

这一轮，我们的资金相对比较充足，技术团队人员也增加到了五六十人。我们探索了两个方向：一个是企业服务，为企业构建一套员工保险的综合解决方案，包括社会保险＋补充医疗保险＋企业内部互助。另一个是做金融支付业务，打通各个保险公司的商业医疗保险在各个医院端的直接支付，可以理解为医院的支付宝。这两个方向都是保险行业的大痛点也是大机会，缺点是都是极为难啃的硬骨头。整个2017年，我们拼命的程度要远大于2016年，几乎是997的节奏，每个周末都是在加班。最后系统开发得很完整也很复杂，但是数据始终没有跑起来，融资进度就跟不上。到了2017年底，遇到股灾，市场上缺钱，融不到资。近百人的团队，说散就解散了。虽然情非得已，但也在情理之中。

这次失败，除了市场时机不好融不到资之外，还潜藏了很多问题，其中一些是致命的：其一，产品又同时做了多个核心功能，这样做不但延误了产品的发布和迭代速度，而且也缺乏用户认知的核心亮点。其二，导致于此的原因，是传统保险行业的人和软件行业的人，在团队里把握了话语权，导致互联网行业人的意见起不了决定作用，用户体验不好。而我作为团队里的互联网代表，是名义上仅次于CEO的决策者，没能据理力争，也是有很大责任的，给自己留下了一个遗憾。其三，两个控股大股东之间出现了裂痕，一方是保险行业，一方是医疗行业，整个项目是以保险作为机制来解决医疗问题，这里面有很精妙的制度设计。但是医疗方的人，在项目运作了一年之后，认为自己掌握了保险方的核心能力，不再需要保险方的参与，自己也能把项目运作起来，于是设计踢掉了保险方。这是极度的自大和极度的愚蠢，不仅导致项目失败，烧光了2000多万投资款，后来医疗方也没能再独立起盘。

四、疫情冲击，8家茶馆倒闭了6家

四年的互联网创业都没好的结果，我深感互联网行业2VC模式问题很大，应该回归到商业常识上，回归到生意上，回归到现金流上。2018年，我开始做一个相对传统的行业：茶。因为我太太喜欢茶，我们原先就有一家茶馆，像一个避风港湾，不管互联网行业起起落落，这家小店一直带来比较稳定的现金流。我开始重新审视这家小店的价值。

原先只想抓住互联网大风口，却对小而美的实体机会视而不见。既然已经有了一家能赚钱的小茶馆，我们能不能有一万家同样的小茶馆？在这个简单的复制逻辑下，我开始尝试小茶馆的连锁化。

首先是服务流程的标准化和业务模块的信息化。这一步其实比较简

第四章 创业机会与创业风险

单,因为茶馆的业务很简单,市面上也有大量的第三方 saas 软件,可以直接拿来用。然后我们开始开新店,用两种策略去扩大门店数量:(1)找到好的选址,重头开始装修和经营一家新店,成本较高,属于直营店。(2)说服经营不良的茶馆加入我们体系,成为我们的加盟店或者托管店。到了 2018 年下半年,我们很快就发展了四五家店,每家店基本上都是开业就赚钱(包括按照 3 年回本来计算摊销)。到了 2019 年高峰期,我们有了 8 家直营店和 4 家托管加盟店,发展的势头很不错。

同时我设计了一个联盟机制,开发了一个叫"处处有茶喝"的小程序,是一个开放平台,所有茶馆都可以免费加入。加入之后,每个茶馆都可以销售全国通用的畅饮卡,销售收入自己留存,客户凭卡可以在全国联盟门店无限喝茶。这套机制设计精密,是一个平台、门店、客户三方共赢的机制,受到了很多茶馆和咖啡馆的欢迎。

但实体店的制约是很明显的,它没有什么边际效应,虽然规模越大采购成本会降低,同时,管理的难度不降反升,还会滋生了一个管理阶层,增加了管理成本。规模做大,利润率并不会明显提升,反而风险迅速积累,所以风投不愿意投实体店,这些问题我们都遇到了。

制约实体店连锁化发展的首要难题,是人才培养,尤其是门店店长的培养。实体店从业人员的基础文化素质,比互联网行业低得多,大部分都是专科以下。为此,我设立了培训部,专门集中培训新入职员工,然后到各个门店去驻店培训销售能力和服务能力。如此一来,我们小茶馆连锁的产能,要远高于一般茶馆,这是优势,但是我们也比一般茶馆的综合运营成本要高很多,这是劣势。

要跨越这个阶段,有两个方向:一个是继续做大规模,配合资本介入,形成品牌,让规模效益彻底超越管理成本,这个方向的代表是星巴克。另一个是集中精力做品牌和管理赋能,靠卖模式来赚钱,这个方向的代表是希尔顿。

考虑到市场空间和运营风险,我们决定走后一种方向,于是我们从 2019 年下半年开始,优化掉不赚钱的门店,也停止了自营门店的扩张。这创意创业,比前几次依靠融资来驱动的项目都要好。它虽然没有纯互联网的指数级增长,但是它的线性增长曲线和稳定现金流,提供了一个相对可预测的发展模型,这是实体经济的优点。

一切朝着好的方向发展,局面似乎都在我的掌控之中,但最大的不确定性却突袭而至,那就是新冠疫情,直接把我们"一夜回到了解放前"!连锁实体店严重依赖现金流,因为它的规模发展,往往是负债驱动的,所以抗风险能力比独立个体门店要弱很多。

从 2020 年 1 月中旬到 4 月中旬，我们整整中断了三个月的现金流，重资产运营的弊病彻底暴露，那些不能减免房租的门店，都只能忍痛割肉，直接关门倒闭。很多原计划春节回京的员工，还没机会回到门店，就被离职了，五十人的团队，剩下不到十人。已经开门营业的门店，目前也仅仅恢复了三成营收，公司岌岌可危。

这次失败，对于我是毁灭性打击。这个项目，用的全是自有资金和外部借贷，8 家门店，仅每家门店的装修就花了一二百万，现在我也成了压力山大的负债者，不过有时候想想戴威等负债几亿几十亿的创业者，我又安慰自己还好。

这一次失败，最大的教训是：风险控制。风险控制的前提是充足的现金储备和能够及时止损的模式。普通创业者，在规模和利润之间，应该选择利润；在重资产和轻资产之间，选择轻资产；在扩大生产和加强销售之间，选择加强销售。

创业者，永远要在手里留存最充沛的现金——现金流，不仅是发展的底气，也是保命的底线。

创业几年，每每倒在"黎明前的黑暗"中，都说创业维艰，不是身在其中，无法体察这种艰辛，虽然看似创业多年，一事无成，但我并不后悔，再说后悔有什么用呢？也不能后悔。

创业是一条不归路，有一千种死法，但只有一种活法，那就是——生存。

第五章　创业资源获取与整合

第一节　创业资源

创业行为常常面临资源的限制和约束,大多数创业活动都要经历"白手起家"的过程,如果创业初期就拥有丰富的资源,创业的动力就可能不足。从地理资源环境看,创业活动活跃的地区往往不是资源丰富、交通便捷的地区。如创业活跃的温州恰恰资源匮乏、交通不便。

创业行为是在高度不确定的环境中开展的商业活动,给敢于冒险的创业者以机会,使其获取意想不到的利润。创业行为常处于不确定的环境中,但是在面对诸多不确定性因素时,创业活动需要十分关注有限创业资源的获取与整合。

一、创业资源

(一)创业资源的含义

创业资源是指新创企业在创造价值的过程中需要的特定资源与要素。创业资源可以是有形的,如资本、原材料等;也可以是无形的,如人才、技术、社会关系等。它是新创企业建立和运营管理的必要条件。

创业者获取创业资源的最终目的是为了组织这些资源追逐并实现创业机会,提高创业绩效和获得创业的成功。无论是何种资源,无论它们是否直接参与企业的生产,它们的存在都会对创业绩效产生积极的影响。创业技术等要素资源可以直接促进新创企业的成长。创业机会等环境资源可以影响要素资源,并间接促进新创企业的成长。

(二)创业资源的种类

创业资源按照其对企业核心竞争力影响的重要性,可分为核心资源与非核心资源,核心资源主要包括技术和人力资源。

创业资源按来源的分类,可以分为内部资源和外部资源。内部资源的拥有状况(特别是技术和人力资源)会影响外部资源的获得和运用。

创业资源按直接或间接来分类,可以分为直接资源和间接资源。直接资源可分为人力资源、财务资源、物质资源、技术资源和组织资源。间接资源可分为政策资源、信息资源。

(三)整合创业所需资源

作为创业者在开始具体创业活动之前,就需要从多方面入手准备所需资源,分为:有形资源包括财务资源和实物资源;无形资源主要包括时空资源、信息资源、技术资源、品牌资源、文化资源和管理资源。

财务资源是指企业所拥有的资本以及企业在筹集和使用资本的过程中所形成的独有的、不易被模仿的财务专用性资产,包括企业独特的财务管理体制、财务分析与决策工具、健全的财务关系网络以及拥有企业独特财务技能的财务人员等。

实物资源体现在其地理位置、基础设施、厂房、车间、机器设备等方面。汾酒厂因为地理位置独特而必须对酿酒的优质水源进行控制。

时空资源是指企业在市场上可以利用的,作为公共资源的经济时间和经济空间。经济时间是指人类劳动直接或间接开发和利用的自然时间或日历时间。经济空间是指人类劳动直接改造和利用的、承接现实经济要素运行的自然空间。"时间就是金钱""天时不如地利"说明了时间资源和空间资源的重要性。

信息资源是指人类社会信息活动中积累起来的、以信息为核心的各类信息活动要素(信息技术、设备、设施、信息生产者等)的集合。

技术资源包括两个方面,一是与解决实际问题有关的软件方面的知识;二是为解决这些实际问题而使用的设备、工具等硬件方面的知识。两者的总和构成了这一特殊资源,即技术资源。

品牌资源是所有可以用来建立、巩固品牌权益与品牌形象的方法。涉及品牌与消费者的接触及消费者的品牌体验,可以影响与改变消费者的品牌认知与品牌态度。

文化资源是指对人们能够产生直接和间接经济利益的精神文化内容。

管理资源是一种能把潜在生产力转化为现实生产力的无形资源。在人类生产活动中,实际存在着物质、人力、财力和管理四种资源。管理资源具有无形和潜在的特点。

二、创业资源的价值

创业资源按照不同的划分标准体现出不同的重要性,下面选择对于新创企业影响较大的几个因素介绍及其对于企业的影响。

(一)人才资源价值

事在人为。商业竞争归根结底也是人才的竞争。随着市场竞争的日益加剧,如何广纳人才,对于企业发展至关重要,创业者需要广泛结识行业内的优秀人才,并尽可能寻找志同道合的伙伴,一起推动项目向前发展。

58同城作为中国领先的生活服务类网站,其团队把"城市小广告"搬到互联网上,实现了"从城市游商身上挣钱"这种看似不可能的事情,2013年10月58同城在美国成功上市。58同城创始人姚劲波毕业于中国海洋大学,获得计算机应用及化学双学位,他创办国内最大的域名交易及增值服务网站易域网,是学大教育的联合创始人。2007年58同城从赶集网找来陈小华,他被称为"搜索引擎优化的骨灰级高手",担任产品管理和网站运营的副总裁。陈小华用8个月的时间将58同城的流量从20万突破到100万,这不仅拉大了58同城和赶集网的差距,还通过搜索引擎优化奠定了行业第一的位置。

(二)供应商资源价值

供应商质量参差不齐,优质的供应商在质量、成本、服务和创新等方面都可以助新创企业发展一臂之力,反之则会增加新创企业成本。创业者要尽量寻求优质的供应商,探索双方共赢的深层次合作模式,这其实也可以帮助创业者构建更深的竞争壁垒,限制竞争对手的进入与发展。

(三)渠道资源价值

这里的渠道包含销售渠道、宣传渠道等,直接关系到企业的营收数据。就销售渠道而言,创业者一方面要考虑渠道拥有者的流量资源,另一方面要考虑具体的分成比例,还要思考渠道与自己的产品属性是不是相符,如果相差太多对品牌形象的塑造没有益处;宣传渠道更是复杂了,创业者需要广撒网,更需要有的放矢,综合考虑产品受众、费效比等因素。

(四)投资方资源价值

企业做大做强需要持续性的资金注入,特别是对于还没有营收的创业公司而言,显得更为重要。一旦资金链断裂,新创公司会关门大吉,所以创业者需要寻求投资方的帮助,特别是一线的投资方,他们的加入不仅提供了充足的资金,还可以给品牌做强有力的背书,有利于快速打开市场。

58同城最困难的2008年,姚劲波从自己家里拿钱出来给员工发工资。截至2013年公司上市有5轮融资,融资额达1.146亿美金:2006年2月获得软银赛富250万美元融资,2010年4月获得DCM 1000万美元融资,2010年12月获得华平投资集团、DCM和姚劲波融资额4500万美元,2011年5月获得日本Recruit融资210万美元,2011年底获得华平融资5500万美元。融资对外主要用来建立庞大的线下销售团队,事实证明,58同城在关键战略节点上的后发制人,让它能靠倒流量和广告战圈住更多用户成为行业领导,与投资方有效投入关系重大。

三、创业资源特性

新创企业在创造价值的过程中需要特定的资产,包括有形与无形的资产,它是新创企业创立和运营的必要条件,主要表现形式为:创业人才、创业资本、创业机会、创业技术和创业管理等,然后整合在一起。

创业者获取创业资源的最终目的是为了组织这些资源追逐并实现创业机会,提高创业绩效和获得创业的成功。无论是要素资源还是环境资源,无论它们是否直接参与企业的生产,它们的存在都会对创业绩效产生积极的影响。

四、创业资源获取及管理

创业者对资源识别阶段识别出的资源要进行获取,根据资源的来源不同,通过内部积累和外部获取两种方式来取得创业过程中需要的资源。内部积累即创业者利用自身和创业团队积累的资源开展创业活动。外部获取即创业者通过满足资源利益相关者的诉求来获取他们手中掌握的资源。经过资源获取,创业企业获得的资源形成新的结构,创业者将获取到的资源进一步开发利用形成自己独特的创业资源,并且成为创业活动资源开发的基础。

(一)创业资源的获取途径

1. 技术资源的获取途径

创业者获取技术最重要的方式是自己进行研发或吸引技术持有者成为创业团队成员,可以购买已有的成熟技术或专利,并进行技术生命周期分析;还可以购买尚未成熟的概念型技术,投入资金、时间进行后续研发,以最终实现商业化。

2. 人力资源的获取途径

打工、模拟公司运作、参加校园创业大赛或者挑战杯大赛、拜访最优秀的人、与优秀的人共事都是获得人力资源的有效方式。迪斯尼公司总裁加里·威尔逊·沃特认为"在一个小公司的资深层任职,可给你一种广阔的视野并向你提供更具创意的机会,小公司承受不了人员臃肿的压力,我了解发薪水时没有足够的现金情况如何,我了解贷款付息20%时的情况如何。我涉猎范围广泛,为我在大公司发展经营战略打下了良好的基础。"可见,作为大学生创业者先打工再创业对于自身人力资源的开发具有积极意义。

3. 营销网络的获取途径

营销网络能帮助新创企业的产品或服务走向市场,促使消费者发生购买行为。新创企业可以通过多种方式建立营销网络:可以利用现有的营销网络和流通渠道,快速实现与市场的对接;可以自己建立符合产品和服务定位的营销网络,建立与需求市场的密切沟通。

4. 外部资金的获取途径

创业者除自有资金外还可以通过依靠亲朋好友筹集资金,抵押贷款、银行贷款或企业贷款,争取政府专项政策的资金支持,以项目所有权融资,吸引大学生创业基金、风险投资基金的目光。"创业首先要用自己的钱干起来,你自己的钱不先投进去,凭什么找别人为你投钱?"

(二)获取资源的技巧

(1)充分重视人力资源的获取。一方面努力增强自身能力的培养;另一方面充分重视创业团队的建设。

(2)以能用和够用为原则。创业者在获取资源时应坚持能用的原则,只有满足自己的需求、自己可以支配并使其充分发挥作用的资源,才是需要获取的资源,切不可追求"大而全"。

(3)尽可能获取多用途资源和杠杆资源。多用途资源在不同的场合具有不同的用途;杠杆资源的合理利用有助于创业者取得一定的杠杆收益。

(三)影响创业资源获取的因素

1. 创业导向

创业导向是创业者在经营、实践和决策的过程中所采取的创新、承担风险、抢先行动、主动竞争和追求机会的一种态度或意愿。创业导向强调如何行动,是创业精神的表现过程。创业导向明确的企业能自主行动,具备创新和风险承担的态度,面对市场竞争时能积极应对,提前把握市场发展趋势和市场机会。企业追求机会所表现出的创业导向,驱使企业寻求与整合资源,并创造财富。

2. 创业者资源禀赋

创业者资源禀赋是指创业者所具有的与创业相关的自身素质和外在关系的总和,主要包括创业者的经济资本、社会资本和人力资本,它们能够为创业行为和新创企业生存与成长提供有价值的资源。企业家资源禀赋在创业过程中发挥着重要作用,企业家资源禀赋是创业行为过程的关键资源,在很大程度上决定新创企业的资源构成特征。

3. 创业者资源整合能力

新创企业资源整合能力是指在创业过程中,以人为载体所表现出的对资源的识别、获取、配置和利用的主体能力。创业资源在未整合之前大多是零散的、一般性的商业资源,要发挥其最大的效用,转化为竞争优势,为企业创造新的价值,就需要创业者运用科学方法将不同来源、不同效用的资源进行优化配置,使有价值的资源充分整合起来,发挥"1+1>2"的放大效应。资源整合能力在创业的各个阶段发挥着极为重要的作用:在创业起步阶段,资源整合能力影响并决定了创业者对创业机会评估、识别与开发,同时帮助创业者摆脱资源约束,取得所需资源;生存与成长阶段,新创企业需要筹措更多的资源来满足自身的发展,创业者资源整合能力会对新创企业成长过程的战略决策与运营能力产生重要影响,资源整合的深度与广度将保障组织运作的持续性,进而影响创业绩效。

4. 创业团队

新创企业把创意变成产品或服务,把产品或服务市场化、产业化是一个艰苦的过程,必须组建富有凝聚力和创新精神的创业团队,这是获取各项创业资源的重要前提,也是创业成功的基本保障。借助团队就可能拥有创业所需要的各种知识和经验,例如顾客经验、产品经验、市场经验和创业经验等。同时,通过团队人脉关系网络可以放得更大,能够有效地增进创业者社会资本,提高创业成功的几率。创业团队本身就是一项极为重要的创业资源。

5. 外部环境条件和政府政策支持

创业活跃程度的一个重要决定因素是创业环境条件,两者呈正相关关系,核心是创业企业资源的需求和创业环境资源的供给所具有的有机联系。创业水平和创业资源受到外部环境因素的影响极大,尤其政府的法规政策。创业环境好的地方会出现创业者聚集、创业活动频繁的情况,而政府创新创业政策作为创业环境的重要内容直接影响该区域内创新创业活动的活力与水平。瑞典学者伦德斯特伦(Anders Lundstrom)和史蒂文森(Lois Stevenson)建构了创业激励——保障政策系统框架,罗列出创业需要的六种主要政策:创业供给政策,创业需求政策,创业激励政策,创业资源配置政策,创业宣讲政策,创业市场竞争政策。

第二节 新创企业融资管理

一、新创企业融资的内涵

人们对于融资的理解复杂多样,它是企业运用各种方式向金融机构或金融中介机构筹集资金的商业活动,是在货币资金的持有者和需求者间直接或间接的资金融通活动。货币资金的调剂融通是社会化大生产条件下社会经济实体之间进行余缺调剂的有效途径和手段,是企业从相关渠道取得经营资金的活动。

融资(Financing),从狭义上讲,是一个企业的资金筹集的行为与过程,只指资金的融入。从广义上讲,融资也叫金融,就是货币资金的融通,是当事人通过各种方式到金融市场上筹措或贷放资金的行为,是指资金在持有者之间流动以余补缺的一种经济行为,是资金双向互动的过程,包括资金的融入和融出。

融资不论是在涉及对象、方式、手段等方面都存在复杂性,影响也有很大差异。

二、新创企业融资目的

(一)保证持续发展

对于企业而言,资金就是企业的血液,资本是企业经济活动的第一动力和持续动力,渗透于企业经营、投资、管理各个环节。资金运作贯穿于生产经营的全过程,新创企业能否获得稳定的资金来源,并及时筹集发展所需的资金至关重要,这使得资金管理成为新创企业财务管理的核心和重点。

新创企业发展遇到的最大障碍是融资困境,约80%的公司融资困难成为普遍或主要的发展制约因素。新创企业90%以上的初始资金由主要所有者、创业团队成员及其家属提供,其他金融机构或非金融机构贷款规模和作用不大。在创业之初,创业者的融资能力往往影响着企业的生存发展,能正确认识融资的重要意义并善于融资的创业者往往容易使创业获得成功。在创业之初,创业者不是一定要有足够的创业资金才能开始创业,可以在有了创业计划和项目后,通过融资去创业。在创业过程中,创业者要争取投资者的信任,筹集到更多的资金,为企业的生存和发展创造良好的资金环境。在整个创业活动过程中,创业者必须正确认识融资,积极地开展融资,拓展融资渠道,为企业的生存和发展筹集到更多的资金。

(二)获得认可

投资人常常是行业中的大佬或本身就是成功的创业者,他们具备挑选项目的眼光,也有培植项目的能力。他们提供的关于产品、技术方面的专业意见,或者关于公司管理、商业模式、战略方向的经验及思考对创业公司是无价之宝,远重于钱。天使投资人即便不向创业者提供指导和资源仍然有其价值,那就是背书。一个有名的投资人投了你的项目,这说明你的项目获得了一个名人的认可,获得了闪亮的宣传点和强有力的保障。

三、融资估算

(一)融资估算的含义

融资估算又名企业估值、企业价值评估等,是指着眼于上市或非上市公司本身,对其内在价值进行评估。公司估值是投融资交易的前提,投资机构将资金注入新创企业,所占权益大小就是取决于企业的价值。而一个企业值多少钱?这就需要从专业角度对企业的整体价值进行计算评估。

(二)融资估算目的

(1)根据上市规则,向董事会、股东或管理层提供独立的估价意见。
(2)对敌意收购或主动收购计划进行评估和防范。
(3)确定企业应提出或接受的适当价格。
(4)确定新发行证券的价值。
(5)就股本或债务融资提供充分数据。
(6)确定商标及其他无形资产的价值,以作会计及交易用途。
(7)为解决纠纷而进行估值,如保险损失、合同违约等索赔。

(三)融资估算方法

对企业进行融资估算可以分为对上市企业估算和非上市企业估算。上市企业估算一般采取相对估值法、绝对估值法;非上市企业估算采取可比公司法、可比交易法、现金流折现法、资产法等。

1. 相对估值方法

相对估值法简单易懂,也是投资者使用最为频繁的估值方法。在相对估值方法中,常用的指标有市盈率(P/E)、市净率(PB)、EV/EBITDA 倍数等,它们的计算公式分别如下。

市盈率 = 每股价格 / 每股收益
市净率 = 每股价格 / 每股净资产
EV/EBITDA = 企业价值 / 息税、折旧、摊销前利润

(其中:企业价值为公司股票总市值与有息债务价值之和减去现金及短期投资)

计算得出的倍数,可以用来比较不同行业之间、行业内部公司之间的相对估值水平。运用相对估值法对行业内不同公司进行比较,可以找出

在市场上被低估的公司,进而帮助做出投资决策,获得较高的投资回报。但也并不绝对,如果市场赋予公司较高的市盈率说明市场对公司的增长前景较为看好,愿意给予行业内的优势公司一定的溢价,这时就存在被高估的价值,如果行业如预期发展将会得到相应的回报,反之亦然。因此采用相对估值指标对公司价值进行分析时,需要结合宏观经济、行业发展与公司基本面的情况,具体分析。同时在实践中运用相对估值模型时,尤其需注意可比公司的选择是否恰当,可比公司本身是否定价合理等问题,如果参照企业选择不当,最终估值会被扭曲。相对估值法比较简单,易于被普通投资者掌握,揭示了市场对于公司价值的评价,但是当宏观经济出现较大波动时,周期性行业的市盈率、市净率等变动幅度也随之变动,就会对公司估值产生较大的误差。所以,有时需要把相对估值和绝对估值方法结合使用,以保证对企业估值的准确。

2. 绝对估值方法

绝对估值法与相对估值法是相对的,主要采用的是现金流贴现和红利贴现的方法,包括公司自由现金流(FCFF)、股权自由现金流(FECE)和股利贴现模型(DDM)。绝对估值法也是常用的估值方法,主要有两种方法:一是现金流贴现定价模型估值法;二是B—S期权定价模型估值法。

绝对估值法能够较为精确地揭示公司股票的内在价值,但是正确地选择参数是需要面对的重要问题。股票预期收益、现金流偏差、贴现率选择偏差等都有可能影响到估值的准确。

3. 可比公司法

可比公司法就是要挑选与非上市公司同行业可参照、可比较的上市公司,以被选定公司的股价或财务数据为基础,计算出主要财务比率,然后用这些比率作为市场价格乘数来推断目标公司的价值,比如 P/E 法(价格/利润)、P/S 法(价格/销售额)。

在国内的风险投资(VC)市场,P/E 法(市盈率)是比较常见的估值方法。通常我们所说的上市公司市盈率有两种:

历史市盈率(Trailing P/E),即公司上一个财务年度的利润(或前12个月的利润)。

预测市盈率(Forward P/E),即公司当前财务年度的利润(或未来12个月的利润)。

投资人在进行投资决策时,需要判断目标公司的未来,可用 P/E 法估

值：目标公司价值 = 预测市盈率 × 公司未来 12 个月利润

目标公司未来 12 个月的利润可以通过公司的财务数据进行估算，较为复杂的是确定预测市盈率了。一般预测市盈率是历史市盈率的一个折扣，比如说 NASDAQ 某个行业的平均历史市盈率是 40，那预测市盈率大概是 30 左右；对于同行业、同等规模的非上市公司，参考的预测市盈率需要再打个折扣，成了 15—20 左右；对于同行业且规模较小的初创企业，参考的预测市盈率需要再打个折扣，就成了 7～10 了。如果某公司预测目标企业融资后下一年度的利润是 100 万美元，目标企业的估值大致就是 700～1000 万美元，如果投资人投资 200 万美元，目标企业就需要出让大约 20%～35% 的股份，才能促成投资人的投资决策。

对于那些有收入但尚未产生利润的新创企业，P/E 法就不能使用了，很多新创企业前几年都不能实现真正的预测利润，这时就可用 P/S 法来进行估值，使用方法与 P/E 法类似。

4. 可比交易法

可比交易法就是挑选与初创公司处于同一行业、在估值前也被投资或并购的公司，选定比较企业融资或并购交易的定价作为参考，求出相应的融资价格乘数，据此评估目标公司价值。

比如 A 公司刚刚获得融资，B 公司在业务领域跟 A 公司相同，经营规模上（比如收入）比 A 公司大一倍，那么投资人对 B 公司的估值应该是 A 公司估值的一倍左右。比如分众传媒在分别并购框架传媒和聚众传媒的时候，一方面以分众的市场参数作为依据，另一方面框架的估值也可作为聚众估值的依据。

可比交易法不对市场价值进行分析研究，只是统计同类公司融资并购价格的平均溢价水平，再用这个溢价水平计算目标公司的价值。

5. 现金流折现法

通过预测目标公司未来现金流、资本成本，对公司未来自由现金流进行贴现，公司价值即为未来现金流的现值。贴现率是处理预测风险的最有效的方法，因为初创公司的预测现金流有很大的不确定性，其贴现率比成熟公司的贴现率要高得多。

6. 资产法

资产法是假设投资者不会支付超过与目标公司同样效用的资产的收购成本。比如中海油竞购尤尼科，就是根据后者的石油储量对公司进行估值。

资产在这种方法中是公司获得融资的一个最重要前提,也是导致新创企业融资困难的关键所在。作为新创企业尚处于起步阶段,市场没有得到有效开发,企业资产不足,甚至存在负债,而在金融市场当中大多数投资者不会把自己的资金投给那些经营有风险,市场不明确的新创企业。

四、首次公开募股(IPO)

新创企业在得到一定发展后,创业者和投资人都希望企业上市,促使创业项目得到更好发展,实现IPO需要做好下列工作。

(一)定性分析

对新创企业进行定性分析的目的是分析公司所处的竞争环境、战略地位,确定投资者所关心的问题,定位公司所处竞争位置和亟待解决的问题,使银行或公司管理层对公司的价值有初步定位,为下一步定量分析打下基础。常见的行业和公司定性分析方法有波特模型分析框架和"swot"分析框架。

(二)选择与运用估值方法

IPO国际上常用的估值方法或模型包括两大类。

第一,绝对估值模型,如折现现金流模型(DCF),折现股息模型(DDM),剩余价值模型(RIM)。

第二,相对估价模型,即与可比公司的各种比率如市盈率、市值/帐面值等。

尽管有众多的估值模型,但没有任何一个方法明显优于其他方法,任何方法都有其优缺点和适应范围。在实践中,较合理、可行的方法应该是根据被评估公司的个体特性以及其所属行业的总体特性,选择用多种适当的估值模型的组合。

此外,还应该基于估值,再选择合适的发售机制以最终敲定价格。

五、融资渠道

(一)金融融资

银行贷款是创业者融资的"蓄水池",商业银行资金实力雄厚,由政府做背书,因此是创业者获得创业资金最主要的渠道,是主要的金融融资手段。

金融融资的主要途径：银行贷款；信托贷款；银行承兑汇票；信用证；内保外贷；公司债；金融租赁；银行保理；存单质押；企业债；优先股；资产证券化；上市公司；新三板企业；商业承兑汇票；前海跨境人民币贷款；福费廷；贸易融资；应收账款质押贷款；上海自贸区跨境人民币境外借款等。

（二）类金融融资

类金融融资其他途径：商业保险；融资租赁；典当；小额贷款公司；私募股权基金；股权众筹；股权质押；动产浮动质押；仓单质押；保单质押贷款。

融资租赁是以融资为直接目的的借物，其实质是借资，以租金的方式分期偿还。融资租赁不占用创业企业的银行信用额度，创业者不必在购买设备上大量投资，这样有限的资金就可花在更需要的地方。

风险投资可以让创业者快速获得大量资金。但风险投资是一种高风险高回报的投资，投资人以参股的形式进入创业企业，目的是获得更高的收益在实现增值后会退出投资，出于风险考虑风险投资不会永远与创业企业结为一体。目前国内风险投资主要集中于信息产业与生命产业。

（三）民间资本

随着政府对民间投资的鼓励与引导，市场经济的深入发展和资本市场化程度的提高，民间资本获得了越来越多的发展空间。

民间资本融资的主要途径有：企业向员工借贷；企业向特定非员工借贷；企业向非金融企业借贷；让与担保；网络借贷（p2p）；融资性贸易；托管式加盟等。

（四）国际市场开拓资金

这部分资金主要来源于中央外贸发展基金。中小企业如果想通过这个渠道来融资，要注意政策导向。我国政府市场开拓资金主要支持：境外展览会、质量管理体系、环境管理体系、软件出口企业和各类产品认证、国际市场宣传推介、开拓新兴市场、培训与研讨会、境外投标等，对面向拉美、非洲、中东、东欧和东南亚等新兴国际市场的拓展活动。如果创业项目与以上有关，就可以获得相应的资金支持。

（五）互联网金融平台

互联网作为一个投融资的平台，处在中间的结合地位，两边是投资者和有融资需求的需求方,又和第三方的担保机构进行密切合作。

互联网平台融资方式是让专业的机构做专业的事,利用互联网公开的优势、开放性的优势,同时结合传统的金融机构在风险控制、信贷审核等方面的专业度。互联网金融平台对申请融资的企业进行资质审核、实地考察,筛选出具有投资价值的优质项目在投融界等投融资信息对接平台网站上向投资者公开;并提供在线交易平台,为投资者生成具有法律效力的借贷合同,明确双发各自的权责;监督新创企业的项目运营,确保投资者资金安全,获得合理的收益。

六、投资机构

(一)投资机构的含义

投资机构是指直接实施投资的机构和企业,从广义上说,也可包括以执行投资为职能的专业管理机构。投资机构属投资运行系统,投资运行系统是国民经济系统中的一个子系统。投资机构包括投资微观实施机构和投资宏观管理机构,两者不是行政隶属关系。宏观管理机构的职能,主要是按照社会主义有计划商品经济的要求,遵循"国家调节市场,市场引导企业"的原则和机制,进行调整、改革,加强宏观调控和管理,促进投资企业的活力,投资活动的正常开展和投资运行机制的良性循环,达到宏观投资规模适宜、投资结构合理、投资效益提高的目的。

(二)投资机构的分类

1. 创投机构

创投是创业投资的简称,是指专业投资者为以高科技为基础的新创公司提供融资的活动。与一般的投资者不同,创业投资家不仅投入资金资源,而且用他们长期积累的经验、知识、信息和社交网络帮助创业者更好地经营管理企业。

创业投资机构就是从事以高科技为基础的新创公司提供融资活动的机构。创投机构以投资创业科技园的居多,包括投资参股各大学的创业科技园,如创业科技园等。创投上市公司,属于高风险、高收益行业。

2. PE 机构

私募股权投资(Private Equity)简称 PE,是指投资于非上市股权,或者上市公司非公开交易股权的一种投资方式。私募股权投资面向有风险辨识能力的自然人或承受能力的机构投资者,以非公开发行方式来募集资金。

PE 投资者一般是基金管理公司的直接投资人,比如:KKR 的亨利·克拉维斯、黑石的史蒂芬·施瓦茨曼、TPG 的大卫·邦德尔曼。

在中国也可以理解为买原始股等待上市。

3. 天使投资

天使投资(ANGEL INVEST)指个人出资协助具有专门技术或独特概念而缺少自有资金的创业家进行创业,并承担创业中的高风险和享受创业成功后的高收益。它是自由投资者或非正式风险投资机构对原创项目或小型初创企业进行的一次性的前期投资,是风险投资的一种。

天使投资人(Angels)通常是指投资于非常年轻的公司以帮助这些公司迅速启动的投资人。在风险投资领域,"天使"指的是第一批投资人,这些投资人在公司产品和业务成型之前就注入资金。天使投资人通常是创业者的亲戚、朋友、合作者,基于对创业者能力和创意信任,愿意在项目尚未开始实施之前就投入大量资金,天使投资规模没有限制,可以是几万元,也可以是几十万元,与风险投资的规模无法比较,但对于创业者的创业活动具有积极的促进作用。

天使投资的回报期望值为 10 到 20 倍,与风险投资相比并不是很高,天使投资人与风险投资人相比往往会在一个行业同时投资 10 个项目,以期分散投资失败产生的风险。

(三)目前主要投资机构

1. 红杉资本

红杉资本创始于 1972 年,目前管理近 30 支基金。红杉资本中国基金成立于 2005 年 9 月,已拥有七支美元基金与三支人民币基金。

红杉美元基金多数出资者是教育机构和慈善机构,他们平均和红杉合作时间超过了 25 年;红杉人民币基金的出资者为我国优秀的企业家、重要的科研、保险和政府机构。红杉中国基金运营具备鲜明的特点,即全球视野和全球资源、本土运营和本土决策。红杉中国基金目前在中国已投资了近 150 家拥有鲜明技术和创新商业模式、具有高成长性和高回报潜力公司,他们绝大多数选择红杉作为主要投资人伙伴,他们当中有约 30 家成为上市公司。

2.IDG 资本

美国国际数据集团(International Data Group, IDG),是最早进入中

国市场的外资投资基金,IDG 资本已成为中国风险投资行业的领先者,不仅向中国企业家们提供资金,并且在投资后提供一系列增值服务和支持。IDG 资本同时管理着美元基金与人民币基金,IDG 资本重点关注互联网与高科技、文化旅游、新型消费与服务、医疗健康、工业技术等领域,全面覆盖初创期(VC)、成长期(Growth)、并购期(M&A)等阶段,并深度布局产业平台。IDG 资本已经在中国投资了超过 600 家公司,包括腾讯、百度、搜狐、小米、携程、奇虎 360、传奇影业、暴风科技、如家酒店集团、汉庭酒店集团、当当网、乌镇、古北水镇、爱奇艺、美图、周黑鸭、美团、哔哩哔哩 bilibili、拼多多、蔚来汽车等公司,已有超过 150 家所投公司公开上市或并购。在 IDG 最近 10 年所投资的公司中,成功退出的企业超过 150 家,尚未上市或并购的公司中,有超过 26 家公司估值超过 10 亿美元。在近 10 年中,IDG 资本在企业服务、互联网金融、文化娱乐三个板块的提早布局和深耕细作也是有目共睹,企业服务领域从 B2B 交易市场、大数据与云服务、SAAS 企业服务软件到安全都有涉猎;互联网金融除了轻松筹等,还有企业金融板块;文化娱乐版块投出乌镇、古北水镇、印象创新、爱奇艺、哔哩哔哩 bilibili、刀塔传奇、传奇影业、昆仑决等。IDG 资本是国内风险投资行业合作时间最长的专业团队,具有科技、医学、财经、管理等背景,专业性较强。

3. 深创投

深圳市创新投资集团有限公司(简称"深创投")是深圳市政府 1999 年出资并引导社会资本出资设立的、专门从事创业投资的有限责任公司。其注册资本 42 亿元,管理各类基金总规模约 2896.33 亿元,强调培育民族产业、塑造民族品牌、促进经济转型升级和新兴产业发展。深创投主要投资中小企业、自主创新企业和新兴产业企业、初创期和成长期及转型升级企业,涵盖信息科技、互联网和新媒体、生物医药、新能源和节能环保、化工和新材料、装备制造、消费品和现代服务等国家政策扶持的行业领域。深创投建立并管理了 100 支政府引导性创投基金,规模约 322.24 亿元,形成了全国性的投资和服务网络。它还管理着 60 亿元国家中小企业发展基金首支实体基金、千亿深圳市政府引导母基金、百亿佛山市政府双创引导母基金,参与管理百亿山东省财金红土 PPP 基金,担任前海股权投资母基金的机构合伙人,并管理着多家中外合资基金、商业化基金。

4. 毅达资本

毅达资本由江苏高科技投资集团内部混合所有制改革组建,是目前国内行业研究能力强、资产管理规模大、投资专业化程度高、颇具影响力的创业投资机构之一。毅达资本的基金投资人包括中国和国际机构投资者,其中包括主权基金、各国养老金、中央和地方政府资金、保险资金、上市公司及家族基金。毅达资本基金投资人,还包括中国和国际高净值人群。投资领域包括健康产业、清洁技术、制造、新材料、消费服务、文化产业和TMT;基金投资涵盖初创期、成长期企业,投资区域遍布中国。毅达资本管理团队已经累计组建了80支不同定位的股权投资基金,管理资本规模887亿元,累计投资支持了700家创业企业,其中135家企业登陆境内外资本市场。

5. 达晨创投

达晨创投成立于2000年4月,总部位于深圳,是我国按市场化运作设立的本土创投机构。达晨创投聚焦于TMT、消费服务、医疗健康、节能环保领域以及军工、智能制造、机器人等特色细分行业,发展成为目前国内规模大、投资能力强、具有影响力的创投机构之一。

(四)投资机构的管理

为维护市场稳定,保证新创企业健康持续发展,实现利益相关者合法利益的保护,需要对投资机构进行有效管理。

(1)投资宏观管理机构应包括计划、财政、中央银行等部门。

计划部门主要对全社会固定资产投资进行宏观规划和调节、控制,预测一定时期的总国力,确定适度积累率和投资率,制订产业政策、区域规划,制订全社会中长期投资计划和年度投资指导性计划,制订重大技术政策,颁布国家建设参数和各类项目的经济规模以及国家级经济、技术规范、定额、标准。财政部门主要根据产业政策、中期投资计划制订相应的财政政策,包括税收政策、贴息政策、补贴政策,引导投资结构符合宏观意图。对生产性投资成立国有基金管理部门专管,国有资金管理部门可将资金委托给若干个投资公司经营,投资公司专事有价证券买卖的非银行金融机构,与国有资金管理部门形成信托关系。财政部门只负责非生产性投资。中央银行主要根据产业政策,中长期投资计划制订货币政策,调节货币供应量,间接控制投资需求,还需制订信贷政策直接控制信贷规模。

(2)投资微观实施机构是各类具有投资决策权的企业、企业集团、地方财团和各种类型的投资公司,也包括固定资产投资与建设的实施机构,即建设单位。

企业、集团、财团和投资公司(也是大型企业)等是建设项目(包括新建、改建、扩建等)的决策者、建设者与经营者,是净投资、重置投资的主体,是投资的收益者和风险承担者,具有独立的经济实体与法人资格,不与投资宏观管理机构有行政隶属关系。设计、施工、工程咨询、物资供销等与投资关系十分密切,但他们本身并非投资机构,同各类投资公司,建设单位都是等价交换关系,这些部门应加强行业管理。

投资宏观管理机构、投资微观实施机构以及与投资活动密切相关的行业,应以计划为主导,以市场为纽带,联结一体,协调运行,投资宏观管理机构属政治体制和上层建筑范畴,投资微观企业属经济基础组织。后者在两者中是第一位的,是管理的客体对象,而宏观管理机构的职能则应反映、适应和推动投资、建设企业的经济活动,反映和加强经济基础。

七、大学生创业融资

(一)大学生创业融资特点

1. 融资渠道较为单一匮乏

大学生创业者首笔创业资金多是源于父母、亲戚借款或银行、金融机构小额贷款,部分人通过参加创业比赛获得奖励和通过工作进行资本累积,渠道单一、规模较小。

2. 融资环境先天不足

近年来各地政府已陆续出台各种扶持大学生创业的优惠政策,包括税收、信贷、基金支持等,但政策在制定后未起到预想效果,主要体现在创业优惠政策的具体落实和对风险投资的引入管理上,整体环境滞后,限制了大学生创业者获得相应的资金。

3. 风险投资发展滞后

目前大部分风险投资是以参股形式进入新创企业,他们往往更青睐高科技、高回报的行业。这与大学生创业项目规模小、成本低、市场窄存在根本的不一致,导致大学生创业融资往往与风险投资失之交臂。

(二)大学生融资渠道

大学生创业者的融资渠道主要有:内源融资和外源融资。

第五章 创业资源获取与整合

1. 内源融资：亲情融资

内源融资指将自己的储蓄转化为投资的过程，具有原始性、自主性、低成本和抗风险的特点，也是目前大学生创业者主要的融资渠道。大学生创业者向亲友借钱也是最常见、最简单、最有效的内源融资方式。这种融资由情意牵线，对于创业者来说不存在中途撤资的风险，而且一般是一次性支付。其优点在于没有利息支出或仅为低利息支出，筹资成本很低，同时也不需要信用记录或抵押；但也存在缺陷，如果创业活动出现问题，无法按时还款，可能会伤及亲情和友情，对于个人社会角色扮演有较大影响。选择这种融资方式，应提前说明创业计划的可行性、预期收益以及潜在风险，争取达成共识，取得谅解。

2. 外源融资

外源融资指向企业之外的其他经济主体筹集资金，主要包括：政策基金、银行贷款、合伙融资、风险投资等方式。

（1）政策基金

我国各级政府和社会组织专门设立了大学生创业基金，为大学生创业者提供创业资金。这种基金融资分为贷款和入股两种形式，贷款创业者需要承担还本付息的压力，入股需要考虑新创企业股份的分配和对公司控制权的占有问题，但这两种方法的资金链都比较稳定且创业者筹集资本的压力较低。例如上海市大学生科技创业基金就是公益性的创业天使基金，下设"创业雏鹰计划"和"创业雄鹰计划"两种资助计划，分别以债权与股权两种方式对青年创业者提供资金上的帮助，并且为创业者提供除资金帮助以外的其他服务。

（2）银行贷款

大学生创业者最希望获得创业贷款，创业贷款是近年来商业银行根据国家和政府要求推出的一项新业务，凡被认定为具有生产经营能力的个人均可申请。创业贷款利率较低，部分地区政府还会给予一定的优惠政策。但是申请创业贷款的门槛很高，对申请的创业者和新创企业要求很高，想要审核通过，首先需要具备一个有说服力的创业计划，详细描述创业项目、实施方案、经营管理、还款计划等。同时申请创业贷款程序复杂，所耗时间较长，需要经过工商管理部门、税务部门、中介机构等许多审批环节，出现意外的可能性较大，同时对急需资金支持的新创企业而言时间问题不容忽视。

(3) 合伙融资

采取合伙形式的新创企业,可以通过合伙融资来获得企业的启动资金。合作伙伴之间还可以实现优势互补,整合创业团队资源,实现新创企业快速发展。合伙融资风险存在于财务和管理两方面,因为合伙企业是无限责任制的,一旦公司出现经营危机,合伙人必须以全部资产按股份比例承担责任,这对于大学生创业者的风险承受能力是极大的考验。

(4) 风险投资

近年来风险投资者偏好以高新技术为基础、技术密集型创业项目的投资,比如互联网行业、生物制药行业、电子产品制造业等。风险投资主要关注创业项目未来的发展空间,期望在未来 3～7 年的时间里通过上市或出售项目取得高额回报,风险投资是一种流动性较小的中长期投资。

新创高新技术企业能否获得风险投资基金的支持,主要取决于创业者个人的信用以及项目未来发展前景,投资人既要关心创业者的技术创新性和领先性,也要关注创业者本人的素质和创业项目的盈利模式。创业者可以通过参加创业大赛、委托专门的风险投资公司、在媒体发布信息寻找投资人,还可以参加创业培训班,在专家的帮助下通过"创业计划书"来说服投资者。

八、"众筹"融资

众筹活动源于美国 kickstarter 网站,通过搭建平台面向公众筹资,让有创造力的人获得所需资金,帮助他们实现最初的产品设计。这种模式区别于传统融资模式,让普通人都可以通过众筹模式获得从事某项创作或活动的资金,拓宽了创业融资的渠道,打破了融资的来源局限于风投等机构的限制。预测到 2025 年,众筹总金额将突破 960 亿美元,其中亚洲市场占比会有极大提高。

(一)众筹的含义及特征

1. 众筹的含义

众筹(crowdfunding)即大众筹资或群众筹资,由发起人、跟投人、平台构成。众筹进入门槛低、形式多样、依靠普通大众、特别注重创意的特征,是一种向普通人募资,以支持发起的个人或组织的行为。众筹利用互联网传播的特性,让创业者对公众展示他们的创意和设计,博取大家的关注和支持,进而获得所需要的创业资金。

2. 众筹的特征

低门槛：发起人不受身份、地位、职业、年龄、性别限制，只要有想法、有创造能力都可以发起项目。

多样性：众筹的方向具有多样性，项目类别包括设计、科技、音乐、影视、食品、漫画、出版、游戏、摄影等。

依靠大众力量：众筹对象通常是普通民众，而非投资机构或风险投资人。

强调创新创意：众筹发起人必须先将自己的创意进行展示，才能通过平台进行资金筹集，众筹项目要有可操作性，不能仅是创意想法。

(二)国内众筹主要模式

1. 债权众筹

投资者通过获得创业项目或新创公司的债权，以获取利息收益并收回本金的形式对众筹对象进行投资(我给你钱，你之后还我本金和利息)。

2. 股权众筹

投资者对创业项目或新创公司进行投资后，从项目或公司得到一定比例的股权，以此获得股权收益(我给你钱，你给我公司股份)。

3. 回报众筹

投资者投资后获得项目的产品或服务(我给你钱，你给我产品或服务)。

4. 捐赠众筹

投资者无偿捐赠项目或公司(我给你钱，你什么都不用给我)。

(三)众筹的流程

(1)发起众筹之前要弄清楚众筹的目的或者目标是什么，不能为了众筹而众筹，这样没有意义，甚至可能涉及违法。

(2)根据众筹目的选择对应的众筹模式，比如，众筹目的是为了募集资金，则可以考虑做股权众筹或者债权众筹。

(3)根据众筹模式选择具体的众筹方式和路径。在确认了众筹模式后，要考虑选择什么样的众筹方式和路径，如是选择运用第三方众筹平台做，还是自行利用SNS社交平台发起众筹。如果选择运用众筹平台做，具体再选择该采用哪类平台和哪种平台做；如果自行发起，要分析究竟是利用哪家社交平台做。

（4）在确定上述因素后，一定要考虑论证具体的众筹实施方案是否逾越了现行法律的红线，众筹必须在法律和规则下运行。

（5）为了避免发生争议，应当在各个主体之间以及各个环节之间建立起法律关系，把具体的流程细化，把每一个细节都转化为法律问题，然后用一个个法律条款或法律文本固定下来，这样做到权责明晰，不存在模糊地带和歧义，从而避免了不必要争议的发生。

众筹需要特别注意一些事项：第一，众筹的发起要建立在知法、懂法、守法的基础上；第二，众筹的项目实施流程和路径都非常重要，一定要谨慎去执行。

（四）众筹成功的关键

1. 筹集时间跨度合适

众筹的筹集时间应该长短适合，长到能够产生和形成一定的影响，又不会给人拖沓的感觉而丧失信息，一般成功的筹资时长为 30 天左右。

2. 筹资目标金额合理

筹资目标金额要将生产、制造、劳务、包装和物流运输等成本综合考虑在内，设置合理的目标，既要保证项目能够顺利实施，也不要因目标设置过高而引发信任危机。

3. 支持者能获得合理回报

对支持者的回报要尽可能地实现价值最大化，且与创业项目成品或者衍生品相配，同时可以设计 3～5 种不同的回报形式供支持者选择，让支持者对回报更加满意。

4. 对项目适度包装

"人靠衣装，马靠鞍"，适度的项目包装有助于目标实现，有视频的项目比没有视频的项目会多筹得 114% 的资金。国内的项目发起人，往往会忽视对包装的工作，切记"酒香也怕巷子深"。

5. 及时更新信息

有效沟通是实现目标最有效的、最基本的要求，众筹发起者要及时进行信息更新，让支持者进一步参与项目，提高他们的参与感，激发潜在支持行为的发生。

6. 向支持者表示谢意

给支持者发送电子邮件表示感谢或在发起者个人页面中公开答谢,会让支持者有被重视的感觉,增加参与的乐趣,保证持续关注行为的发生。

九、新创企业资金管理

(一)新创企业资金管理常见的问题

1. 财务控制被忽视

许多新创企业经营管理者往往根据个人喜好来制定财务管理制度,随意性很大,稳定性不够,经常修改相关制度,导致新创企业财务管理混乱和盲目。许多新创企业财务控制制度不健全,几乎没有建立符合自身实际和规范财务管理的财务收支审批清查制度和成本核算制度。就算新创企业建立了几项财务控制制度,也流于形式,执行情况不理想。不规范的财务管理制度、不严格的执行流程,导致财务管理流于形式,相关财务数据的收集整理不全面、不规范,使参与者、管理者不能真正掌握项目资金的实际情况,进而引起新创企业的财务管理危机。

2. 获得银行贷款成本高

许多新创企业的财务管理制度不健全、财务报告制度不完善、财务管理过程混乱,给审计部门或其他部门的准确有效管理监督造成不便。也因为缺乏完整、全面、有效的财务数据,会导致新创企业在向商业银行申请贷款时,银行因为无法收集到借款企业完整而准确的财务信息,或者需要消耗较大的成本去收集、鉴别企业的财务信息的真实性和有效性,而最终放弃审核批准。

3. 财务风险管理薄弱

新创企业面临的最大问题是财务问题,最大的风险是财务风险,但是创业者由于缺乏相关专业知识和认识,一般不会在事前就对可能面临的财务风险进行评估分析。大多数创业者主要关注企业经营和生产,却忽视对财务管理工作的关注,在资金管理、财务信息获得、财务数据处理和分析、财务数据运用等方面都存在较大缺陷。这与强调资本、严重依赖资本的创新创业活动产生了不一致,导致创业行为由于欠缺抵御财务风险的能力,最终走向失败。

4. 流动资金储备不足

新创企业一般应保证 3～6 个月的现金储备,以应对日常经营管理,为下一轮融资留有余地。如果现金储备不足会对新创企业的盈利能力和偿债能力产生巨大的负面影响,破坏新创企业的市场信誉和市场竞争力,造成企业资金无法周转,甚至出现资不抵债的问题,导致企业破产。新创企业由于缺乏前期的市场铺垫,具有较强的创新性,被市场和消费者接受需要一个较长的过程,在这个阶段企业仍然需要不断增加投入和支出,这对现金的依赖程度大,也对现金流产生了很大压力,此时新创企业必须有足够的现金储备来应对问题。不同于一般企业可以通过产品销售获得现金,新创企业的销售不稳定,无法持续盈利,所以现金储备的必要性更强。一旦出现资金短缺,又无法筹集资金保证企业正常运转,新创企业将会迅速陷入绝境。许多新创企业的管理者就是对现金储备认识不足,缺乏对资金预算,过分乐观于企业的销售增长和盈利实现,盲目扩大投资,忽视现金储备,使得很多创新性和未来市场预期较好的项目,因为现金流断流而失败。

5. 投融资决策不科学

"大力出奇迹"很多创业者认为新创企业要想发展下去,关键就是要充分利用机会扩大企业规模,只有这样,企业就才能在激烈的市场竞争中存活下去,脱颖而出。诚然,较大的市场占有率和市场份额,对于企业保持竞争优势和持续发展具有积极作用,但是如果没有科学的财务管理制度和风险预警防范的措施,新创企业就会面临巨大的财务风险,甚至由于投资决策失误引起资金短缺,使新创企业破产。

(二)新创企业资金管理方法

对于公司而言,资金就是企业的血液,分布于企业经营、投资、筹资等环节,资金运作贯穿于生产经营的全过程,使得资金管理成为公司财务管理的核心和重点。所以初创公司在赚钱之前,首先得明白应该如何管理资金、如何接受付款、如何建立付款条件和赊销条款。

接受付款以及资金管理具有较强的专业性,除了客户,资金流转和合理的账户管理都是维持业务发展的必要条件。创业企业受制于规模较小,一般来说缺乏专门的财务工作人员,即使雇用了专业会计师或簿记员,按

第五章 创业资源获取与整合

时、足额受到货款以及懂得资金管理始终都应该是新创企业的头等大事。必须熟悉基本的会计财务知识和资金管理原则及活动,例如赊销、银行结单、纳税申报表格、应收及应付款项等。同样,还要自己考虑给客户提供的购买付款选择,包括现金、支票、银行借贷卡、信用卡、在线支付选择等,同时也要为非现场支付建立付款条件和债务收取细则。

1. 新企业银行账户开办

新企业选定名字、注册了公司,就要开通商业银行账户。开户过程非常简单。首先选择希望合作的银行(作为新创企业可寻找银行服务态度好、优惠条件多的商业银行),然后打电话预约见面谈开户事宜。开户时,需持个人身份证明、公司名称注册文件、公司执照等必需的材料。接着在新账户中存入资金。如果创业者个人信用记录非常好,还可以要求银行为新账户增添信用贷款最高限额,公司要购买东西或者销售疲软时期信贷最高限额的用处就体现出来了,它能够为公司提供资金帮助,直到公司业务增长为止。此外,也可以咨询信用卡商业账户、借记账户以及其他一些小型公司服务。

2. 设立财务账簿

新创企业建立财务账簿一般有两种选择:公司聘请财务人员设立专门账户,或请事务所专业会计师、簿记员做。也可以二者兼备,平时公司自己做,年终时请专业会计师做财务决算和纳税申报表格。如果选择自己做账簿,那么一定要使用好的会计软件,因为这些软件操作简单且富有趣味性。多数会计软件都能够开发票、记录银行结算情况和商业账户信息、追踪应付和应收款项。如果即使有会计软件的帮助,创业者仍然对自己的簿记能力没有自信,可以请专业簿记员每个月管理账簿,再请专业会计师每个季度审核账簿,并准备公司的年终财务结算和捐税收入。如果创业者只是兼职赚点额外收入,就完全没有必要使用会计软件或会计服务,只要建立基本的总账,记录所有商业支出和销售就可以了。

创业活动是经济行为,需要独立经营,考虑投资收益的问题,必须衡量需要多大投资、能获得多少收入和利润。在财务管理制度和要求下,要将所有业务和税务记录保存在安全的地方七年以上,这是许多国家对企业收入和支出信息记录的最长时间限制。作为创业者刚开始可以不懂财务,但如果一直不去懂,创业时间越长,离失败就越近。

(三)创业初期在财务管理方面要做些什么

1. 组织(明确分工)

一个创业公司首先会有一个创业团队,建立了组织就会有分工,需要有人负责资金和财务管理,设置专门的财务管理岗位。创业初期创业者事务繁多,不可能也没有必要事必躬亲,需要不同人才分担相应责任,比如设计资金计划、编写预算书、审核合同条款、寻找融资渠道等。

2. 建账

新创企业可以找专人负责做账,还可以请代理记账公司承包相关业务,这需要创业者依据企业成本效益做出适当的选择。创业初期人力成本是很大的支出项,找代理记账公司是较为经济的选择,但是需要依据项目本身的特点做判断。

代理记账公司主要目的是盈利,代账服务对外以报税、年审提供资料为主,对内提供报表,在企业财务监管、内部控制方面无法提供专业及有效的支持。

当企业初具规模,岗位分工已经明确,就必须确定相应的财务人员,这样通过多年的锻炼,经历企业的发展和成长,充分了解各环节的业务运作,将会在企业的持续发展中做出贡献。

3. 资金管理

精通财务的人最重视的财务报表不是损益表或资产负债表,而是现金流量表,因为现金流量表是最不容易粉饰的。公司不论大小,不论规模,资金管理都是财务管理中最重要的一环。对创业公司来说盈利只是目标,活下去才是最重要的。所以创业者要管好资金,这包括怎么找?怎么用?两个方面。一方面是融资,融资不是钱越多越好,钱太多一时花不掉,存在那不用就是浪费,把股份贱卖是一方面,提前稀释创业者的股权就更麻烦了。王志东最终离开新浪可能有各种原因,但如果他不是一次次提早稀释自己的股份,最终也不会被迫交出公司的控制权。马克·扎克伯格在公司上市时还掌握着28.1%的股权,这与他只在合适的时间找合适的投资人有很大关系。

融到钱还要知道怎么花。2000年初死掉了一大批互联网公司,死掉的最主要原因就是人还在,钱却花没了。一旦钱到手就大批招兵买马,租最大的办公场所,买最好的设备,等到行业寒冬来临时,企业已经没有过冬的储备了。现在的互联网巨头都是在那时精打细算熬过来的。所以一定要做好财务预算,主要是资金预算,要精确到月到周。一般创业企业完成一轮融资要半年的时间,所以创业企业就要保证公司账上要有不少于6个月的现金储备。一个现金管理良好的公司也会得到投资者的信任,并更容易获得资金。

4. 内部控制

内部控制不仅仅是财务部门的事,企业的内控都不是靠一个人或一个部门来完成的。但如果一个企业财务管理做得不好,那它的内部控制也不会好。对于创业初期的公司,内部控制一定要以财务为核心,调动全员参与。

创业公司人少部门少,一人多岗,分工不明、职责不清、业务交叉过多,账务处理不规范、随意性大,事后又没有监督,最终导致会计信息失真,给公司造成很大损失。所以一定要找到公司内控的薄弱环节,有针对性地堵塞漏洞。

(1)不相容职务分离。俗话说一人为私两人为公,任何事集中于一人办理都是危险的。创业公司受规模、人员限制,不可能所有岗位都是专人专职,所以增加岗位互相牵制就显得尤为重要。出纳负责现金收支,就一定不能兼任做账、审核和档案保管;法人章、公司章、财务章要分别交给不同的人保管,仓库保管员就不能兼做商品明细账,总之处理每项业务全程都要有两个以上的人员负责,起到互相制约的作用。

(2)减少现金交易,所有交易力求用公司基本户完成。因为通过银行账户付款是有一定流程的,只要把印鉴章管好,一个人是无法把钱转走的。同样,收款也要走银行,务必不能让业务员经手现金。要做到不收现金,不付现金,这样年底就是不做账,打个对账单流水也能把企业现金流看个大概,还能保证真实性。

(3)规范内部审批流程,所有签批都按岗位走流程,这样便于明确责任,事后监督。创业者可以找正规企业的熟人,把全套空白单据要来,对照着研究一下,合适的就用,能简化的可以简化。

(4)重视会计档案的保管,很多小企业不重视会计档案的保管,出了事想查明真相,追究责任都不行。会计凭证只是一个记录,真正重要的是凭证后的原始单据,会计人员要把凭证后该有的东西全部保存。自制的单据同样重要,要有专人保管,领收都要登记,单据要有单据号,且必须连号,这样才能方便查询,追踪流向。

(5)管好印鉴章,公司章、财务章也要分别交给最可靠的人。财务章管的是钱,公司章管的是责任和风险。盖章一定要登记,这样就能明确责任人。

5. 事后监督

事后监督必须要做,形式有很多种:审计事务所年度审计、针对内控专项检查、个别重要岗位互换、年终财务分析报告、业务员业绩考核等。

第三节 其他创业资源

一、知识产权

(一)知识产权的含义

知识产权,是指"权利人对其智力劳动所创作的成果和经营活动中的标记、信誉所依法享有的专有权利",知识产权一般有时效限制。

知识产权是一种无形财产权,它的客体是智力成果或是知识产品,是一种无形财产或者没有形体的精神财富,是创造性的智力劳动所创造的劳动成果,受到国家法律的保护,具有价值和使用价值。

(二)知识产权在创业中的价值作用

知识产权的价值从本质上来讲,包括竞争性价值、交易性价值和附加性价值。但对于创业型企业来说,交易性价值相对较弱,而重点在于竞争性价值和附加性价值,主要体现在以下几个方面。

1. 提升企业形象,增强企业核心竞争力

创业者都清楚地知道,企业形象的好坏以及竞争力强弱,决定着企业能做多久、能走多远的问题。知识产权尤其是专利可以从技术上反映一个企业在其技术领域的强弱与领先程度,无疑成为企业竞争力的参考。对于创业型企业来说,拥有核心技术的知识产权本身也更容易得到投资人的青睐。2015 年在中国深圳举办的"创业之星"大赛共吸引了 2100 多个海内外项目参赛,项目涵盖战略新兴产业和未来产业等众多领域,不少获得名次和投资的项目就在于其拥有核心知识产权尤其是核心专利。企业参赛的过程,也是技术与服务及其自主知识产权实力的展现,在提升企业形象的同时,也可实现知识产权的交易与运作。

2. 减税节税

根据我国《企业所得税法》规定，国家重点扶持的高新技术企业，从原25%所得税率核减，按15%所得税率征缴。根据科技部、财政部和国家税务总局颁布的《高新技术企业认定管理办法》规定，若要成为国家高新技术企业，必须具有包括专利权或计算机软件著作权在内的一项或多项知识产权。根据财政部和国家税务总局相关规定，拥有计算机软件著作权或集成电路布图设计的国家重点扶持的软件、集成电路企业，可以享受获利年度起两免三减半的企业所得税优惠政策。对经认定的拥有知识产权的技术先进型服务企业，减按15%的税率征收企业所得税。知识产权在我国的减税节税效果是非常明显的。

3. 政府资金申报

国家及各级地方政府为促进技术创新和社会发展，制订并出台许多政府资金资助项目，较大部分的政府资金资助项目需要具有自主知识产权，拥有知识产权是成功申报政府资金资助项目的必备武器。

4. 市场竞争

知识产权已成为通用的获得市场竞争优势、打击竞争对手的武器，例如对竞争对手发起知识产权诉讼、在投标程序中声明知识产权和警示招标公司、扰乱竞争对手营销渠道、打击竞争对手供应链、阻击竞争对手国际市场开拓等，从而提升自身优势，削减竞争对手实力。深圳市大疆创新科技有限公司是全球顶尖的无人机飞行平台和影像系统自主研发和制造商，在全球已拥有数百项专利，仅在深圳地区就发起了数十起专利侵权诉讼。2016年4月在美国加州对其竞争对手Yuneec（昊翔）侵犯其两项专利提起专利侵权诉讼。对于创新型公司而言，以专利为重点的知识产权在市场竞争中发挥越来越重要的作用。

5. 无形资产融资

无形资产融资为知识产权运营模式之一，是将企业知识产权的无形资产进行资本营运，实现无形资产价值的增值。创业期企业往往会遇到资金短缺的问题，而通过无形资产的运作，无疑可迅速补充企业资金的缺口，及时化解企业资金危机。无形资产融资主要通过专利权、商标权的质押、转让、许可使用等方式实现资本的运作。企业以其有效的专利权、商标权进行质押，向银行申请贷款，或将其现有的专利权、商标权通过转让出售、许可给他人使用等实现收益的补偿，缓解企业资金风险。

6. 股权投资

股权投资是一种投资性行为,企业将其经过评估作价的专利权、商标权等知识产权权利作价入股给标的公司,获得股东资格。

二、专利技术

(一)专利技术的含义

专利技术,是指被处于有效期内的专利所保护的技术。专利类型有三种:发明专利、实用新型专利、外观设计专利。

(二)专利技术在创业活动中的价值

1. 建立技术竞争壁垒

如果研发技术为新兴领域基础技术,在公司发展阶段专利可以对新进入该领域的竞争对手技术压制,底层核心技术的优势可以根据发展阶段采用收取专利许可使用费方式盈利;随着公司发展,基础技术相关专利也有望纳入标准必要专利,形成行业地位优势。

2. 获得投资人青睐

项目能够让投资人认可取决于商业价值和市场,创业公司其核心技术投资人也会高度关注。向投资人证明技术可靠,可以申请技术专利的方式体现。商业上可行,具备核心技术,这样的项目必然吸引投资人的注意。

3. 规避技术流失

人员流动促进创新,但也在商战中形成竞争。如果初创公司人员流动性较大,创业公司必须保证不因人员流动而导致核心技术流失。例如,高德 7 名资深工程师集体跳槽到滴滴引发的不正当竞争案件,虽然工程师们签署竞业禁止协议,技术流失必然存在。因此从公司自身制度和知识产权方面来规避技术流失是创业企业需要重视的问题。

4. 保护企业产品在市场上的销售份额

如果没有专利限制,不同企业可以在同一市场上销售相同和类似的产品,任何组织和个人都不得干预。一旦有了专利,专利权人可以阻止竞争对手在同一市场上销售该专利产品,甚至可以要求竞争对手赔偿自己的损失。专利权人也可以通过向法院起诉,请求专利管理机关处理或者和解的途径解决专利侵权纠纷,达到保护自身合法权益的目的。这样的行为,在很大程度上制约了竞争对手在统一市场上对企业产生的压力,为下一步发展创造了先机。

5. 保护新创企业对技术的投资

近几年新创企业集中于互联网高科技行业,技术领先是这类企业保持持续竞争力最核心的资源。企业为了提高产品和服务的市场竞争力,就必须不断增加产品的技术含量,加强新技术的开发与实际运用,而技术研发需要大量前期资金的投入。另外技术创新具有很大的不确定性,从事技术研发投入的企业还将承担技术研发失败产生的财务风险,如果可以免费使用其他企业投资研发的新技术,就不会有企业愿意承担新技术研发的费用和风险,这对于打造整体的创新环境十分不利。而专利权的独占性,排除他人对其专利技术的无偿使用,保护了企业对技术的投资,预防搭便车情况的发生,在提高新创企业竞争能力的同时,也推动了国家的科技进步。

6. 激发企业职工的积极性

专利制度能够鼓励技术革新与发明创造,通过专利权的保护作用,新创企业可以获得更多的价值回报,同时技术创新和产品发明人也会获得更多的价值回报(包括物质回报和精神回报)。这就会鼓励创业团队更加积极从事技术和产品研发及更新,从而使新创企业获得更多的新技术、新专利,增强企业整体竞争力。

三、信息资源

(一)信息资源的含义

信息资源是指人类社会活动中累积的以信息为核心的各类活动要素(信息技术、设备、设施、信息生产者等)集合。信息具有使用价值,能够满足人们需求,创造相应的价值。美国哈佛大学研究小组给出了著名的资源三角形,指出:没有物质,什么都不存在;没有能量,什么都不会发生;没有信息,任何事物都没有意义。强调了信息在整个资源结构中的价值,是资源的重要体现。

信息普遍存在,但并非所有的信息都是资源,都能够产生价值,只有满足一定条件的信息才能构成资源。狭义的信息资源,指的是信息本身或信息内容,即经过加工处理,对管理决策价值的数据。开发利用信息资源的目的就是为了充分发挥信息的效用,实现信息的价值。广义的信息资源,指的是信息活动中各种要素的总称,包括信息、信息技术及人、财、物等。

(二)信息资源在创业中的价值

1. 信息资源是核心资源

以互联网信息技术快速发展为背景,信息时代已经到来,信息资源作为重要的生产要素和无形资产在价值生产和创造中的作用越发凸显。信息网络为供需双方搭建了平台,能够更加有效地实现两者的互动与对接。新创企业通过互联网可以及时获得全球市场信息,包括技术、产品、需求等。使新产品、新技术的开发从准确掌握市场信息开始,实现从产品概念到设计开发,再到生产制造的同步进行,缩短了产品技术的开发周期,提高了新创企业应对市场变化的能力。

2. 可有效降低社会运营成本

信息资源是对其他所有资源的重新整合与加工,信息时代社会经济活动基本上是围绕信息展开的。信息流引导物流和资金流朝着合理的方向运动,使社会资源分配更加合理,运用更加高效和精准。新创企业可以直接在互联网平台获得用户需求的信息,快速进行产品和服务的设计生产和更新完善,直到最后完成销售。整个流程不但减少了管理环节和成本开支,还可以满足用户多样化、个性化的需要。特别是通过信息资源的有效利用,直接降低新创企业市场调研成本,提升快速发现市场需求的能力,避免或降低由于信息不对称所造成的预测失误风险,使企业提供产品服务能力得到促进。

四、人力资源

(一)人力资源的含义

人力资源(HumanResources,简称HR)指在一个国家或地区中,处于劳动年龄、未到劳动年龄和超过劳动年龄但具有劳动能力的人口之和。人力资源的广义定义为一个社会具有智力劳动能力和体力劳动能力的人的总和,包括数量和质量两个方面。而狭义的定义为组织所拥有的用以

第五章 创业资源获取与整合

制造产品和提供服务的人力。

(二)人力资源在创业中的价值

大学生创业初期的重要基础是人力资源管理。大学生创业,通常为几个志趣相投的朋友在有了创业想法后付诸于实践的团队,其团队组成具有很大的随机性。该随机性让创业道路增加了绊脚石,团队成员之间的合作将会出现不可避免的摩擦,影响着团队的凝聚力与工作效益。所以大学生创业者在创业初期就要重视人力资源管理,打造更具有凝聚力的创业团队,除了志趣相投、专业知识结构合理,还要建立人力资源管理的组织和管理制度。让创业者准确把握对应聘人员的考核方向,甄选方法为创业者提供具体化实施方案,可根据不同岗位的需求制定不同的甄选方案,对于团队建设和创业成功也是至关重要的。

第四节 创业资源整合

一、创业资源整合的含义

创业资源整合是指新创企业对不同来源、不同属性、不同类型、不同内容的创业资源进行识别与筛选、分割与组合、调整与配置,使其具有适应性、合理性、经济性和价值性,并创造出新的资源要素的动态过程。创业资源整合要尽量多地发现现有有利的创业资源,以速度最快、效用最高的方式来配置整合、划分使用这些资源。

创业资源分为内部资源和外部资源:内部资源是指创业企业、创业者或创业团队自身拥有的,能够自由支配使用的各种资源要素,如新创企业的人力资源、厂房设备、土地原料、资金技术等;外部资源则是指创业企业、创业者或创业团队自身不具备的,但可以通过利益交换而获得,能在一定程度上加以支配利用的资源,如处于价值链上下游的原材料供应商和经销商、生产技术提供者、政府主管部门等。

(一)内部资源整合清单

资源名称	资源禀赋
创业者	素质与能力、社会关系网络、需求特征
创业企业员工	素质与能力、社会关系网络、需求特征

续表

资源名称	资源禀赋
创业企业的固定资产	寿命周期、使用成本、有效配置
创业企业的流动资产	使用成本、有效配置
创业企业的资金	使用成本、有效配置
创业企业的技术资产	后继研发、拓展应用

内部创业资源可以概括为人、财、物和技术四个主要方面,除了人力资源以外,其他资源的作用价值都相对明确,可以较为准确地衡量,只要配置合理就能发挥很好的作用。就算是人员价值与作用也比企业外部人力资源更易管理和配置。

(二)外部资源整合清单

资源类别	具体资源	对资源的认知
相关政府机构	园区管理委员会、工商行政管理部门、税务管理部	相对规范的外部资源
商业化的服务组织	银行、技术市场、管理咨询公司、会计师事务所、律师事务所、投资机构、广告公司	实际上是把创业企业作为"买方"的各种营业机构
非营利性的服务组织	慈善基金会、公益组织	
产业链相关组织	原材料供应商、机器设备供应商、潜在顾客、批发商、零售商、代理商	
可能的合作伙伴	高校、科研院所等研究机构	
竞争者(竞合)	竞争者	
创业团队的个人社会	与创业者存在人际关联的单个人	

与内部资源相比,新创企业外部资源的整合就复杂多了。首先掌握外部资源的主体都是相对独立的利益主体,相互间关系不密切。其次外部资源与创业者、创业企业的关系也更加复杂,利益得失的判定更繁琐,造成创业者或者创业企业对这些资源的开发、配置和使用的难度加大。最后外部资源存在巨大的不确定性和待开发性,不是直接就可以发现和利用的,而是需要去寻找发掘、评估或选择性地利用。

但是在某些特殊情况下,外部资源可能会主动寻求参与创业企业的资源整合过程。比如一个非常有市场前景的创业项目,可能会有很多投资机构愿意进行资金投入,很多销售渠道愿意整合相关的营销资源,这时创业企业或创业者就可以通过竞争比较的方法选择最为有利的资源参与整合。

(三)负资源整合

对创业企业和创业者来说,负资源主要有两种情况:一种是存在直接利益竞争关系的"天然负资源",必然会产生消极影响;另一种是具有双重属性的创业资源,整合管理恰当有效即发挥积极作用,整合管理失当则会产生消极作用。

资源类别	具体资源	对资源的认知
天然负资源	同类技术的另一个发明者、同类产品或服务的提供者、潜在的进入者	偶尔也会存在竞争中的合作
双重属性负资源	创业伙伴或员工、原材料供应商、批发商、代理商	一般是由于受到更大利益的诱惑而转变

从表中可以看出,很多内外部创业资源实际上都具有双重属性,所以创业者在项目运营管理过程中,首先要注意的就是避免这些要素向消极方面的转化。新创企业负资源管理涉及两方面工作:一是要尽量避免负资源的出现,特别是避免具有双重属性的资源向负资源转化,要努力把负资源转化为正资源;二就是要尽量减弱负资源的消极影响,以及应对其造成的破坏。

二、创业企业资源整合的原则

(一)内部资源整合原则

可以把新创企业内部创业资源整合概括为"内部挖潜",需要坚持3个基本原则。

1. 公平原则

在内部整合的过程中要体现不同资源主体之间的平等,坚持公平原则。对于新创企业内部的人力资源,由于创业者和创业团队成员、企业员工之间平时相互都有沟通,彼此之间的关系也更为复杂,一旦出现不公平的现象很容易就会暴露,并给整个创业活动带来较大的消极影响。

2. 当前利益与长远利益相结合原则

在企业内部创业资源整合的时候就要考虑利益的权衡，充分协调当前利益与长远利益之间的冲突。资源在一段时期内的总量是相对稳定的，为实现当前利益最大化而对创业资源的过度开发，最终会对创业活动的持续推进产生消极的影响。

3. 适度原则

在对内部资源整合时要留有余地，坚持适度原则，以备突发情况的产生。作为新创企业，适当地储备资金对于企业持续发展至关重要，不能因为想实现项目的快速扩张就盲目进行投资，要坚持适度合理的原则，因为创业企业一旦出现财务危机想要再次融资是非常困难的。

（二）外部资源整合原则

创业者或者创业企业对外部资源缺乏控制权和支配权，在整合上需要坚持3个基本原则。

1. 比选原则

受主体差异的影响，外部资源在收益、成本和不确定性等方面会有不同表现。创业者要根据创业项目发展的实际需要、自有资源情况等选择最有效的外部资源。

2. 信用原则

在外部资源的整合过程中，信用和信誉是判定外部资源是否具有整合价值的关键因素，这关系到团队稳定，项目的持续推进。

3. 提前原则

对外要未雨绸缪，不能等到需要的时候再去寻找外部资源进行整合，要用发展的眼光提前开始某些外部资源的整合。

三、资源整合

（一）创业资源整合方式

1. 线上线下移动端资源优势聚合

一方面，随着线上互联网流量资源红利期结束，线下资源必将成为线上企业下一个资源挖掘的重点。另一方面,线下虽一直是传统品牌商持续运作的重要砝码,但对于传统品牌商而言,基于难以低成本方式突破地域限制等方面的原因,使得线上资源也成为了他们新的选择。

2. 产业价值链加法

随着企业间信息对称,产品逐步变得同质化,经营方式创新成为了实现差异化竞争的新方法。在供应链、产品服务、消费方式延伸等环节上的创新,将存在很大的发挥空间。产业价值链加法,即通过在既有产业链上为用户增加体现新价值的东西,来实现用户利益。

3. 内外部资源双向延伸

企业有很多内外部资源,通过连接的方式,实现内部资源与外部资源的连接。内外部资源将会相互作用延伸出新的资源形态,表现出不可忽视的新力量。

(二)一般创业资源整合方法

1. 善用资源整合技巧

创业和创新、创造及创富紧密联系在一起。创业者必然会遇到很多问题:资金匮乏、技术滞后、设备陈旧、人员不稳定等,但创业者要学会辩证分析,这些问题背后实际上也存在着机遇。为了维持新创企业的生存,推动项目持续发展,创业者需要时刻在有限资源的限制下,寻求获得更多价值的方法。

2. 发挥资源杠杆效应

创业活动的整个过程都会受到资源不足的约束,但创业者不能被资源缺乏的问题所限制,要学习掌握利用关键资源的杠杆效应,利用外部资源来推动项目的实施,用一种资源补足另一种资源,产生更高的复合价值,用一种资源撬动和获得其他更有价值的资源。例如腾讯众创空间,这个平台不单是积累资源,更重要的是进行不同主体间的资源互换,进行资源结构更新和调整,储备创业所需的战略性资源,这为创业新兵提供了学习的方向。

3. 设置合理利益机制

资源禀赋与利益分配密切相关,大学生创业者能够从家庭成员中获得资金、精神等支持,就因为家庭成员之间是密切的利益相关者,是利益整体。创业者在整合资源之处,就要设计科学合理、高效可行的利益机制,借助利益机制把当前的和潜在的资源提供者调动起来进行有效整合。所以创业者需要特别关注有利益关系的组织或个人,尽可能多地找到利益相关者,分析判断这些组织或个体与创业者的创业活动有怎样的利益关系,结合点如何体现。双方利益关系越强、越直接,资源整合的可能性就越大,关系也就越稳定,反之亦然。

(三)对于负资源整合方法

1. 利益分析方法

利益是整合负资源的最有效工具,增加负资源的风险,减少负资源的收益,这样就能够对负资源进行有效地整合。比如一个具有创业精神的员工,如果给予他充分施展才能的空间,并给予相应的回报,以满足他对物质利益和精神利益的需求,这样的员工忠诚度就会很高,未来成为竞争者的可能性就会小很多。就算成为竞争者,双方的竞争关系也会较为缓和。

2. 密切观察法

正资源转化为负资源,负资源产生消极影响作用,不会是迅速地变化,往往都存在一个过程,也会伴有某些特征或征兆。创业者只要建立畅通的信息收集整理渠道,随时观察分析数据信息,就能及早发现问题,迅速提出应对策略。对创业者来说,经常关注创业团队成员、企业优秀员工、关键原材料的供应商、主要产品销售商等对创业企业发展至关重要,也是企业能否应对危机的重要前提。

3. 分解创业风险

为了减少负资源对创业企业的消极影响,可以采用降低这些潜在负资源对企业制约力的方法来缓解压力。创业者可以通过拓宽资源获取渠道和丰富资源获取方式,分解由于单一资源渠道造成的消极影响,不能把所有"鸡蛋"放在一个篮子里。

第六章 产品开发与价值创造

第一节 需求发现与需求验证

一、需求发现

(一)需求的含义

需求是指在特定时间跨度内和可接受价格条件下,消费者对于某种商品或服务有购买意愿,且能够支付费用的数量。马斯洛理论把人的需求分成生理需求、安全需求、社交需求、尊重需求和自我实现需求五个层次,一般由较低层次向较高层次逐步实现。对于马斯洛需求层次的研究与划分,还有许多拓展与演化,例如在自我需求实现之后,会出现自我超越需求,但大多数情况不做单独研究。

(二)需求发现的方法

创新创业就是要不断发现消费者需求,并有针对地设计产品和服务进行交换满足需求的过程。整个需求满足过程的起点是需求发现,需求发现的方法一般有:问卷调查法、用户访谈法、可用性测试法、数据分析法等。

1. 问卷调查

很多企业都喜欢用问卷调查的方式来了解用户的需求,根据反馈做出调整。

可口可乐和百事可乐,这两家企业的产品极其相似。1982年可口可乐为了应对百事可乐的挑战,计划调整口味。于是做了一份关于"用户们是否想尝试新的更柔和的饮料呢?"的调查问卷。大部分的人都愿意尝试新口味。但是当可口可乐将老配方调整成新配方面向用户时,几乎所有的用户都不接受新口味。两个月后不得已换回了老配方。为什么会出现这种情况？主要有三个方面的原因：第一，参与调查的用户和产品定位的目标用户不一定匹配；第二，调查的样本数量太小，这个与行业、预算等都有关系；第三，与者随意选择答案，只是凭感觉选了自己喜欢的答案。

在问卷调查法使用过程中应注意：第一，扩大目标样本的概率，分析以往用户的特点，从而确定目标群体；第二，问卷题目设置需要精确并重复，避免同一个问题不同的理解，同时检验用户是否在随意回答；第三，面对面沟通调研，应注意调研时机、调查着装、调查对象、调研方式等；第四，注意逻辑性，解读调查结果时注意理清相关属性的逻辑关系。

2. 用户访谈

为了提高奶昔销量，麦当劳专门做了"问卷调查"，询问用户"要怎样改进奶昔，您才会买更多呢？再多点巧克力吗？"。根据这些反馈，奶昔确实越做越好，但销量并没增加。哈佛商学院教授克莱顿·克里斯坦森在麦当劳里观察了一整天，发现40%的奶昔，都是早上被买走的。"早上不是应该吃汉堡吗？"，他做了"用户访谈"才知道，很多顾客早上开车上班，路上很无聊，想找点东西吃。奶昔很稠、能喝很久，有吸管、可以放在汽车杯架上，还不会弄脏衣服，是最合适的选择。于是麦当劳把奶昔做得更稠了，把奶昔机搬到柜台前，让顾客刷卡自取，最后奶昔的销量大大提高。

如何设计用户访谈才能找到真正的需求呢？主要研究三方面问题。

第一，用户遇到什么问题了？找到用户实际想解决的问题。

第二，用户现在如何解决的？请用户阐述他的具体解决方法，以及他为什么选择这个方法，从细节中找到可以改进的方向。

第三，用户想到的解决问题的更优方法是什么？用户想象的解决问题的方式很多可能暂时不能实现，但是可以为企业开发新产品提供灵感。

3. 可用性测试

可用性是指用户从拿到产品到使用产品这个路径的长短，也就是产品的使用难度。比如，当拿到产品还需要研读产品说明书，看了说明书也不知道怎么用，这个产品可用性就很低。

可用性测试是指找一些代表性用户来试用产品，完成产品使用的通用任务或者说产品的主要功能操作，从而找到产品使用问题并解决，提高产品可用性。可用性测试是在正式发布产品前，用户大规模使用前，最后一道验证需求的防线。进行可用性测试的步骤：

第一步：找到有代表性用户

找到具有用户行为特征的用户是关键因素，具有用户行为特征的用户是指使用原产品时间长，熟悉你的产品功能的人。数量一般定在5—8个人即可。

第二步：设计典型测试任务

设计产品主要功能测试任务要注意：任务不能太多，必须是新版本的重要功能且容易出现问题的任务；任务必须是用户会遇到的问题场景；忠于用户的行为和反应，测试中不要试图教用户如何使用，而是请用户体验你的产品；收集测试结果，趁热打铁，解决测试中用户遇到的问题，特别是主要功能的问题。

4. 数据分析

数据分析是将用户行为的隐形特性显性化，或者说数据分析就是从用户消费痕迹倒推出用户行为。用户通过问卷调查和用户访谈表达的都是想要的，而不是真正需要的，但用户行为所遗留下的数据却是很诚实的需要。

比如有个人想在淘宝卖些新奇的东西，非洲的木雕、斯里兰卡的手工茶叶、马来西亚的锡器。中国专柜卖1000～2000元的东西，他卖700～800，一半左右价格。他觉得，识货的人一定非常喜欢，但他的生意却不温不火，怎么办？后来这个人购买了一份淘宝用户行为数据的分析报告，仔细学习。淘宝上，用户购买最多的商品，集中在100～200元之间。为什么会这样啊？原来这是因为在网上买东西，大家终究有点不放心。万一是假货呢？万一不喜欢呢？拿2000元冒险尝试，成本较高。100～200元，就算店家真不退，也还能接受，"200元"是互联网时代"零钱"这个心理账户的上限。于是他改变策略，把自己定位为"200元以内却特别高端的物品"，生意一下子就好起来了。

思考：微信红包为什么上限为"200元"？

数据分析三大要点。

第一，分析搜索数据。用户有需求但是找不到对应的产品满足需求时，会去搜索平台找答案，分析搜索数据可以看到用户的需求。

第二，分析统计数据。找到用户的需求后，需求量大小就得通过统计数据来获取了。很多行业分析报告，比如易观国际、艾瑞传媒，都提供不同维度的行业数据。几乎每个人对买房都有需求，但房地产商，该在哪些城市重金拿地，哪些城市逐渐退出呢？可以看一个数据：城市的人口流入流出比。人口流入持续大于流出的,这个城市的购房需求在累积,应该投资;反之则在减少,应该谨慎。

第三,分析行为数据。分析用户的行为,包括购买平台、购买时间、购买金额等。

很多人都知道,2017年天猫双11的交易额达到了1682亿,但是很多人没有注意在屏幕上这个惊人的数字右下角,有个十分微小却同样惊人的数字,叫无线成交占比。这个数字在2014年是45%,2015年68%,2016年82%,2017年达到了90%。也就是说,90%用户的行为,已经移到了手机上,手机和无线技术的市场增长很快。根据对这类行为数据的分析,有助于做出创业需求满足的选择。

【补充资料】

在创业初期,创业者怎么样验证一个想法是否可行?

创业者的脑子里就像一个点子发生器,总有好主意冒出来。那么,如何判定一个想法是否可行呢?

这里给大家讲一种推销验证的方法,什么叫"推销验证"?就是创业者自己直接变成产品的推销员,去推销想法。创业者可以思考以下几个问题。

1. 愿意在陌生的街头推销自己产品吗?

比如,想开一个生鲜配送的店,特点是以市场同样的价格,把洗好的菜配送到用户家里。那么就可以做一个这样的宣传单,然后去找用户推销自己的产品。

可以看一下产品或服务的卖点能否解决用户的痛点。如果仔细留意,就能从对方的反应中得到答案。一旦对方开始问品质怎么保证、价格能否优惠、配送时间是否准时等,就说明这个想法他们是认可的。同时,也要记住他们问的这些问题,因为这也是产品开发中应该解决的最高优先级的问题。

在街头推销产品,会把创业者打回原形,开始以最接地气的方式去思考。很多人都说接地气很难,其实很简单,整个团队从老板到前台都去街头推销,每个人拿回10个样本,面对用户思考和讲清楚产品和需求。

2. 能非常简单地告诉家人你是做什么的吗?

很多人无法清楚地告诉家人或者朋友自己是做什么的,这实际上是一种敷衍。事实上,应该想尽一切办法,让亲人朋友理解自己的工作是什么。如果你的梦想是创办世界上最伟大的企业,那么你知道哪个 500 强企业业务太难,以至于外人都不知道是做什么的吗?并没有,对不对?

比如做互联网企业云端产品的,你可以告诉常用网络的人:我们为某些知名网站提供后台的技术支持,让 3 亿人同时打开直播视频而不卡顿。对于不用网络的人,也可以告诉他们:项目就好比农业技术服务站,平常看到的都是农民和庄稼,但是要提高产品不出问题,背后就需要依靠服务站了,你的项目就是科技企业的技术支持平台。

通过不断地对非目标用户讲清楚你是谁,有利于品牌的成长或者扩散。

3. 能让投资人感觉到产品需求吗?

和钱打交道的人,更容易发现问题,所以见投资人是非常有价值的。在和投资人聊天的时候,能够让他们意识到这个产品适合他身边的什么人使用。如果你能把你的产品推销给投资人身边有需要的朋友,那么不仅融资会变得容易,而且也证明了产品的价值。产品一般而言都具有使用价值,但是要想让产品爆发性地增长,必须要能让产品具有自传播的能力,这个能力,只能由创业者发掘并赋予。而投资人能想到别人的需求,就是产品自传播的起点。而你在说服的过程中,也会获得这样的能力。

赵博思,由创头条首发于思达派(Startup—partner.com),链接 www.startup—partner.com/4128.html。

二、需求验证

(一)需求验证的含义

需求验证就是检验需求说明,这是继需求分析之后需求开发的最后一项活动。需求验证并不是严格意义上的一个阶段,而是贯穿整个需求演化、分解、实现的一系列质量保障活动,包括评审、测试,最重要的是保证需求同源。实际上需求分析和需求验证都包含发现需求中的遗漏和错误的工作。

需求验证确保了需求符合需求陈述的良好特征(完整的、正确的、灵活的、必要的、具有优先级的、独一无二及可验证的),并且符合需求规格说明的良好特性(完整的、一致的、易修改的、可跟踪的)。需求验证能够探寻更深层次的需求,为目标对象提供品质更高的产品和服务,更好地提升客户的满意程度,同时培养客户忠诚,以降低整个产品生民周期间的费用。

（二）需求验证过程

第一步了解市场现状。市场现状包括目标市场的范围、能利用的销售渠道、市场的竞争状况以及市场环境的复杂程度等。

第二步了解周边的顾客情况。要清楚当地的人口总数，以及他们的收入水平、消费能力、消费习惯等情况，确定自己的目标消费者。为了获取有用的信息，可以采用抽样调查法、问卷式调查法、走访观察法、调阅案卷法等，尽可能多地采集信息，再从当中筛选出无效信息，总结出有用的信息。

第三步细分目标人群。对目标市场的人群进一步细分，根据他们的职业、消费能力等，将他们分为几个小群体进行验证。

（三）需求验证方法

1. 评审法。这是主要的静态分析手段，由创业者之外的其他人来检查产品问题的方法，原则上每一条需求都应该进行评审。

2. 原型与模拟法，涉及复杂的动态行为时使用，但测试成本较高。

3. 利用跟踪关系验证。

（1）业务需求→用户需求→系统需求

如果业务需求和用户需求没有得到后项需求（用户需求和系统需求）的充分支持，那么说明产品就存在不完备的缺陷。

（2）系统需求→用户需求→业务需求

如果不能依据跟踪关系找到一条系统需求的前项用户需求和前项业务需求，那么该需求就属于非必要的需求。

【补充资料】

创业期，产品需求验证要怎么做？

产品在进入市场及发展过程中，会经历四个阶段。

（1）从 0 至 1，为需求而生。

（2）从 1 至 10，用户系统覆盖。

（3）从 10 至 100，产品具有普惠性。

（4）从 100 到 0+，产品进入迭代。

产品需求验证，就是从 0 至 1 的阶段，为需求而生。在探寻需求的时候，我们要考虑想要做的产品，对用户来说：这个需求是真需求吗？用户愿意为这个需求持续付费吗？我们的产品给用户多少实际价值？

创业者在发现用户的需求时,站在创业者角度来探寻需求,容易犯伪需求或需求错位的问题,那么就要客观地做需求验证。

(1)先定义用户群体,确定要给什么类型的目标用户服务。

(2)选择适当规模的周边精准用户做调研,让用户感受创业者的产品或服务是否够好。

(3)确定精准调研用户时必须是间接关系人,例如同学的朋友、同学的同事、邻居的朋友等,因为直接的关系大部分会说:"很好!"而这样的结果是不够客观的。

(4)在选择的精准调研用户中,有多少人觉得产品或服务是够好的,有多少人会预付费的,其中有购买行为的发生就是证明产品或服务获得认可的直接证明。

(5)如果产生购买行为的用户超过30%,证明创业者最初的想法基本是可行的,或者是探寻到了用户的真实需求。接下来创业者就要为这些愿意预付费的用户,打造第一批极致产品或服务,交付用户使用。

(6)用极好的折扣、诚意、持续的服务,来邀请最初的付费用户,跟创业者一起完成产品或服务优化与迭代,这样的产品更具有用户视角。

(7)打造好产品或服务投入市场后,创业者要不断反复问自己,用户为什么一定要买我的产品而不是其他企业的,要走出去洞察用户使用场景、行为。

(8)要持续考虑,产品或服务还能给用户提供什么价值,并不断突出使用价值。

产品的价值主张,除了满足用户需求外,还要超出用户预期。只有当产品价值满足的核心需求成为一类人最痛的痛点时,产品才能获得0到1的发展。

如果大家实在想不出,那么就想想,最开始为什么要使用微信?

第二节　设计思维

"在大型组织中,一种转变正在悄然兴起,设计的地位在不断提升,无限接近企业的核心。但这种转变与美学无关,它的核心是将设计的原则应用到人们的工作方式中。这股新潮流的崛起,很大程度上是为了应对当今技术和业务与日俱增的复杂性。"

铁路公司总是在思考如何让更多乘客选择乘坐火车出行?是选择把

车厢空间变大？还是要把车厢座位变得更舒适？还是安排更多的车次增加覆盖密度？这些都是解决措施之一，而首先要做的是发现问题，要研究用户行为。对于用户的研究就会发现导致其不断流失的根本原因是现有整个搭乘过程太过繁杂，影响了乘客的乘坐体验。只要重新设计搭乘流程，简化购票系统和乘坐环节，改善乘坐体验，问题就会得到解决。这就体现了设计思维的价值，乘客不愿意乘坐火车，人的惯性思维首先会认为是火车出了问题，而设计思维则是先考虑乘客的实际需求是什么。

一、设计思维

（一）设计思维的含义

设计思维的根本是以人为本的设计，也叫做以用户需求为中心的设计，就是一套以人为本的解决问题的方法论。设计思维认为解决问题，要从发现和挖掘人的需求开始，多角度、多层面地设计解决问题方案，并创造更多的可能性。

设计思维要求个人或团队具有综合处理问题的能力，要能够准确判断问题产生的背景、深入分析问题产生的原因，并理性地分析和找出最恰当的解决方案。在当代商业活动和经济活动的各个方面，设计思维已成为一种重要的思维方式，它可以更广泛地应用于描述某种独特的"在行动中进行创意思考"的方式。参与社会活动的各主体都需要学习并运用设计思维，在高等教育中引入设计思维，可以培养提升学生设计思维意识，提高创新水平，帮助其在创新创业活动中建立竞争优势。

（二）设计思维在创业中的运用及价值

设计思维的运用关键是打破认知的局限。设计的目的是解决问题，是创新性解决问题的一套独特的思维模式、方法论和工具。这样创新创业的目的根本上是一致的，用设计思维看创新创业突破了创业就是开创新企业的狭隘认识，而是赋予创业更为广泛的定义：创业是一种思维模式和综合技能，创业思维模式和技能强调其"实践性"。基于对创业的广泛定义，我们认为创业是可以"教"的，更准确地说，创业思维和能力是被引导和挖掘的。

当今时代的各种压力和挑战，需要用创新创业精神去思考和指引具体行动，这样的过程富有创新性、创造性，其结果可能产生商业价值或社会价值。

（三）设计思维的核心

设计思维的核心就是创造性思维，创造性思维与创造者本身关系密切，是其特有的能力、独特个性和行为模式的反映。设计是为生活服务的，原始社会猿人用石头砸野兽的肉时就对石头进行了设计，并考虑到怎么能更锋利，怎么能更方便使用。

二、设计思维运用

斯坦福设计学院将设计思维分成五大步骤：同理心思考、需求定义、创意构思、原型实现、实际测试。

（一）同理心思考（Empathy）

同理心思考关键就是实现换位思考，以期与你试图解决的问题产生共鸣。例如设计者希望改善学校的教学环境，就要像普通学生一样待在学校感受整个教学、生活过程，真实感受并发现问题。同理心有助于更好地了解产品（服务）中存在的固有约束和问题，并且切身体会到用户在使用产品（服务）时的行为、想法和感受。

（二）需求定义（Define）

在换位思考、切身体验等收集调查信息基础上，就可以更精确地定义需求。需求定义，对于设计有效产品（服务）具有重要意义。例如"让学生的成绩更好"是目标设定，不是精确的需求定义，而"提升学生在听课环节的专注力"就是精准的需求定义，是着手解决问题的切入点。因此设计产品（服务）首先需要精准定义需求，进而才能着手解决问题。

（三）创意构思（Prototype）

目前在创意构思阶段主要采取头脑风暴法。围绕对目标顾客的需求洞察和需求定义，跳出思维局限，打破习惯性思维，不受限制地提出各种可能的解决方案。在头脑风暴过程中，不允许相互指责和评价别人的想法。比如"为提高学生创业课程的学习兴趣，大家可以带玩具来上课"，这可能就是一个新方案的开始。

（四）原型实现（Ideate）

原型实现就是做出粗糙、简单的产品或具备产品中关键功能的原始模型,用于测试需求发现阶段方案的可行性。原型可以是具体的、真实的产品模型,也可以是小范围、模拟情景或过程的简单设想。比如开篇案例中的改良火车搭乘系统,就可以选择或模拟一个购票厅,让测试者来模拟购票和搭乘火车。

(五)实际测试(Test)

利用现有的产品原型,或模拟环境来测试问题能否得到有效解决,顾客需求是否得到满足,这个过程可能会检验结果,可能会发现新问题,甚至会重新定义需求。这是五阶段模型的最后阶段,但不是完结。在创新创业迭代过程中,实际测试阶段产生的结果,往往可以用于重新定义问题,并真实反映用户的认知、使用条件、人们的思维方式、使用感受。即使在这个阶段,更改和改进仍然在持续进行,以得到最好的解决方案,并尽可能深入地了解产品及其用户,作为下个创新创业活动的起点。

本书认为创新设计思维可以分6步开展。但这六个步骤并非是线性的,根据主题不同、项目不同,所使用的步骤会出现调整。

第一,根据某些现状和存在的问题、客户的投诉、企业的投资、大家期待解决的问题,设定需要研究的主题,制定需要研究主题设计方案的范围。

第二,通过一系列的探索,包括第一手和第二手资料,利用亲身体验或者调研的模式,快速了解需要解决的问题的现状、存在的不足、客户的期望和体验经历。

第三,通过对现状及问题的掌握,以最终用户的身份,利用头脑风暴,构思更多新的想法。再转换角度,站在设计者的角度,既能满足客户的期望,还可以获得大胆创新的想法和点子。

第四,进行可行性研究,将创新的想法、点子进行合并、分类,找到适合进行创新创业活动的想法并付诸实施。

第五,进行原型设计,将想法变成直观方案,让大家直接体验,获得最有价值的实现思路。

第六,将设计方案进行实现转化,和最终用户进行沟通,实现方案的落地和推广。

这六个步骤,又分为三大阶段,包括客户的期望(灵感空间)、可行性(构思空间)与价值性(实施空间)。创新的三大要素,就具体体现在这三个阶段。一是用户潜在需求的渴望性,二是创意在技术上实现的可行性,三是商业延续价值性。

第三节 创业市场

一、市场细分与市场定位

（一）市场细分的含义

市场细分是指根据消费者的需求差异,把整体市场划分为不同消费者市场的分割过程。每个细分市场都是由需要与欲望相同的消费者组成。企业分析、判断和把握不同的消费者市场,选择其中的一个或几个作为目标市场,并针对该目标市场的需求特点和消费特点,设计和生产产品(服务),制定和实施有效的营销组合方案,以满足目标市场的需求。

目标市场由美国市场营销学家温得尔·斯密(WendeR. Smith)提出,它是市场营销理论的新发展,是买方市场环境下的一种现代市场营销观念。市场细分体现了以人为本的思想,是以满足特定市场的需求为目标的营销观念。企业通过对市场进行细分化、确定目标市场、进行市场定位、决定营销组合策略,这是企业营销成败的关键。

（二）市场细分的标准

进行市场细分,需要具备一定条件:(1)市场可衡量性,市场的购买力等有关数据需要被收集;(2)实效性,所选择的市场有足够的发展潜力;(3)可进入性,细分市场应该是企业经营活动能够达到;(4)细分市场反应差异,细分市场对营销组合中各要素的变动做差异性反应。

细分标准	具体变量
地理环境	国别、城乡、气候、交通、地理位置等
人口因素	年龄、性别、职业、收入、教育程度等
心理因素	个性、兴趣、爱好、生活方式等
购买行为	购买动机、追求利益、使用频率、品牌与商标的信赖程度等
客户分类	高价值客户低价值客户

(三)市场定位

市场定位指通过确定企业产品的质量、价格、功能、服务、规格、技术水平等,为产品在市场上确定适当的位置。

市场定位的主要方式有:特色定位、功效定位、质量定位、利益定位、使用者定位、竞争定位、价格定位。

市场定位的步骤。

第一,调查研究影响定位的因素:目标消费者对产品的评价标准、竞争对手的定位情况、自己在目标市场潜在的竞争优势。

第二,选择竞争优势和定位策略。

第三,初步确定定位方案、修正定位方案、重新定位。

第四,准确地传播企业的定位观念。

【补充资料】

麦当劳的市场细分与定位

麦当劳作为具有国际影响力的快餐品牌,在全世界范围内取得了成功的商业业绩,这与其精准的市场定位、充分挖掘特定市场需求关系密切。

一、根据地理要素细分市场

麦当劳刚来到中国时,主打传播美国文化和生活理念,希望以美国式产品——牛肉汉堡来征服中国人。但中国人习惯吃鸡肉,与以牛肉为主的食物相比,鸡肉产品也更加符合中国人的口味,更容易被中国消费者认可。因此麦当劳改变原来的产品(服务)策略,推出了以鸡肉为主的系列产品,改变了其一直坚持的以牛肉快餐为主的产品结构,这种改变就是针对地理要素而做出的调整。

二、根据人口要素细分市场

麦当劳对人口要素细分,主要从年龄及生命周期阶段进行划分,分为:未成年的青少年儿童市场,20—40岁的青年市场,还有老年市场。在人口市场划定后,分析不同市场的需求特点和购买能力。例如:麦当劳以青少年儿童市场为中心,把孩子作为主要的消费者,通过附送小礼物,定期开展各种活动,让小朋友持续关注,更加喜欢麦当劳品牌,建立他们的消费习惯和消费忠诚。

三、根据心理要素细分市场

根据消费者生活方式不同,快餐业分为方便型和休闲型两个方面。

针对方便型市场,麦当劳提出59秒快速服务,即从顾客开始点餐到携带食品离开柜台时间限制为59秒,不得超过1分钟,如果超过1分钟顾客就会获得相应的补偿。

针对休闲型市场,麦当劳强化对餐厅就餐环境的设计,力图让顾客觉得舒适自由。努力使顾客把麦当劳餐厅作为具有文化氛围的、舒适惬意的休闲就餐处,不去限制消费者的消费条件,通过自有舒适以吸引消费者。

第四节 精益创业与技术创业

一、精益创业

精益创业是硅谷流行的一种创业方法,它的核心思想是先在目标市场投入极简的原型产品,通过测试环节不断地发现问题,学习有价值的用户反馈,或重新定义问题和需求,对产品进行快速迭代更新,以适应市场,并最终产生价值。

(一)精益创业的特点

1. 创业者无处不在

新创企业就是在充满不确定性的情况下,以开发新产品和新服务为目的而设立的机构,并不强调建立和创办新企业。这意味着创业者无处不在,精益创业的方法可以运用到各行各业,在任何规模的公司实现,甚至在企业内部都可以实现精益创业。

2. 创业即管理

一旦创办新的企业,不仅代表着要提供更优质的产品和服务,也标志着建立新的机构制度,需要新的管理方式方法,特别是作为新创企业要能应对各种不确定性情况的发生。

3. 经证实的认知

新创企业的存在不单是为了制造产品(服务)、获取价值(经济价值或社会价值)、满足顾客需求,也是为了建立可持续的业务,建立一种新的商业模式。创业者们可以通过频繁的测试检测其目标的各个方面,这种认知是可以验证检测的。

4. 开发—测量—认知

新创企业的活动是把想法转化为产品(服务),把顾客反馈和产品设想进行比较,进入到下一轮迭代更新的过程。所有成功的新创企业必然会不断重复这个循环过程。

5. 创新考核

为了提高创业成功率,约束创业者的行为,对创业过程进行有效监管,需要关注很多细节:如何衡量创新创业进度,如何确定项目阶段性目标的实现,如何优先分配创业工作内容等。这需要新创企业设计一套新的考核制度,管理对象全面覆盖,实现全过程管理。

(二)精益创业事项

1. 精益化创业的目标是提升效益

"利润=销售收入-销售成本"利润是企业生存的根本,精益化创业就是要通过强化项目细节管理,降低企业成本,提升企业效益,特别是企业的经济效益。精细化管理出效益,"小数点里有乾坤",小细节里面藏着大效益,特别是新创企业掌握的资源有限,必须严格预防和控制由于成本过高导致的效益下降,这是新创企业失败的重要原因之一。

2. 精益化创业的手段是降低成本

《荀子·富国》:"百姓时和、事业得叙者,货之源也;等赋府库者,货之流也。故明主必谨养其和,节其流,开其源,而时斟酌焉,潢然使天下必有余而上不忧不足。"所谓"开源节流",就是开发新财源,节约现有开支。创业者要树立成本意识,约翰·洛克菲勒说过"省钱就是挣钱。"王永庆在公司成本控制上也坚持"节省一块钱就等于多赚一块钱",最终成就了台塑集团。新创企业的管理者,必须具备降低成本的能力。

第六章　产品开发与价值创造

3. 精益化创业的标准是有效价值

有效价值是顾客的实际价值需求,客户价值是客户从产品和服务中获得的利益总和,包括产品价值、服务价值、人员价值和形象价值等。从客户实际需求出发,满足客户需求价值,尽可能避免价值浪费。客户价值除了体现在产品(服务)上,还体现在品牌价值、营销渠道等方面。实现有效价值最大化就是要顾客让渡价值最大化,让客户付出的金钱、时间、体力、精力成本越少,得到的产品、服务、品牌、售后越多,让渡价值就越高,顾客满意度也会越高,顾客忠诚也就越容易实现。

4. 精益化创业的导向是市场客户

以客户价值增值为导向,融合精益采购、精益设计、精益生产、精益销售、精益物流、精益服务等方面,把精益管理与成本管理结合,形成了精益成本管理。它从采购、设计、生产、销售和服务等全方位控制企业成本,达到成本构成最优,进而保持企业在行业内较强的竞争优势。如宇通汽车以客户需求为导向,在成本上领先市场其他竞争者,宇通的成本管控不是单纯的成本节约、削减开支,而是让成本有效,即每一分钱都花得最有效果。让客户支付的费用能获得最好的产品(服务),获得性价比最高的赢利模式。所谓成本有效,是以客户需求为导向,把成本开支到最需要的地方,开支到最能创造价值、解决关键问题的地方。它可以对管理进行提升,对流程进行再造,对工艺进行改良,提高企业整体生产效率、提高产品的质量,最终提高企业的行业竞争力,帮助新创企业获得成功。

5. 精益化创业的关键是细节管理

"不积跬步,无以至千里;不积细流,无以成江海",这就是细节的力量。日本"经营之神"松下幸之助坚持"不放过任何细节。"精益化创业成本管理就是这样,一个小的细节就可能造成极大的浪费和危害,"千里之堤,溃于蚁穴"。新创企业要发展,管理环节和设计需要精益求精,成本管理和控制更需要细致入微。加入新创企业某个产品(服务)存在细小缺陷而遭到客户投诉,企业没有足够的重视并快速消除影响,结果被顾客投诉到政府部门或媒体。在信息化时代,企业要承受的可能不只是高昂的公关成本与经济损失,甚至会由于消费者对于品牌的质疑和排斥而一蹶不振,导致创业失败。

【补充资料】

人民大会堂的精益管理

人民大会堂是举行国务活动等大型活动的重要场所，建筑面积17.18万平方米，共有100多个面积不等的厅室，2005年以前每年水、电、气、暖等几项花费就达上千万元。

按照官方计算，大礼堂照明多开启一小时耗电近946千瓦时；一般厅室中央空调多开一小时耗电近1400千瓦时；蒸汽锅炉房多运行一小时耗天然气240立方米。作为能耗大户，人民大会堂响应全国人大常委会机关开展节能工作号召，从细节入手，挖掘节约资源的空间，结果发生了很大变化：通道的灯只打开一小半，厅室的窗帘大多敞开着。以前大会堂各厅室有活动都要求提前一到一个半小时室内达到23℃，现在规定只提前15分钟到半小时达到25℃，并充分利用"余冷"，在活动结束前提前关闭大冷冻机；在照明上尽量采用自然光，活动现场只提前5分钟把灯全部打开，活动进行中入场线路只留下部分照明，活动结束前再按规定开灯。

二、技术创业

技术创业是一种事业领导力的形式，创业者能够识别技术密集型事业机会、为了实现机会能够募集人才和资金、为了快速成长能够实行实时决定。技术创业应该基于革命性技术进步或者进化性技术改善，主体可能是相对独立的研究人员或者属于现有企业的研发人员。随着大企业集团研发能力的发展，公司创业成为技术创业活动的主要来源。

大学研发人员采取两个不同的技术商业化路径。第一就是技术许可路径，拥有产业技术的研发人员先申请专利，通过技术许可的方式收获技术的经济效用。第二就是创业路经，技术拥有者直接创建企业，创造经济效用。技术创业必须要做到以下几方面。

（一）掌握创业必要的资源

创业初期的创业者在开办新企业时，由于掌握资源的不足，使得创业活动更容易失败，所以创业者需要掌握尽可能多的资源，但要有完全充分的资源也是不可能的。在创业资源评价时需要两个判定依据：一是要有进入行业的基本资源（也成基础资源），二是具备差异性资源。创业资源

第六章 产品开发与价值创造

条件主要包括几个方面。

业务资源——项目的产品(服务)是什么,商业模式是什么。

客户资源——目标市场定位看谁来购买。

技术资源——凭什么获得消费者的信赖。

经营管理资源——经营管理人才及经验、能力如何。

财务资源——是否有足够的启动和维持项目持续运营的资金。

行业经验资源——对该行业资讯与常识的积累。

行业准入条件——行业是否受到政策保护与限制,项目是否有进入资格和条件。

人力资源——是否有合适的专业人才。

以上资源创业者不需要完全具备,但至少应具备其中的一部分条件,并且这部分条件具有一定竞争力,同时要持续通过市场化方式来获取不具备的条件。

(二)创业前要深思熟虑

创业者要提前认真思考、反复评估、考虑成熟再行动。除了要储备足够的创业资源外,创业者心理准备也非常重要,需要解决好几个问题。

(1)创业动机是什么?为什么要创业?是否有足够的决心,能否承担创业的风险?是否愿意放弃既得利益?

(2)是否具备创业者应有的能力与素质?是否能承受创业压力?是否具有解决问题的综合能力,或是否具有技术特长?

(3)创业的核心资源优势是什么?创业所具备的资源是足够的资本、行业经验、客户资源、技术创新、商业运作能力的哪些方面?对于现实竞争者和潜在竞争者是否有准确认识与分析?

(4)对于创业承担损失的底线是什么?是否有足够的耐心与耐力度过创业期的消耗日子,对于创业活动的时间安排是否准确可行?

(5)能否正确对待创业活动,不要只想到成功一方面,对创业风险和失败要有充分的心理准备,必须具有坚强的意志品质,信心不能动摇。

(三)经营能力最重要

经营赚钱能力是关键,创业者有出色的经营能力,项目就会发展得更好,所需资金问题也不会太明显。

创业初期,对创业者个人的能力要求非常高,创业者必须要事必躬亲,亲力亲为,创业活动是繁复的事情,它需要创业者是个多面手。其中业务能力、市场开发能力、综合应变能力尤为重要,这些对于创业活动成败至关重要。

(四)内部创业更容易

在技术创业者中,有从零开始独立创业者,有与他人合作者,有在企业内部创业者,其中以第三种创业方式最容易成功。进入一家优秀企业,获得管理者的信任,再找准机会建议从公司发展角度投资创办新项目,这样就出现了内部创业的机会和可能性。作为新项目的提出者,自然会被管理者赋予更多责任和权力。所有企业都有开发新市场、发展新项目的需要,关键是找有信任感的人承担项目。内部创业最主要的就是获得认可和授权,主要以创业者忠诚度进行分析研判,某种程度上高于对其能力的要求。

公司内部创业有很多便利条件:雄厚资金资本的支持、有经验管理的指导、综合资源的共享、关键业务资源的利用、品牌价值与形象的分享等。同时如果创业公司的业务与母体公司的业务有延续性、关联性或拓展性,得到的支持力度将会更大、更多,创业也更容易成功。

第七章　商业模式的设计与验证

> 企业之间的竞争,不是产品的竞争,是商业模式的竞争。
> ——彼得·德鲁克

【案例导入】比亚迪:"袋鼠模式"多元扩张

自 2003 年进入汽车行业,比亚迪似乎走的是一条金光大道。在"外行造车"热中,汽车行业的滔天巨浪,淹没了无数的知名企业,比亚迪其实是唯一的幸存者,其背后有何独特的秘诀?

比亚迪是电池制造生产领域的王者,但是要突破单一领域,成为真正卓越的企业,还须要考验其自我复制的能力与稳定性。从最早生产电池,到生产手机配件,再到现在跨入汽车业,比亚迪的发展过程就是"袋鼠式有效复制"。从生产电池到造车,比亚迪像袋鼠一样繁衍了一个又一个新业务,汽车只是其最年轻的一个。在发展新行业的过程中,它也没有忘记坚持根本,一直在电池技术的研发、设计、生产领域保持了行业内重要的竞争地位。

2003 年比亚迪成为电池行业领军企业,进行大规模产业布局转移与调整成为企业持续发展的必然选择。比亚迪从电池领域向汽车领域转移,是一种从低门槛行业向高门槛行业的逆向扩张。为此公司在收购了西安秦川后,造成公司股价狂跌 20%,市值受到极大影响。比亚迪选择汽车行业看似天马行空,实际上是在进行全产业链布局,整个产业链,使上下游各项业务之间可以发生聚合效应。而在电子部件、模具、车载电池等领域的领先优势,使比亚迪可以先掌握某些具备核心竞争力的零件,再组成整车的集成优势,成为国内同类企业的翘楚。比亚迪成功进行产业转移,具备几个独特的优势:一是在电池行业建立了绝对的竞争优势,使竞争者难以短期突破,为新产业的成熟积累了资金,赢得了时间;二是在产业布局上选择了处于发展初期的、未来市场规模巨大的行业,可以迅速实现产品的市场化过程,完成原始积累;三是企业注重技术研发,为开发新产业领域储备强大的技术支持。

创新可以从模仿作为开始,比亚迪一开始就是一个模仿者。在电池领域,比亚迪从模仿索尼开始,与其他电池企业进行长期竞争,最终超越行业老大索尼,成为行业龙头,比亚迪走的是模仿超越的路。在向汽车领域拓展时,比亚迪以丰田为模仿对象。早年的丰田在进入汽车业的初期,一直坚守了一个信条:模仿比创造更简单,首先必须生产安全、经济的汽车,而不是创新性的产品,因为这些更符合大众对汽车最基本的需求。最终丰田成为世界范围内极具竞争力的汽车企业。中国汽车市场尚处在发展初期,市场远未饱和,企业处在这个以需求为主导的时代,满足顾客需求比技术创新更为重要。因此比亚迪的策略是在技术上模仿,辅助以一定程度的创新,减小创新可能带来的风险,并实行低价营销策略,以迅速抢占市场。

模仿的过程中不能忽视创新,因为创新是企业持续发展、掌握核心竞争力的关键,否则在竞争中永远处于被动、受制的位置。

第一节　商业模式

新创企业在初创阶段都有几个共同特征,如不具备垄断资源、没有大量资金资源,但能准确把握市场趋势,呈现指数级增长,是因为拥有更加有效的商业模式。管理学大师彼得·德鲁克认为"现代企业之间的竞争,不是产品的竞争,是商业模式的竞争"。商业模式已经成为创业者和管理者最为关心的话题。然而对于商业模式的概念和内涵认识各有不同。

一、商业模式的内涵

伊夫·皮涅尔(Yves Pigneur)《理清商业模式:这个概念的起源、现状和未来》认为"商业模式是一种包含了一系列要素及其关系的概念性工具,用于阐明某个特定实体的商业逻辑。它描述了公司所能为客户提供的价值以及公司内部结构、合作伙伴网络和关系资本等用以实现这一价值并产生可持续、可盈利性的收入的要素",这一观点为学术界普遍接受。本书认为:商业模式是基于价值创造的逻辑,对企业内部、外部、顾客、渠道间等各种交易关系和连结方式进行分析,进而描述企业价值创造、价值传递和价值获取的基本原理。

现代商业活动变得更加复杂,包括产品—服务—市场—供应链—营

第七章　商业模式的设计与验证

销—运作,最终演变为完善的商业模式。商业模式包含了以上各要素及其关系的概念性工具,它描述了公司产品(服务)所能为顾客提供的价值以及公司的组织结构、合作伙伴关系和资本等用以实现这一价值并持续产生收益的要素。

二、商业模式的价值和特征

(一)商业模式的价值

商业模式是管理学重要研究对象,主流商业管理课程均对"商业模式"给予高度关注。在商业模式研究分析过程中,主要关注企业在市场中与目标用户、原材料供应商、合作伙伴的关系,关注各要素间的物流、信息流和资金流,对于企业的持续、快速、高效发展具有重要价值。

有一个好的商业模式,成功就有了一半的保证。简单地说,商业模式就是研究公司通过什么途径或方式来赚钱。餐饮企业通过销售食品来赚钱;物流快递公司通过运输、配送快递来赚钱;网络公司通过提高点击率,利用流量变现来赚钱;外卖平台通过连接商家和顾客,配送来赚钱等等。但餐饮企业还可以通过外卖服务来赚钱,如海底捞,由于高品质的服务和良好的就餐环境,支撑了其较高的消费价格。简言之只要有赚钱的地儿,就有商业模式存在,就有企业的生存之本。

(二)商业模式的特征

成功的商业模式要素概括为三点:一是"客户价值主张",指在一个既定价格水平上,企业向其目标用户提供产品或服务时所需要完成的任务;二是"资源和生产过程",也就是支持客户价值主张和盈利模式的具体经营管理模式;三是"盈利公式",指企业用以实现价值(特指经济价值)的过程。判断成功的商业模式,可以依据三个明显特征。

第一,成功的商业模式能够提供独特价值。就是可以向客户提供更多的让渡价值,使得客户能用更低的价格获得同样的价值,或者支付同样的价格可以获得更多的利益回报。

第二,成功的商业模式是难以模仿的。企业需要通过确立和保持与众不同,来提高行业的进入门槛,从而保证利润来源不受侵犯。

第三,成功的商业模式是脚踏实地的。企业要做到量入为出、收支平衡。

本书认为好的商业模式应有以下四个特征。

第一,独特创新性。商业模式本身必须具有较为独特的价值取向,以及不易被竞争对手在短时间内复制和超越的创新特性,表现为商业模式本身的独特和价值创造环节的独特。

第二,持续有效性。为保证持续盈利,商业模式应该是相对稳定与动态持续更新结合的过程。商业模式能够较好地识别客户需求,满足客户需求,并不断提升客户价值;能够提高创业者或企业自身价值、合作者价值,创造良好的经济效益与社会效益;能够持续保持竞争优势,成为行业标杆。好的商业模式应能够有效地协调企业、客户、合作者和竞争者之间的关系,平衡各方利益。

第三,难以模仿性。指的是竞争对手即使发现了你的商业模式,却无法进行复制模仿,或者复制模仿成本过高,导致无法进入。主要表现为技术壁垒、资源优势和政策壁垒等。

第四,整体灵活性。商业模式必须是个整体,有一定结构,各个组成部分有机地结合起来,共同作用形成良性的循环与发展。特别要注意,为实现持续发展和盈利,商业模式不是一成不变的,而要随着市场的变化及时调整。

三、商业模式的构成要素

完整的商业模式应包含企业定位、业务系统、关键资源、盈利模式、自由现金流结构和企业价值等六方面要素(我们以比亚迪汽车为例分析)。

(一)企业定位

企业定位是指企业通过其产品及其品牌,满足客户需求的方式,将企业独特形象塑造于消费者心目中,包括提供什么样的产品和服务、进入什么样的市场、选择哪些经营活动、怎样分配利益等。

比亚迪定位电池领域、IT 零部件制造、汽车产业,就是以模仿者角色出现。在电池领域,比亚迪从模仿索尼开始,与其他电池企业进行长期竞争,最终超越行业老大索尼,成为行业龙头,走的就是模仿超越、弯道超车的路。

(二)业务系统

业务系统是指企业把自己的产品(服务)推向市场并取得最大收益所需要的业务环节、合作伙伴扮演的角色以及利益相关者实现利益交换的方式和内容,是商业模式的核心。业务系统具体包括营销规划与管理、客户关系管理、风险防范等,分为行业价值链和企业内部价值链以及合作伙伴的角色三个层面。

比亚迪在已有的电池领域成功掌握竞争优势后,迅速整合公司资源进行战略转移和延伸发展,利用公司内部资源像袋鼠一样不断繁衍新业务,向新行业拓展。在产业布局上,成功实现从电池生产到汽车制造转移发展。在战略时间选择上,确定处于成长初期、发展迅速的汽车行业作为进入点,顺利实现了产业转移与原产业的协同发展。

(三)关键资源和能力

企业关键资源是指使用价值或效果常常处于变动状态且有效空间较大,同时又不易替代的资源。它决定了企业所能进行的活动。关键资源和关键能力是让业务系统运转所需要的重要资源和能力。

比亚迪在电池生产方面确立了绝对的竞争优势,竞争者难以在短期内造成威胁,这为转向新产业赢得了时间,提供了"保护袋";电池生产在市场上较大的份额,也为新产业的发展提供了必要的资金保障;同时企业注重技术研发与创新,在新产业领域积累了强大的技术储备。这都为比亚迪的发展积累了资源,储备了能力。

(四)盈利模式

盈利模式,指按照利益相关者划分的企业收入结构、成本结构以及相应的目标利润。它是在给定业务系统中,各价值链所有权和价值链结构已确定的前提下,企业利益相关者之间,利益分配格局中利益的表现。良好的盈利模式能够为企业带来价值收益,也能为企业持续发展编织稳定共赢的价值网。

比亚迪目前的盈利主要是 IT 零部件销售收入、汽车销售收入以及电池销售收入,这都为比亚迪的发展提供了雄厚的资金保障。

(五)自由现金流

自由现金流是企业经营过程中产生的现金收入扣除现金投资后的状况,这部分现金流量是在不影响公司持续发展的前提下可供分配给企业资本供应者的最大现金额。不同的现金流结构反映企业在定位、业务系统、关键资源能力以及盈利模式等方面的差异,体现企业商业模式的不同特征,并影响企业成长速度的快慢,也在某种程度上决定企业投资价值的高低、企业投资价值递增速度以及受资本市场青睐程度。

在确定电池领域的领导者地位后,比亚迪开始向在国内处于新兴行业、具有巨大市场潜力的汽车产业转移。借鉴自身在电池和 IT 业务的优势,整合各业务的优势资源,完善汽车产业的上下游,形成集成优势,并坚持"跟随者与模仿者"的营销策略,尽可能减小企业的成本与风险,以保证企业持续快速发展。

(六)企业价值

企业价值,即企业的投资价值,是企业有形资产和无形资产价值资产的市场评价,是企业遵循价值规律,通过以价值为核心的管理,使所有利益相关者(包括股东、债权人、管理人员、普通员工、政府等)均能获得满意回报的能力。

比亚迪就是要成为全球领先的移动电话零部件制造商和解决方案供应商,并在电池研发与生产制造领域、汽车行业快速发展,实现企业多元化复制扩张,快速增长企业价值。

商业模式的六个要素互相作用、互相影响:定位相同的企业可以建立不一样的业务系统;同样的业务系统也可以有整合不同关键资源、不同的盈利模式和不同的现金流结构。例如业务系统相间的手机制造企业,有些擅长研发制造,有些擅长渠道建设;同样是应用软件(APP),有些是收费的,而有些是免费的。六个要素只要有一个发生变化,就意味着商业模式的变化。商业模式需要企业家(创业者)反复推敲、实践和调整六要素,综合考虑对各利益相关者的影响才能最终确定。

四、商业模式发展与主要类型

(一)商业模式发展

1. 店铺模式

"店铺模式"是历史最悠久、最基本的商业模式,它是在具有潜在消费者群体的地方开设店铺,展示其产品或服务,并进行价值交换。

2. "饵与钩"模式

"饵与钩"模式——也称为"剃刀与刀片"、"搭售"模式。这种模式,基本产品的售价一般非常低廉,甚至处于亏本状态;但与之相关的消耗品(服务)的价格则十分昂贵。比如说,剃须刀(饵)和刀片(钩),手机(饵)和通话费用(钩),打印机(饵)和耗材(钩)等。

3. 硬件 + 软件模式

苹果以独特的 iPod + iTunes 商业模式创新,将硬件制造和软件开发进行结合。以软件使用增加用户对硬件产品的粘性,搭建 ios 系统在智能设备终端承载这些软件,不论消费者要硬件升级,还是软件升级都得考虑使用习惯的影响,从而培养了一批"果粉"。

4. 其他模式

20 世纪 50 年代,麦当劳模式和丰田汽车模式;20 世纪 60 年代,沃尔玛模式和仓储式超市模式;20 世纪 70 年代的商业模式则出现在联邦快递;20 世纪 80 年代,戴尔模式;20 世纪 90 年代,西南航空模式和星巴克咖啡模式。

进入 21 世纪,信息技术、互联网技术不断发展,商业模式也呈现多样化趋势。基于产品和服务角度的商业模式创新有:独特产品模式、个性化定制模式、客户系统解决方案模式、品牌模式、产品金字塔模式、基础产品模式等;基于企业运营的角度的商业模式创新有:平台模式、连锁模式、互联网模式等;基于企业价值链的角度,有价值链定位商业模式、价值链延伸商业模式等。

(二)商业模式的主要类型

商业模式不断变化发展,种类繁多,本书重点介绍以下几种。

1. 独特产品模式

独特产品指的是具有特别的生产工艺、配方、原料、核心技术等优势,又有持续市场需求的产品。如独家配方、专利技术新产品等。该模式能够快速形成市场差异化,帮助企业获取丰厚利润。应用独特产品模式的公司有可口可乐、3M、王老吉等。

2. 个性化定制模式

随着移动互联网技术、大数据技术日趋成熟,消费者对消费个性要求的增加,针对部分消费者的个性化定制将会在未来的商业活动中普及。通过数据采集,分析用户个性化需求,提供个性化产品。如高端服装定制、个性产品定制。

3. 品牌模式

品牌模式是指企业在产品(服务)打造的过程中,塑造品牌并进行经营管理,以提高品牌知名度、信誉度和顾客忠诚度,实现品牌价值。打造品牌前期需要进行大规模的营销活动,增加公众对品牌的了解,以获得认同和声誉。

4. 产品金字塔模式

产品金字塔模式是企业发掘不同用户的差异化需求,结合用户的实际购买能力,设计生产不同价格层次水平的产品,实现市场占有率和市场相对占有率最大化。塔底部产品单价低,但销售量大;塔顶部产品单价高,但销售量小。两种产品都可以实现盈利的目标,前者是薄利多销,后者靠精益求精获取超额利润。

5. 基础产品模式

基础产品模式指的是企业推出一种基础产品,带动后续利润款产品的销售,实现长期的业务联系。在这种商业模式中,基础产品的利润往往不高,但其衍生产品的利润极有吸引力。例如汽车 4S 店销售模式,汽车本身销售利润很低,主要是通过后续维修保养持续盈利。

6. 平台模式

平台模式指通过互联网平台开展商品(服务)的销售。比如淘宝、美团等平台,通过搭建交易平台从中获取利润;唯品会、当当等平台,通过 B2C 模式将诸多商品卖给用户。

7. 价值链定位模式

价值链定位是指通过分析市场环境和自身优势,结合产业价值链价值区域,确定企业在价值链中的位置,持续保留强化核心价值活动的商业模式。

以苹果公司为例,只保留核心价值活动(技术研发和产品设计),将其非核心业务进行分拆、外包交由合作企业完成,如由富士康代工生产手机。通过这种模式可以实现合作者间优势互补,提高企业竞争力。

8. 价值链延展模式

价值链延展模式是在企业价值链的基础上,通过延展其两端的价值活动,即向上游供应商或下游销售商和顾客等方向整合和延伸。将企业外部的价值活动纳入经营范围,增加了企业价值活动,扩大了关系网络,可以节省大量交易费用(如寻找供应商费用、顾客营销费用),提高企业整体竞争实力和盈利能力。

9. 运营性商业模式

运营性商业模式重点解决企业与环境的互动关系,包括与产业价值链环节的互动关系。运营性商业模式创造企业的核心优势、竞争能力和关系网络,主要包含以下几个方面内容。

一是产业价值链定位:研究企业处于什么样的产业链条中,以及基于自身资源条件和发展战略定位所处价值链环节。

二是盈利模式设计:研究企业获得收入的渠道与方式,并对盈利模式的持续性和稳定性进行分析研判。

10. 策略性商业模式

策略性商业模式涉及企业生产经营的各个方面:一是业务模式,指企业向客户提供价值和利益的形式、方式;二是渠道模式,指企业向客户传递业务和价值的渠道通路;三是组织模式,指企业搭建科学高效的管理控制模型。

每一种新的商业模式,都蕴含着一个新的商业机会,创业者能率先发掘并把握住这个商业机遇,就能够在竞争中拔得头筹。但商业模式具有生命周期性、变化性、发展性,一个世纪前金吉利通过赠送产品创造了一种新商业模式,而现如今免费赠送或买赠只是一种常见的营销手段;商业模式同时具有可转移性、复制性,当互联网企业再次通过各种免费或赠送的方式获得市场占有率和认可,就成为了互联网企业的新商业模式。

创新无处不在,也许经营管理某个环节的变化就能改变企业的整个经营模式,刺激一种新的商业模式出现。

第二节　商业模式要素

一、商业模式的九要素

商业模式应包含的要素目前尚未形成统一的认识,概括为:价值主张、消费者目标群体分销渠道、客户关系、价值配置、核心能力、价值链、成本结构、收入模型、裂变模式等。

本书在进行商业模式研究时,主要考虑以下九个基本元素。

(一)价值主张

典型的价值主张有:质量、价格、品牌、创新、性能、安全、售后服务等,客户在选择时也将从这几个方面进行考察。罗列全部优点、宣传有利差、突出共鸣点是制定"价值主张"通常所用的三种方法。

(二)客户细分

客户细分指企业在明确的业务模式和特定目标市场中,根据目标客户的特点属性、行为习惯、需求偏好以及价值认知等因素对客户进行分类,并提供有针对性的产品(服务)。目标客户群体具有某些共性,从而使公司能够针对这些共性创造价值。

(三)分销渠道

渠道指让产品能以正确的数量、正确的时间和正确的地点运送到目标客户的各种途径,是各个中间商联结起来的系统。新创企业如何销售产品或提供服务?许多互联网企业的产品和服务可以在网上销售,但更多的产品需要多层次的分销商、合作伙伴或中间商。新创企业要规划好产品(服务)销售范围,力争实现效益最大化。

(四)客户关系

客户关系指企业主动与客户建立起的某种联系,即公司与其客户之间所建立的信息沟通反馈。主要客户关系类型有:买卖关系、供应关系、合作关系和战略联盟。四类关系本身并无好坏优劣之分,只有是否有效的判定。不是所有企业都需要与客户建立战略联盟,只有那些与原材料供应商、与客户、与中间商之间彼此具有重要意义,互相依赖,建立较为密切稳定的关系才是恰当的。而大部分企业与客户之间的关系仅是供应关系,甚至只是买卖关系。

(五)收入来源(或收益方式)

收入来源是描述公司通过各种途径创造财务收益的过程。"如何赚钱?"商业模式关键要解决好如何对产品(服务)定价,收支能否实现平衡,项目的收益回报方式和水平。

(六)核心资源

核心资源即公司执行其商业模式所需的关键能力和关键资源,也是新创企业保证竞争力的重要因素之一。

（七）关键业务

关键业务指为了向客户提供产品和服务的价值,相互之间具有关联性的、支持性的活动,即描述业务流程的安排和资源的配置。一些关键活动包括：生产产品、提供服务、解决问题、构建平台等。

（八）重要伙伴

重要伙伴即公司同其他公司形成的合作关系。表现为：上游与下游伙伴、竞争与互补关系、联盟与非联盟。

（九）成本结构

成本结构是运用某一商业模式各个成本项目的数额占全部成本数额的比重,即产品（劳务或作业）成本的货币描述。"创业公司的成本有哪些？"创业新兵往往只关注到直接生产成本,对于间接成本没有意识,低估了市场营销成本、运营管理成本等,致使新创企业成本居高不下,企业财务负担严峻。在成本计算时,可以把企业预估成本与同类企业对比,以检验合理性与可行性。

有效的商业模式不是九个要素的简单罗列,各要素之间存在着有机的联系,如图：

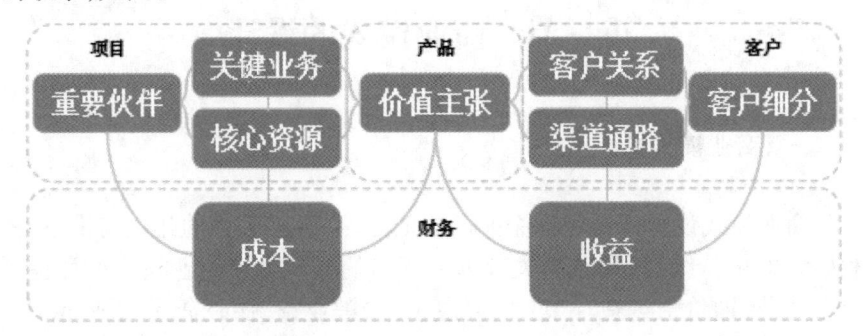

二、商业模式画布使用

课堂活动：填写商业模式画布

课前准备：将商业模式九个要素制作成卡片、准备画板,马克笔等。

活动过程：首先介绍商业模式画布,然后各组展开讨论将商业模式九大要素填充在画布上,最后对小组填充的结果进行展示和汇报。

活动反思：深刻理解商业模式是关于价值创造、价值传递和价值获取的原理，一般先关注价值创造，即先考虑画布的右边部分，突破资源和成本的约束，实现更好的创新。

Key Partners 合作伙伴	Key Activities 关键业务	Value Propositions 价值主张	Customer Relationships 客户关系	Customer Segments 客户细分
	Key Resources 核心资源		Channels 渠道通路	
Cost Structure 成本结构			Income Sources 收入来源	

基于各组已经确定的创业项目要求开展讨论，制作小组创业项目的商业模式画布，最后各组对制作的结果进行展示和汇报。讨论以下问题。

第一，制作的商业模式画布各个模块内容是否完整？

第二，制作的商业模式画布各个模块内容是否可以进一步细化？

第三，通过制作的商业模式画布反思创业项目是否存在问题？

课后作业：通过制作商业模式画布，深刻理解已确定创业项目的商业模式。通过讨论和反思，更好地对已确定的创业项目商业模式进行优化、设计和创新。

第三节　商业模式的设计

一、商业模式设计

商业模式设计需要考虑企业的价值定位，客户关系的建立与维系，盈利模式的可持续性，利益相关者价值网络的构建等。商业模式设计包括三个环节，即价值创造环节：价值主张、关键业务、核心资源、重要伙伴；价值传递环节：成本构成、收入来源；价值获取环节：渠道通路、客户关系、客户细分。这三个环节以价值创造开始，最终实现价值获取，不断调整优化，形成一个闭环。

（一）商业模式设计步骤

本书结合商业模式九要素开展商业模式设计，建立价值创造系统，可以按照以下五个步骤。

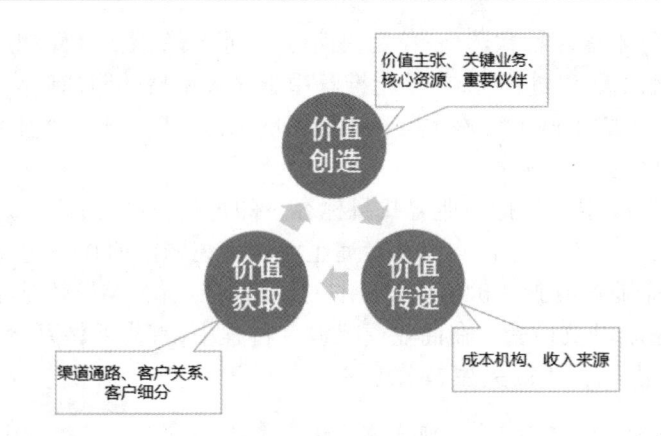

第七章　商业模式的设计与验证

```
                价值主张、关键业务、
                核心资源、重要伙伴
                    │
                    ▼
                [价值创造]
                  ↙    ↘
            [价值获取] ← [价值传递]
             │              │
       渠道通路、客户关系、   成本机构、收入来源
         客户细分
```

1. 确定业务范围，进行产品定位

划定企业业务范围是关键，界定客户、竞争者和合作伙伴这些利益相关者拥有的资源和能力等是实现价值定位的第一步。

在完成业务范围划分后，接着进行产品定位，一般采取的方法有：产品差异定位法、利益定位法、使用者定位法、使用定位法、针对特定竞争者定位法、问题定位法等，在产品定位时要坚持适应性原则和竞争性原则。产品地位四个环节：产品分析（企业内外）—列举差异—分析主要市场特征—寻找主要市场需求。

2. 识别用户需求，分析顾客偏好

用户的需求可以分为显性需求和隐性需求。在商业模式设计过程中，应该把更多的关注点聚焦在隐性需求的挖掘和识别上。在需求识别过程中，必须满足的需求是刚需，能够更顺利实现商业价值，反之会出现较大阻力，商业价值不易实现。同时设计新的商业模式，需求创新也是可行的，激发或创造出一种需求，即识别和满足新的或潜在的顾客需求或掌握客户未被满足的隐性需求，从产品创新转变到需求创新，发现新的增长机会。

受地理、心理和行为等因素影响，目标客户的生活方式、性格、态度会产生差异，对产品的理解、态度、使用或反映也会产生不同，需要意识到客户的差异性并进行满足。

3. 构建独特价值主张，定位精准用户

构建独特价值主张是指企业开发和提供独特的产品或服务过程。比如，亚马逊定位就是零售界的快餐。在亚马逊应用中点击几下，就完成了购物，如果你确切地知道你想要什么，可以在不到30秒的时间内订购它。

亚马逊设计了保存付款选项、免费快速运送,意味着减少犹豫和放弃购物车的可能性;购买过程中,自动化推荐用于交叉销售的附加产品,提供大量的评论,消除了网上订购中购买决定人的顾虑,亚马逊的价值主张就是便捷和良好的购买体验。

定位精准用户是指企业寻找目标客户的过程,这个过程一定要符合企业的价值主张,同样在构建和传递企业价值主张的时候一定要精准定位用户。企业没有独特价值主张,用户没有精准定位,结果就是品牌难以构建,产品难以被接受。在商业模式设计过程中,首先要做好价值主张,精准定位用户,并不是关注怎么赚钱。

4. 挖掘企业核心资源,构建独特业务系统

挖掘企业核心资源形成竞争壁垒尤为重要。核心资源可以是企业的某项技术、研发能力、渠道通路等,包括金融资源、实物资源、人力资源、信息、无形资源、客户关系等。核心资源是企业商业模式运行背后的逻辑,是其运营能力有别于行业竞争对手并得以持续发展的背后支撑力量,有助于形成和打造企业的核心竞争力。核心资源可以是企业本身具备的,也可以是从外部获得的,由于每个企业的获得资源和管理整合资源能力都是有限的,任何企业都不可能拥有全部资源。同时不是所有的资源都是同等重要的,也不是每一种资源都是企业发展所必须的。以美国的可口可乐为例,该企业生产的产品可口可乐饮料获得了丰厚的利润回报。假如某企业想抄袭可口可乐公司的产品,并且以价格战来对抗取代其市场份额,可行吗?答案是"不行"。因为可口可乐的配方被申请了专利保护,其他企业不能复制配方生产。"配方"就成为核心资源,保证企业长期处于竞争优势。

业务系统是商业模式的核心元素,打造独特的业务系统非常关键:(1)找到企业定位;(2)分析优势,寻找资源;(3)构建利益相关者网络,取长补短,形成业务系统;(4)构建以业务系统为中心的商业运营模式。

5. 优化成本构建独特盈利模式,增加模仿难度提高市场号召

优化成本结构、降低企业运行成本是创业者或企业家非常关心的环节,它关系到企业的盈利和发展,影响企业的生存。企业可以采用如分包、众筹、除权等方式优化成本结构。85℃咖啡通过除权节省了租金等运营成本,以质优价廉的咖啡提高市场竞争力。

盈利模式指企业利润的来源及方式。企业价值的实现和成长的潜力取决于其盈利模式的合理有效性,相同行业的企业,定位和业务系统不

同,企业的盈利模式也不同。目前商业模式的主要类别有:B2B、B2C、广告收益模式、会员费模式、佣金模式、社区模式等。如吉列发明的剃须刀盈利模式,是通过销售刀片而不是剃须刀收费来盈利。

商业模式的市场号召力需要由企业投资价值来体现。投资者最终关注的就是企业的投资价值,评判商业模式优劣的最终标准就是企业价值的高低,这是商业模式不可或缺的部分。好的商业模式可以实现效率最优,即投入产出效益高、效果好的项目和企业,包括投资规模小、运营成本低、收益持续成长能力强等,这就要求新创企业从生产、运营等方面打造独特的资源或能力。

(二)商业模式设计方法

商业模式的本质是以系统的方式创造价值,商业模式设计需要具备整合资源、思维创新、需求探索、组织管理等能力。赵公民、刘俊生等在其《创业基础——理论与实务》一书中认为商业模式设计方法主要包括:参照法、相关分析法、关键因素法、价值创新法。[①]

1. 参照法

以国内外商业模式作为参照,根据企业的有关创业权变因素调整,确定商业模式设计的方向。企业要根据自身的情况加以调整和改进,创新地摸索出符合企业的商业模式。例如,腾讯就是参照新浪等建立了自己的门户网站。

2. 相关分析法

相关分析法是在分析某个问题或因素时,将与该问题或因素相关的其他问题或因素进行对比,分析其相互关系或相关程度的一种分析方法。利用相关分析的方法,企业可以找出相关因素之间规律性的联系,达到价值创造的目的。

3. 关键因素法

以关键因素为依据来确定商业模式设计的方法,通过对关键成功因素的识别,企业找出实现目标所需的关键因素集合,确定商业模式设计的优先次序。它有五个步骤:(1)确定商业模式设计的目标;(2)识别所有的关键因素,分析影响商业模式的各种因素及其子因素;(3)确定商业模式设计中不同阶段的关键因素;(4)明确各关键因素的性能指标和评估

---

① 赵公民,刘俊生.创业基础——理论与实务[M].北京:人民邮电出版社,2017.

标准;(5)制订商业模式的实施计划。

4. 价值创新法

对一些从未出现过的商业模式设计,企业往往需要进行创新,即通过价值要素的构建、组合等设计出新的商业模式,这一点在互联网的企业中表现得尤为明显,比如盛大网络游戏全面实行免费模式,开创了网游行业盈利新模式。

二、商业模式设计评价标准

成功的商业模式具有三个特征。

第一,商业模式要能提供独特价值。可以是新的思想,可以是产品和服务独特性的组合。这种组合可以向目标客户提供额外的价值,使得客户能用更低的价格获得同样的利益,或者用同样的价格获得更多的利益。

第二,商业模式是难以模仿的。通过确立自己的不同,来提高竞争壁垒和行业的进入门槛,保证利益不受侵犯。戴尔公司是直销的标杆,但很难复制戴尔的模式,原因在于背后一整套完整的、极难复制的资源和生产流程。

第三,商业模式是脚踏实地的。企业要做到量入为出、收支平衡,最终实现项目价值创造。现实企业,不管是传统企业还是新型企业,对于钱从何处赚来,为什么客户看中自己企业的产品和服务,有多少客户实际上不能为企业带来利润都不甚了解。

商业模式评价标准主要有以下几个。

(一)具有持续盈利性特点

企业凭借特有的商业模式,使项目产品或服务成为"奶牛类",由于市场购买规模大,投入减少,这类产品能够创造持续的、高于行业平均水平的利润。持续盈利是对企业可持续发展能力的最有效考量标准,盈利模式越隐蔽,竞争力越强,产生的效果也就越好。

(二)具有创新突破特点

成功的商业模式可以是生产技术上的突破,也可以是经营管理环节上的改进,还可以是营销策略创新或商业模式完全的创新。商业模式的创新形式贯穿于企业经营管理的整个过程,在企业每一个环节上的创新都可能最终成为商业模式创新的开始。

(三)客户价值最大化的发掘

实现商业模式持续盈利,必须使客户价值最大化。对于新创企业,暂时的赢利或亏损是可以承受的,成功的商业模式也会存在盈亏不平衡的问题,关键是能否实现扭亏为盈,并持续获得利润。所以企业必须关注对客户价值发掘,实现与满足客户价值,这是企业始终追求的目标。

(四)具备持续优化配置资源特点

整合就是要优化资源配置来获得整体的最优。创业企业在进行商业模式设计时,首先可以优化企业内部价值链提升整体竞争力,同时强化产业价值链的薄弱环节,重新组织产业价值链。好的商业模式不是靠抓住偶然的机会,而是需要从最开始就找到商业模式的核心逻辑,长久地发展下去。

(五)具备风险预防控制特点

再好的商业模式,如果抵御风险的能力很差只会是海市蜃楼。风险既可能来自系统内部,也可能来自系统外部,好的商业模式需要经得住风险的考验,必须具有稳定性。

(六)具备行业领先特点

商业模式是企业持续竞争优势之源,拥有主导地位是能够持续盈利的先决条件。商业模式的建立和维护,对于确立企业的市场地位和竞争地位至关重要。

成功的商业模式是新创企业发展的起点,是企业持续发展和不断壮大的先决条件,创业者和新创企业需要对自己的商业模式有准确的认识和了解。

第四节　商业模式创新

一、商业模式创新

(一)创新动因

1. 技术推动

互联网无处不在,消除时间的局限、减少了信息不对称、降低了交易成本等,信息技术使得获取信息的方式和效率极大提高。它们的出现改变了基本的商业竞争环境和经济规则,使新的商业实践成为可能,更多人开始关注商业模式创新。

2. 需求拉动

随着商业模式创新的研究从互联网行业扩展到更多的领域,人们发现商业模式创新并不仅是由于技术推动的,也是提供满足客户需求的新产品或新服务。在市场和产业发展的过程中,消费者需求是动态变化的,甚至会发生根本性的转变,这对于企业制定战略,进行资源配置有重要的指导意义。

3. 竞争压力

市场竞争压力是迫使企业寻求创新改变的重要原动力,也是企业商业模式创新形成与发展的契机。同一产业内企业间的竞争,迫使企业要不断审视自身的商业模式,并寻求可持续发展的创新路径。

4. 创业者精神

商业模式创新涉及企业经营管理的诸多方面,需要在企业管理者具体执行下才能实现。彼得·德鲁克认为企业家精神中最主要的是创新"企业管理的核心内容,是企业家在经济上的冒险行为,企业就是企业家工作的组织"。企业的管理者就应该持续保持一个创业者的热情,为创意实现与资源整合提供强大的精神动力,商业模式创新需要通过创业者来完成。

5. 知识储备发展

推动商业模式创新的原因是企业知识或能力的积累准备。新的商业模式存在一定价值,随着行业内竞争的加剧和现有客户需求的变化,企业资源调配的能力会相应提高,与供应商、顾客、股东等之间的信息也会增加。当信息的积累到达临界点时,企业现有商业模式价值被逐渐弱化,很难跟上企业运营的步伐,甚至会阻碍企业进一步发展,这种局面要求去寻找创造价值的新策略,推动企业商业模式进行创新就成为必然选择。

(二)商业模式创新的特征

1. 外向性

商业模式创新的逻辑起点是为用户创造价值和增加价值,因为创新更注重从市场和用户出发,其视角更为外向和开放。

2. 整体性

商业模式创新最大特征是其整体性。商业模式创新可能是由单一要素引发,但最终并不局限于单一要素的变化,而表现为多要素相互协同调整变化,体现其整体性。

3. 实效性

商业模式创新不论是提供新产品或服务,还是升级现有的产品或服务,均变为系统和协同,形成的竞争优势更加明显,带来的效益也更加实效。

二、互联网+模式下的商业模式

商业模式的创新路径为:企业重新定位(定位业务范围、目标客户群体、竞争战略)、挖掘企业潜能、重整产业链、重建企业价值网络、创造新的盈利模式、提升组织的学习能力等。本书着重对互联网+模式下的商业模式创新进行介绍。

(一)一般互联网+商业模式

互联网+商业模式是一种思维创新。互联网思维是简约思维、极致思维和迭代思维,是流量思维、平台思维和跨界思维,强调实现行业间融合,整合企业内外部、上下游产业链,更快速、更优质地满足用户需求。互联网的发展,使得线下产品和服务进入移动互联网平台,产生了新的商业模式,概括为以下几类。

1. 免费商业模式

免费是互联网企业的最重要特征之一,这类企业开始都是以免费的策略吸引用户,再以流量和用户规模为指标衡量市场价值,然后通过新的产品或服务输送给不同的用户,在此基础上再构建商业模式。

2. 长尾商业模式

长尾商业模式的核心是多样少量,每种产品销量很少,但是品类齐全。长尾模式需要低库存和强大的交易平台,并能够使买家较容易地获得。

3. 线上线下结合商业模式

一种线上交易、线下体验结合的商业模式。将互联网思维与传统产业相融合,突破线上线下、虚拟现实之间的深度融合,把线下线上的价值和优势无缝对接起来。

(二)技术创新下的模式创新

随着互联网技术发展,5G技术推广运用,互联网+商业模式也在不断更新中,出现了许多新模式。

1. 社群模式

社群成为了人与人之间的最快连接,志同道合的人聚在一起形成社群,发现或形成共同的需求,并形成了一定规模。企业先在社群中传递口碑、文化、魅力、人格等形成社群文化,再把社群文化移植到产品上,形成需求链条。

2. 平台模式

企业打造强大的平台,实现产品多样化,重视用户体验,渠道通路、盈利模式等要素得到深刻影响。平台模式对于企业内外、上下游价值链要求高,实现的是价值链各环节共赢。

3. 跨行业模式

马云说"如果银行不改变,那我们就改变银行",于是余额宝就诞生了,这使得传统银行不得不打起精神应对。对于互联网企业来说,只要抓住传统行业价值链条中的低效或高利润环节,重新构建商业价值链,确定新的价值主张,就有机会获得成功。

三、公益创业

公益创业,指个人或社会组织等在追求效率的经济效益同时兼顾社会效益,是面向社会需要或向公众提供产品或服务的社会活动,将社会价值与经济价值创造性地融合。公益性创业主要有以下几个特征:(1)社会性,具有明确的社会目的和使命,解决社会问题;(2)创新性,有新思想的产生和新模式的创建;(3)价值性,追求的社会价值创造要高于经济利益追求。公益创业的类型主要包括以下几种。

(一)兼顾社会利益的非营利组织

不以营利为目的,旨在为社会公众提供服务,具有组织性、民间性、非营利性、自治性、自愿性及公共性等六个基本特征。

（二）兼顾社会利益的营利组织

又称社会企业，以商业化运作模式提供社会公共服务或解决社会问题，取得盈利用于组织的循环投资与发展，以扩大公共服务的受益面，本身具有一定的造血能力。

（三）志愿公益活动

主要有两类：营利企业开展社会福利性质的商务活动或基于提高企业形象而开展的社会活动；在高校中各种协会、社团开展的志愿服务活动。

（四）生态网络混合型公益企业生态系统

政府、企业和高校以及科研院所等非营利组织合作，构建生态网络混合型公益企业生态系统。

第八章 商业计划书制作与路演

第一节 商业计划书

一、商业计划书的含义和作用

(一)商业计划书的含义

商业计划书是企业或项目单位为了达到招商融资和其他发展目标,根据一定的格式和内容编辑整理的一个向受众全面展示公司和项目状况,包含企业、产品、目标市场、竞争、风险等内容的书面材料。这是对于商业计划书的一般认识,作为新创项目的商业计划书,指的是创业者为产品取得投资的可行性报告,着重对企业本身、发展方向以及如何实现预期目标进行描述的创业蓝图。本书对于商业计划书的认识是从创新创业角度的认识。

(二)商业计划书的作用

商业计划书是沟通工具、管理工具和承诺工具,会对企业(项目)内外的利益相关者产生重要影响。

1. 引导形成企业内部行动

商业计划书的制定过程和结果,会让创业者和创业团队深刻认识创业设想和行动纲领,对创新项目的优势与劣势、市场与挑战深入了解,进行合理的利益责任划分,进而形成一致认识。同时也可以让企业普通员工了解创业计划要实现什么目标以及实现的过程,寻求与企业共同发展,形成企业发展的凝聚力。

第八章　商业计划书制作与路演

2. 吸引外部利益相关者

投资人(包括潜在投资人)、合作者、供应商、企业普通员工等都是商业计划书推销的重要读者。商业计划书要针对利益者关注的不同利益点展示创业项目计划和前景,并且提供有说服力的证据,吸引利益相关者投入资源、技术、知识、精力等。商业计划书要关注以下几点:创业团队、商业模式、产品特性、利润水平、发展前景等。

二、商业计划书的撰写内容及要点

(一)商业计划书的基本结构

每一份商业计划书的具体内容可能会有差异,但是主题内容基本一致,参见下表:

项目	撰写内容
1. 封面及目录	项目名称、团队成员和罗列主要章节等
2. 摘要	提纲性摘要或叙述性摘要,简要综述项目的名称、特点和优势、所属产业及趋势、市场需求及趋势、投资及其效益、基本结论等
3. 主体部分	创业计划书主干
4. 附录	相关证书和资料

1. 封面

封面包括项目名称、公司名称、地址、电话号码、电子邮件、网址、时间、主要创业者、职务和电话。如果涉及保密,可在封面底部注明。精心设计,内容准确,体现项目特色,简洁规范,可以使用公司、产品的照片和图标,避免过于花哨。

2. 目录

目录列出商业计划书主要章节等所有内容及对应页码,注意目录要便于阅读者查阅,保证目录页码显示正确。

3. 摘要

摘要包含公司介绍、所属产业及趋势、产品(服务)和业务范围、目标市场、营销策略、团队及组织架构、财务分析等。具体内容可以根据项目的主体内容而定,分为提纲性摘要和叙述性摘要,反映项目全貌,阐述项目价值性、盈利性和可持续性。让阅读者快速了解与掌握基本内容,产生进一步了解的兴趣。摘要一般包含以下主要内容。

（1）公司名称(项目名称),联系方式。

（2）摘要说明,说明创业计划书的重点和要点。

（3）企业说明,简述新办企业所处的行业和业务范畴类型。

（4）产品(服务)说明,描述主要客户群,市场结构及发展预期。

（5）营销说明,说明产品(服务)竞争优势,计划采取的营销计划。

（6）管理团队和组织架构,团队架构、人员学历、工作背景描述。

（7）财务状况和计划,提供真实数据,说明资金需求规模、用途和计划等。

（8）投资与财务分析,对项目盈利能力、收益水平进行说明,对投资回报及处理介绍。

4. 附录

补充、支撑主体的部分内容,包含研究成果证明、获奖证书、专利证书、发明证书等,还可以包含市场调研资料、问卷调查分析、市场调查报告,也可以附录合同资料、人员履历、宣传资料图片等。

（二）主体部分的撰写

主体部分内容是商业计划书的核心,是利益相关者主要阅读和获取有价值信息的部分,从以下八个方面着手。

1. 产品与服务

投资者首要关心的就是产品与服务,及其满足目标客户的需求程度,这是非常重要的一部分内容,必须可靠,实事求是说明产品(服务)解决了哪些痛点,要尽可能地给人留下更深刻的印象,多用图表,不要过多使用专业术语。这部分具体内容包括产品(服务)的功能用途简介、研发和开发过程、竞争力分析、优势分析和市场前景预测等。

2. 行业与市场调研分析

这部分要对产业及所在行业进行分析,对产品(服务)目标市场进行调研分析。行业分析是对项目所涉及的行业发展趋势及前景进行描述,说明行业发展程度及动态,内容包括行业结构、竞争态势、行业规模、成长趋势,行业环境等。市场调研分析是商业计划书最难准备、也是必不可少、最重要的内容,商业计划书后续内容的描述都是建立在市场调研分析所取得的数据基础上。对市场的预测应建立在严密、科学的市场调查基础上,不能凭空想象,要注意获得数据的真实性、有效性和普遍性。市场调研分析包括市场现状概述、市场规模及发展趋势、竞争者和竞争优势分析、市场细分及目标顾客与目标市场等。这部分对于整个商业计划书的可信度至关重要,对于项目能否取得利益相关者的信任和实现顺利融资意义重大。对于行业和市场的分析尽量从权威、客观的渠道获得数据,向专家和专门机构请教。

3. 商业模式描述

商业模式是说明实现未来价值的商业逻辑或可行性模型,也就是描述公司通过什么途径和方法赚钱,介绍项目的核心业务。商业模式要体现创新、价值和利润。从商业模式基本要素、企业价值主张、价值交换、价值实现等角度说明。

4. 营销策略与计划

营销策略与计划是企业实现细分市场目标的手段和途径,是对整个项目实施可行性的论证,是企业经营中最富挑战性的环节,没有合理的营销方案很难让项目推广实施。对于营销策略与计划的描述应从产品、价格、渠道、促销四个方面入手制定项目的总体营销战略。就如何识别目标客户、如何确定市场、如何与目标客户建立联系、如何获得客户信赖、如何开拓市场等问题进行分析描述。

5. 研发计划与生产计划

要对新技术新产品领先程度、后续发展与专利保护性状态进行介绍。让利益相关者确信技术是领先适用的、风险可控的、持续领先的,且对竞争者具有较高的进入壁垒。这部分应深入浅出,通俗易懂,少说技术内容和细节,多说技术的适用性、经济性、持续性。生产计划是企业计划如何生产与运营,主要内容包括厂址地理选择、生产线安排、原物料计划、生产控制、库存控制、设施和改善、质量控制保障等。

6. 项目团队及组织架构

人是最宝贵的创业资源,决定了项目成败的关键,项目团队的介绍是商业计划书的重要组成。投资人非常关注这部分,因为投资投的是人而不是项目,项目可以修改,人很难改变。要对项目团队成员分别进行专业背景、工作背景介绍,区分管理人员、技术人员等,体现出团队成员的互补性和强烈的团队意识。在对企业(项目)组织架构介绍时,从企业组织结构、股权分配、管理人员构成、薪酬体系、人员职责分工等方面介绍。

7. 投资财务分析及退出机制

投资财务分析是对项目资金投入的规模、使用计划和预期做的分析，是对企业（项目）的资金来源及运用情况，以及未来一段时间（3—5年）资金需求及使用的计划，让利益相关者确信项目的赢利性和可持续性。投资财务分析包含的内容有企业的未来价值、融资计划、融资方式、融资成本、投资回收期、投资回报率、资金使用、成本控制、期望盈利率和盈利持续的时间等，以资产负债表、损益表、现金流量表等形式体现和说明。投资者非常关注退出机制，因为直接关系到投资者获得的现金回报，也影响其投资意向。事先设计合理的投资退出渠道，能让现有投资者在合适的时间退出，且能不影响公司的正常发展，常见的有公开上市、兼并收购、偿付协议三种退出方式。

8. 风险分析

说明企业（项目）在运营过程中可能会遇到的风险，让利益相关者了解项目可能存在的风险，说明风险的来源、风险的程度以及可能导致的损失。本书把风险分为：内部风险（经营管理风险、资金风险、生产风险等）和外部风险（市场风险、政策风险等），还有其他不可预见风险（自然灾害、战争、疾病等）。

三、商业计划书评价标准

项目	评价标准	分值
项目概述	简明扼要，高度概括，具有吸引力，思路和目标明确，突出项目优势	10
项目创意	创意独特、新颖，具有技术含量，创新力度大，有商业价值和社会价值	10
产品或服务	产品或服务具有竞争力，独特性，难以模仿	10
市场及行业分析	对自身及竞争者认识清晰，市场分析数据完整，定位准确，行业分析全面，趋势判断准确	10
商业模式	商业目标明确合理，创业理念先进，赢利模式可行	10
投融资方案	方案明确可行，资金需求合理，融资方案在回报率、利益分配等具有吸引力	10
营销策略	兼具有效性、创新性和经济性，渠道通畅，符合项目定位	10

第八章　商业计划书制作与路演

续表

项目	评价标准	分值
项目团队	成员具有相关的专业及工作背景，能力互补，分工合理；组织架构科学合理；产权、股权划分得当	10
退出机制风险控制	退出机制科学、有效，能保证项目持续发展，对风险认识深刻，手段有效	10
书写制作	体例规范，格式整齐，内容完整、流畅，逻辑严密，结构合理，针对性强，有吸引力	10
合计		100

创业计划书评价标准：优秀(8—10分)，良好(5—7分)，合格(0—4分)

商业计划书是创业者或企业（项目）团队就创业过程的综合思考，是投资者、银行、员工等利益相关者要求的证明支撑材料，所涉及的内容侧重点会有差异，但整体结构和内容变化不大，商业计划书必须内容完整，并符合基本撰写要求。

第一，简明扼要，有好的启动计划。以通俗易懂的语言展示各部分内容，凸显项目吸引力。

第二，计划具体且适度，给定明确的判定标准。让投资人用商业计划书给定标准来判定项目，避免经验产生的误导。

第三，内容客观，数据真实。大量财务分析、市场判断都需要数据支撑，必须是有效的一手数据，或者是真实的二手数据，切不可主观臆想。

第四，体例完整，要素齐全，重点突出，前后连接流畅。商业计划书的整体内容要完整，可以针对不同利益相关者有所侧重。

第五，设计精美、版面规范、内容准确。商业计划书从排版、校对、印刷、装订都要认真细致，让人感觉到创业者的态度，通过精心设计脱颖而出。

一部好的商业计划书，应该是主次分明、重点突出，对利益相关者重点关注的问题进行详细描述：关注产品（服务）、了解市场、勇于竞争、行动明确、队伍（组织架构）合理、退出机制合理等，这样的商业计划书才能起到应有的价值。

【补充资料】

商业计划书（结构框架）

目　录

1. 项目摘要

1.1 项目概况

1.2 产品介绍

1.3 市场分析

1.4 商业模式

1.5 团队介绍

1.6 组织管理

1.7 风险管理

2. 市场分析

2.1 行业背景概述

2.2 目标客户

2.3 目标客户面临问题

2.4 行业发展趋势

2.5 主要竞争者及分析

3. 产品与服务

3.1 产品介绍

3.2 服务介绍

3.3 产品可行性分析

3.3.1 需求可行性

3.3.2 技术可行性

3.3.3 商业可持续性

4. 商业模式

4.1 商业模式概述

4.2 商业模式画布

4.3 商业模式评价

4.4 合作伙伴简介

4.5 盈利方案

4.6 发展规划

4.6.1 前期

4.6.2 中期

4.6.3 后期

5. 营销策略

5.1 销售渠道

5.2 价格策略

5.3 市场宣传

6. 财务分析

6.1 成本费用核算

第八章 商业计划书制作与路演

6.1.1 生产成本

6.1.2 销售费用

6.1.3 管理费用

6.1.4 财务费用

6.1.5 生活费用

6.2 融资形式

6.3 资金来源及使用计划

6.3.1 资金来源

6.3.2 使用计划

7. 投资收益及风险分析

7.1 投资收益

7.1.1 风险分析

7.2 风险投资者的权利

7.3 投资回报

7.4 退出机制

8. 附录 调研报告

8.1 现象分析

8.2 问题发现

8.3 解决方案

第二节 商业路演

如果你让我说2分钟,我需要用3周时间准备;如果你让我说30分钟,我需要用1周时间准备;如果你让我说1小时,我现在就准备好了。

——温斯顿·丘吉尔

一、商业路演

路演源于英文"road show",直译在马路边进行的演示活动,是国际上广泛采用的证券发行推广方式。早期华尔街股票经纪人在兜售手中的债券时,为了说服别人,总要站在街头大声叫卖,虽然现在硬件设施发生了巨大变化,但路演的习惯保留了下来。本书认为,路演是指在公共场所或指定场所演示产品和理念,推介自己的产品及想法,与利益相关者进行沟通交流的一种方式。

项目路演就是企业或创业代表在一定场所向利益相关者讲解项目属性、发展计划和融资计划,并就项目整体或某一部分与对方进行沟通的过程,是企业或创业者通过演讲方式推销自己项目的方式。项目路演的目的是利益相关者与创业者之间的沟通和交流,以保证项目顺利进行。

随着互联网信息技术的发展,路演方式呈现多元化,效率与效果取得了巨大的进步。目前路演主要采取线上项目路演和线下项目路演两种,前一种通过微信、QQ或者视频连线等方式;后一种主要以面对面演讲交流形式,包括"一对一模式""私董会模式""政府或平台路演模式""竞赛性路演模式"等。

二、商业路演设计

(一)前期准备

1. 收集利益相关者资料

所谓"知己知彼,百战不殆",项目路演就是要说服利益相关者接受商业计划书展示的内容。虽然最终要实现共赢,但是路演对象的喜好会影响效果的实现。要着意收集对方可能存在的诉求,关键决策人和其决策习惯,了解最能打动对方的内容,同时对路演双方力量进行对比。

2. 区分路演平台

路演平台不同,路演要求和判定标准差异很大,创业大赛路演、投资者路演等举办目的不同,判定依据也会有较大差异,要结合项目发展的阶段和路演平台来选择路演策略。

3. 收集路演各要素

项目路演也要"天时、地利、人和",除了研究利益相关者,还要对路演现场环境进行分析。根据场地大小、参与人数设计演讲风格;合理安排路演时间,不能迟到,提前调试准备,按时限完成路演,甚至对于路演当时天气情况进行研判。

4. 准备路演材料

路演需要宣传手册、产品样品、书面材料、服装、名片等,这些材料可以更直观地展示较多内容,增加利益相关者的信任感,节省演讲的时间。准备路演音像材料,PPT 内容应该简明扼要(以不超过 15 页为宜),只包含主要标题和一些解释性语句,摒弃简版、大字报的形式。

5. 宣讲者准备——以创始人为宜

创始人更加了解项目,演讲会更有感染力,项目主讲人是企业创始人或联合创始人,会让利益相关者感觉项目更可靠,更可能落地。也可以选择团队式的演讲,让成员都有机会亮相,表明团队的实力,也使一些问题的表述更专业。

6. 内部演练准备

多与举办方沟通,了解利益相关者背景和意向,请专家给予指导,做好准备。演讲者反复修改在练习过程中出现的问题,熟悉演讲资料,准确控制演讲的时间,并能随机应变。

(二)项目路演流程

(1)报名:提交项目登记表,项目说明。
(2)初审:审核项目是否符合报名条件,通过后进行固定内容。
(3)项目审核:对项目提交人进行初步项目考察及相关资料核实。
(4)完成相关资料的统筹及存档工作。
(5)项目路演。

(三)项目路演现场程序

项目演示、演讲者陈述(配合 PPT)——评委提问——项目点评(讨论项目投资价值,引导创投约谈)——双方交流。

项目路演过程中,陈述环节要尽量做到简明扼要,观点清新,有很好的吸引力,时间不宜过长,尽量控制在 5 分钟以内。要把更多时间留给对项目感兴趣的利益相关者进行交流的过程,对于提问需要有明确的回答,不能回避问题。

三、商业路演的成功经验

(一)路演展示内容要明确

不同类型的路演,展示内容各有不同。比赛路演,围绕赛事举办主题,展示与其他项目的差异;寻找融投资路演,重点突出项目的盈利模式,以及未来价值提升等;寻求合作路演,突出团队特点,体现出与合作对象的互补性。

(二)路演展示形式要规范

目前准备套 PPT 是路演的规定动作,作为演讲思路和相关数据的展示。一份合格的 PPT 需要具备以下内容(每页尽量只说一个问题)。

(1)项目名称、公司名称、标识、路演人姓名、联系方式等。

(2)概要或目录,说明将分几个部分讲述。

(3)问题或痛点:说明亟待解决的问题,问题的严重性和解决的迫切性。

(4)解决问题的方法:与以往方案的不同之处。

(5)机会和目标市场:3~5年的销售量、销售额和市场份额等,用数据说话。

(6)产品(服务)和技术:突出优势,不要讲细节,展示样品,说明其先进性。

(7)竞争:优势和劣势对比,说明竞争地位、竞争优势和保持优势的可能性。

(8)商业模式:展示商业模式画布,表述利润的来源。

(9)创业团队和股权结构:说明管理团队、技术团队构成、背景、对公司的作用,说明目前团队的优劣势,突出互补性。

(10)财务规划:介绍 3~5 年总收入规划、现金流程规划,投资回收期等重要财务数据。

(11)融资计划:介绍融资计划和预期收益。

(12)结束:致谢。

(三)路演展示以人为核心

以项目或团队的创始人作为路演者,对于项目的理解更加深刻,更具有说服力,不要过分依赖 PPT 或其他,让利益相关者更加认可项目。作为项目路演人还需要注意演讲内容要精练,掌握灵活的答辩技巧,用生动而充满激情的语言演讲,同时注意个人仪容仪表。

【补充资料】

电梯演讲

电梯演讲,也称30秒电梯法则,用极具吸引力的方式简明扼要地阐述自己的观点。电梯演讲源于麦肯锡公司的一次沉痛教训。麦肯锡公司曾经为一家重要的大客户做咨询。咨询结束的时候,麦肯锡的项目负责人在电梯间里遇见了对方的董事长,该董事长问麦肯锡的项目负责人:"你能不能说一下现在的结果呢?"由于该项目负责人没有准备,无法在电梯从30层到1层的30秒钟内把结果说清楚。最终麦肯锡失去了这一重要客户。从此麦肯锡要求公司员工凡事要在最短的时间内把结果表达清楚,凡事要直奔主题、直奔结果。麦肯锡认为:一般情况下人们最多记得住一二三,记不住四五六,所以凡事要归纳在3条以内。

基本要求:

时间要求:控制在30~60秒,核心内容字数大约150~250个字。

情境要求:即兴演讲,不受场所限制,不用稿子。

内容要求:围绕主题,内容精辟,深刻精彩。

表达要求:富有吸引力,语言风趣、专业,语速平等,音量适中,表达清晰。

活动反思:

一是要充分准备。在演讲之前,需做足功课,充分了解对方需求、负责人习惯和偏好。事先建立演讲的大纲,并反复练习。

二是要学会破冰。建立讲话的基础,以合理自然的方式吸引对方的注意力。

三是要有语言魅力。让交流对象感兴趣,有欲望持续进行沟通。

四是要条理清晰。表述必须简明扼要,思路清晰,富有逻辑,且语言生动。

五是要掌握技巧。有同理心,获得对方认可;避免千篇一律,让人生烦;体态合宜,让人舒适;控制沟通节奏完成沟通过程,并为后续沟通做好铺垫。

第九章　新企业创办、管理与企业内部创新

第一节　新企业创办

一、企业含义及类型

(一)企业的含义

企业是一个为了提高生产效率和节省交易费用而产生的,具有内部分工协作和层级结构,以盈利为目的的经济组织。企业必须在较高的生产效率水平下向社会提供产品或服务,提高生产效率才能降低单位产品的生产成本,使交易费用减少,否则用户会寻找其他交易费用更低的获得产品或服务的途径。企业具有两种基本的经济权利,即所有权和经营权,它们是企业从事经济运作和财务运作的基础。

(二)企业的类型

第一,根据资产构成和承担的法律责任划分:个人独资、合伙企业和公司。

第二,根据企业生产经营领域划分:生产型企业、流通型企业、服务型企业和金融型企业。

第三,根据企业规模划分:大型企业、中型企业、小型企业。

二、企业的组织形式及选择

(一)企业的组织形式

企业组织形式是指企业存在的形态和类型、企业财产及其社会化大生产的组织状态,表明一个企业的财产构成、内部分工协作、外部经济联

系的方式。根据市场经济的要求,现代企业的组织形式按照财产的组织形式和所承担的法律责任划分为:独资企业、合伙企业和公司企业。

1. 独资企业

独资企业,也称"单人业主制"。它是由某个人单独出资创办,有很大的自由度,在不违法的前提条件下,企业的经营管理理念与方法、人员规模与分配、资金使用与管理、利益管理与分配等全由业主承担。我国的个体户和私营企业很多属于此类企业。

2. 合伙企业

合伙企业,是由几个人至几百个人联合起来,共同出资创办的企业,不同于所有权和管理权分离的公司企业,合伙企业是依合同或协议组织起来的,其组织结构较不稳定。合伙人对所有合伙企业的债务负有无限责任,合伙人需要为此承担更多风险。通常合伙企业的决策要合伙人集体做出,自由度较低,但它可以较好地形成规模优势。合伙企业的特点如下。

(1)合伙企业法规定合伙人对企业债务须承担无限连带责任。在企业出现债务后,如果有合伙人无法履行其应分担偿还债务的责任,其他合伙人必须承担相应的连带责任,分担偿还部分的偿还责任。

(2)合伙企业法律规定合伙人在转让其企业所有权时,需取得其他合伙人的同意才可以进行转让。转让过程中往往伴随着合伙协议的修改调整,因此合伙企业所有权转让较为繁琐。

3. 公司企业

公司企业,是按所有权与管理权分离原则,由出资者按出资额对公司承担有限责任创办的企业。公司企业分为:有限责任公司和股份有限公司。

(1)有限责任公司,指不通过发行股票,由为数不多的股东集资组建的公司,公司的设立和解散程序比较简单,组织管理机构比较简单。其股东人数为2~50人,其资本无须划分为等额股份,股东在出让股权时受到一定的限制。有限责任公司中董事和高层经理人员一般都具有股东身份,所以所有权和管理权的分离程度不如股份有限公司那样高。同时没有相关法律规定有限责任公司的财务状况需定期向社会披露,比较适合中小型企业进行灵活有效管理。

(2)股份有限公司,指全部注册资本由等额股份构成,并通过发行股票(或股权证)筹集资本,公司以其全部资产对公司债务承担有限责任的企业法人。股份有限公司的发起人为 2 ~ 200,注册资本为人民币 500 万元以上。股份有限公司的主要特征：公司的资本总额平均分为金额相等的股份；股东以其所认购股份对公司承担有限责任,公司以其全部资产对公司债务承担责任；表决权与所占股份对应,股东以其持有的股份数量,享受对应的权力与收益,承担相应的责任与义务。

对于创业者来说,项目运作是常见的业务,但选定适合企业的项目组织形式是非常困难的,这一选择是根据具体的情况决定的,有时也会靠直觉而定。在这方面还是存在一些可接受的设计原则,认真分析潜在项目的性质,各种组织形式的特点及优势和劣势,创业项目文化倾向,做出的最佳折中方案。

(二)新创企业组织形式的选择应遵循的原则

1. 税收考虑

不同的企业组织形式所适用的税收政策是不同的,而且税收政策对企业的影响是长期的,也是非常重大的,因此应比较不同组织形式的税率和征收方法。采用个人独资企业和合伙企业,就可以避免双重征税的问题。

2. 承担责任

有些组织形式能够对创业者及投资人提供一定程度的保护,如公司制企业的有限责任原则,就是对其个人财产的有效保护。选择组织形式时要权衡各种形式赋予创业者的法律和经济责任,将责任控制在其愿意承担的范围内。个人独资企业的无限责任以及合伙企业的无限连带责任就给投资者的个人和家庭财产带来了风险。

3. 初创和未来的资本需求

不同企业形式在组建时的资本需求是不同的,创业者应根据自己的资金情况选择。不同形式的融资能力也不相同,在需要追加投资时的难易程度也是不相同的。个人独资企业的初创成本要求最低,但未来的再融资能力也最差；公司制企业的初始投资大,但能募集到的资本也更多。

4. 可控性

在不同的企业形式下,企业主对企业的控制能力是不一样的,有的权力高度集中,而有的就相当分散。企业主要权衡他愿意放弃的控制力和想要获取的他人的帮助。在个人独资企业中,创业者一人拥有经营决策

第九章　新企业创办、管理与企业内部创新

权,合伙企业的每个合伙人都可以参与企业的管理;而在公司中,每个股东都有权力干预企业的经营。

5. 管理能力

企业主要评估自己的管理能力,如果自己不擅长管理,就应该选择那些能够将多种人才纳入企业内部的组织形式。个人独资企业基本上全部依赖于创业者的个人能力;合伙企业的合伙人就可以实现优势互补;而公司制企业中的经营权和所有权的分离,则可以让专业的管理者来经营企业。

6. 商业目标

创业者计划实现的企业规模和盈利水平也与企业的组织形式相关,而且随着企业的发展,其组织形式总是向着更为复杂、成本更高的方向转变。一个庞大的商业计划往往会诞生一个大规模、复杂的企业组织。

7. 延续性和产权变动问题

不同形式的企业的延续能力是不同的。在建立企业的时候,创业者也应该预想到将来企业的所有权转换、继承、买卖的问题。有的组织形式在发生所有权变动时所受的震动比较小,变动起来也比较容易、灵活,而有的形式的变动成本就很高。个人独资企业可能由于创业者的死亡而宣布结束,而公司制企业则不会这样。而且公司制企业可以通过股份的买卖实现产权的变动,非常简单、快捷,尤其是上市公司。

8. 组建成本

不同企业形式的设立成本是不同的,设立时的成本收益比也要考虑在内。个人独资企业的创立几乎不要什么费用,而组建公司的成本是比较高的。

新创企业确定自身的组织形式,需要完成以下几个环节的工作。

第一,通过对项目目标的描述来定义项目的预期产出。

第二,确定于每个项目相联系的主要任务及负责机构。

第三,对关键任务进行排序,并进行任务分解与工作安排。

第四,确定具体工作任务实施部门,并建立相关协调机制。

第五,列举特定和项目条件,如技术水平、持续时间、项目规模、人员问题、不同部门之间的政治分歧以及其他相关问题,包括公司在用不同的组织形式管理项目方面的经验。

结合以上各项,通过掌握各种组织形式的优点和缺点,最终选择一种

企业组织形式。

三、新企业创建流程

（1）核准名称。时间为 1～3 个工作日。确定公司类型、名字、注册资本规模、股东数量及出资比例，向政府主管部门工商局现场或线上提交核名并审核申请。

（2）提交材料。时间为 5～15 个工作日。核名和审核申请通过后，确认公司地址信息、公司高层管理者信息、公司经营业务范围后，先在线提交预申请。在线预审通过之后，按照预约时间去工商局递交纸质申请材料，同时收取《准予设立登记通知书》。

（3）领取执照。携带《准予设立登记通知书》、办理人身份证原件，到工商局领取企业营业执照正本和副本。

（4）刻章等事项。时间为 1～2 个工作日。凭营业执照，到公安局指定刻章点办理公司公章、财务章、合同章、法人代表章、发票章等专用章的篆刻。

（5）开户。章刻好后，带上章、营业执照、法人身份证及经办人身份证，选择银行开户。

（6）验资。委托专门机构进行公司验资，并出具验资报告，连同验资证明材料及其他附件，交与委托人，作为申请注册资本的依据。

（7）提交工商局审批，打印营业执照。

（8）办企业代码，办税务登记证。

四、新创企业团队

据统计数据显示，创业者的创业成功率只有 20% 左右，有 35% 的新创企业在当年就失败了，只有 20% 的公司能生存 5 年或更长的时间，而存在超过 10 年的企业仅为 10%，创业企业的平均生命周期为 30 个月。创业企业失败的原因：一是资金，二是团队，三是运营模式。而其中最重要的就是团队，新创企业有好的创业团队、管理团队，并设计好的团队组织架构，就能够更好地进行资金筹集，合理地使用和规划资源，有效地开发市场和产品及进行高效地内部管理。

新创企业团队大体一般有三种形式：星状团队、网状团队和虚拟星状团队。

第九章　新企业创办、管理与企业内部创新

（一）星状团队（Star team）

星状团队有一个核心主导人物充当"领头羊"角色。团队在形成之前核心主导人物已经产生创业设想，并根据设想进行创业团队的搭建。在团队形成过程中，核心主导人物就团队组成进行认真思考，根据创业设想和目标选择合适的人员加入团队，创业团队的成员之间彼此非常熟悉与了解，而且其他的团队成员往往扮演支持者角色，辅助核心主导人物进行创业活动。星状团队特点主要有以下几点。

第一，团队组织结构紧密，向心力强，核心主导人物在组织中的行为对其他成员影响巨大。

第二，团队决策程序相对简单，以核心主导人物为主，团队组织效率较高。

第三，权利过分集中于核心主导人物，完全依赖其个人能力，从而使决策风险加大。

第四，当团队发生冲突时，一旦涉及与核心主导人物，因其在组织中的特殊权威，使其他团队成员处于被动地位。在矛盾较严重时，成员都会选择离开团队，造成组织稳定性差，对组织的影响较大。

例如，太阳微系统公司，创业当初就是由维诺德·科尔斯勒（Vinod Chmela）确立了多用途开放工作站的概念，接着他找了 Joy 和 Bettelheim 两位分别在软件和硬件方面的专家，和一位具有实际制造经验和人际技巧的麦克尼里（Mc Neary），组成了太阳微系统的创业团队。其核心关键人物是维诺德·科尔斯勒，整个企业的形成、管理围绕其开展。

（二）网状团队（Nesh team）

网状团队的成员在创业之前都有密切的关系，比如同学、亲人、同事、朋友等。这些人在交往过程中，共同认可某一创业设想，并就创业意向达成共识后，开始共同进行创业。网状团队在创业初期没有明确的核心领导者，大家根据各自的特点和资源禀赋进行自发的组织角色定位，成员之间是协作者或者伙伴关系。网状团队特点主要包括以下几方面。

第一，团队没有明显的核心关键任务，团队整体结构松散。

第二，组织决策时，采取集体决策方式，通过沟通和讨论达成一致意见，但决策效率相对较低。

第三，因为创业活动前关系密切，造成在团队中的彼此地位相似，容易形成多头领导，不利于树立管理权威。

第四，当团队成员之间发生冲突时，一般都采取平等沟通协商、积极

协调解决的态度。团队成员不会轻易离开,稳定性较强;但如果矛盾激化,导致有成员退出,很容易出现整个团队解体或涣散。

例如,比尔盖茨和童年玩伴保罗艾伦创建了微软,戴维·帕卡德和斯坦福大学的同学比尔休利特创立了惠普。许多知名企业的创建都是先由于关系和结识建立密切关系,再基于互动激发出创业点子,最终合伙创办企业。

(三)虚拟星状团队(Virtual star team)

虚拟星状团队是由网状团队演化而来,基本上是前两种的中间形态。在团队中,有一个核心人物,但是核心人物地位的确立是团队成员协商的结果,核心人物某种意义上说是整个团队的代言人,而不是主导型人物,核心人物在团队中的行为必须充分考虑其他团队成员的意见,没有星状团队中核心主导人物较高的权威。

五、选择投资人

新创企业在发展过程中会一直面临资金问题,需要不断引入投资,创业者对于投资人的选择应十分慎重,从多个角度综合考虑。

(一)直觉

投资人去投资,人和人沟通,个人直觉还是很重要的。直觉是质变,之前你的理性和综合经验是量变,当然光有直觉是不行的。

(二)态度

识别投资人(VC)的投资态度。他们值得信赖吗?他们会积极帮助公司吗?他们善于倾听吗?他们容易相处吗?还有一点非常重要的是,他们愚蠢吗?征求投资人同意对公司开展背景调查,征求同意其实本身就是一种调查。

(三)真诚度

创业时间是最大的成本,因此投资方的坦诚接受或拒绝是很重要的品格,直接表达想法在这里是优秀品质。

(四)尊重程度

双方是否足够尊重彼此,心胸格局和能力往往成正比,反之则不一定。投资人不能高高在上,要学会尊重创业者。

(五)价值理念匹配度

对彼此人生态度的相互欣赏。投资人和创业者是互相尊重,互相约束,互相成长,互相理解,互相支持,互相信任的一个群体。

(六)负责程度

做事认真讲究,这点从守时、工作流程、文档、信息回复等都可以判断,认真的投资方可能会让创业者感到难受和拘束,但也会对创业者负责任。

(七)沟通

在任何问题上都可以沟通,可以争论。投资人和创业者沟通上是否平等,彼此沟通是否顺畅,是否谈得来很重要。

(八)基金背景

了解基金背景,因为它很大程度上会决定这家基金的投资方向。创业者有很强的开拓国外市场的需求,就需要一个有境外资源的投资方;创业者有很强的开拓国内市场的需求,国内投资方在境内资源上优势就稍大一些。不同的投资机构的资本背景、资金体量、投资逻辑、关注方向、投资金额、轮次、创始人特质偏好等各不相同,所以即便你的项目很好,也不是每个投资人都会投资。有的基金原则上就不投资 A 轮之前的项目,有的只投天使和 A 轮,有的只看高科技,有的只看泛娱乐。

基金的背景:基金大致可以分成美元基金、人民币基金、产业基金、上市公司等,各种背景的投资目的、风格和偏好不太一样。比如美元基金更看重成长性,退出期较长,但拿美元公司必须有 VIE(可变利益实体)或者 JV(合资企业)的架构,花费时间较长,而且费用需要公司出;上市公司战略投资为主,关注协同作用,拿了战投的钱基本就是"站队"了,早期不太建议选战投;人民币基金较关注收入和利润。即使不能完全搞清楚基金的背景和投资偏好,也一定要知道自己需要美元还是人民币,基金能不能投相应的币种,不然完全浪费时间。人民币风格基金和美元风格基金的差别主要是源于赚钱思路的不同:人民币风格基金倾向于在投了创业公司后,未来被投资公司的利润持续增长,最终被其他机构收购,或者成功上市,由于上市公司价值一般不会低于十个亿,所以投资机构就能够赚到稳定的价值,基金就是赚取一二级市场的价差;而美元基金只投行业内的第一名,不投第二名,因为老二必将被打败,行业垄断者将会获得更多收益。

(九)投资人有继续融到钱的能力

新创项目与公司可能需要的钱不多,但是随着公司发展,基本都会需要更多的资金投入。早期投资人会希望伴随公司多走一些路,而不是在下一轮融资就退出,所以在后续资金储备上面很重要。

(十)职业背景

职业背景指投资人之前的职业是什么,投资方向是哪个领域,对创业者目前所做的行业是否有过深入了解。职场履历虽然不能直接证明一个人到底有多优秀,但是可以侧面看出来这个人的专业度。专业投资人强调如何把创业项目贩卖给下家,获得A轮、B轮融资,这在某种程度上教会创业者要从资本角度考虑项目发展问题。企业家投资人,更关注企业或项目本身的成长,带给创业者创业过程中所需要的各种经验,包括需要的各种资源。

(十一)专业性

专业性指商业见解和逻辑性。创业者自己是专家,很容易看出投资人是不是不了解项目。创业者在接触投资人的时候是一定要相互交谈,在交谈中可以获得对方给你的印象分,从心里对对方有基础的评价,比如对方的言语是否真诚,对方讲话是不是很有商业见解和逻辑性,对方给你的指点是不是很有建设性。聊天过程中一直尝试为创业者改变模式的投资人,创业者应该果断放弃。

(十二)投资成绩

投资人是否具备同类项目成功经验,对于创业者的成功是有重要意义的。如果不是同类项目,那看是否是类似模式,比如服务模式、商业模式、用户发展路径等;如果搜到一个机构已经投了十几个项目或者几十个项目,说明机构比较靠谱;如果是中小型基金,看有没有投过类似的项目,只有比较大的基金才会在同一条赛道上布很多企业。

(十三)投资机构的名气、品牌、口碑

靠谱的投资人无论对于创业者还是FA,都是愿意合作的;创业者经常被直观的投资机构名气、投资人头衔所迷惑。风险投资机构和投资人

非常注重经营自己的品牌,因为他们知道好的品牌名声可以更好地帮助他们争取项目、促成交易。但对于创业者而言,重要的不是风险投资机构的品牌形象,而是应该多听听他们投资的创业者对这个风险投资机构的看法。做投资人背景调查最好的时机是在他们向你发出了投资意向书、而你还在考虑接受与否的那段时间。不要看重投资人的名气,不要看重投资人在某一时刻的热情表现,要看投资条款,看资金给付的速度和给付条件是否合理。如果无法获得相关信息,创业者可以随机选投资人过去投过的项目,去做相应的对比了解和分析。一定要清楚投资人在业界内的口碑如何,这关系到后续合作能否顺利进行。

(十四)对创业项目的重视程度

热情是投资人一直强调创业者要具有的品质。投资人本身对于创业项目的热情,决定了在后期投资人能多大程度上帮扶项目、提供资源。热情也是投资人在项目发展困难的时候,持续保持信心的基础。

(十五)打款速度——出钱快不快

创业项目早期发展的时间窗口非常重要,那么资金及时到位的重要性也不言而喻。创业者应该特别关注基金在打钱之前的流程,是否能与项目发展的速度契合。

(十六)投资人对创业者的要求

投资人把那么多钱投进来,不是什么都不管的,会附带很多的条件和要求(比如对赌)。这些一般都体现在投资条款中,创业者需要将一些核心问题了解清楚,做到心中有数。

(十七)投资人是不是战略投资者

风险投资人一般只做财务投资,只是想通过投资创业者的项目实现资本增值,而对掌控企业没有兴趣。但如果创业者碰到的是战略投资者,那其诉求就不只是挣钱,可能还会有其他的目的。对此,必须了解清楚,这关系到公司未来的归属和发展方向。

(十八)投资决策风格如何,趋于保守还是趋于激进

创业者项目目前如果风险较大,存在较多不确定性,创业者就别浪费时间找只投C轮之后或者总是跟投的投资人。聚焦投一两个领域的投资方,主要看赛道,很容易强者恒强,放弃弱者;什么领域都投的投资方,可

能相对容易决策,但是后期帮助不大。决策流程是长还是短,也要根据融资的紧迫性来选择。

(十九)投后管理风格

投后管理风格是严格管控还是自生自灭,也得结合创业者自身能力去匹配。这一点除了提前沟通,最好能在投资方已经投过的项目中去接触其他创业者了解一下。

(二十)干预度

投资人都会对于项目的发展提出商务梳理等建议,这也是投后管理的一部分。但是一个不添乱的投资人要谨守的是:可以给建议,但最终会支持创业者的决策。投资方的建议只是参考答案,而不是标准答案。这些需要在前期沟通的时候,达成共识。

(二十一)安全性

创业者需要询问投资人的在投企业,如果投资方已经投过创业者的竞品,就不要再接受投资。一种可行的方法是借力天使汇等平台,绕过潜在危险,更大的后盾也能帮创业者更好地维护合法权益。创始人会担心投过竞争对手的基金会向竞争对手泄密,而有的机构确实是"投选手",即同一类型的公司只投一家,但另外有些机构,是以"投赛道"著称,这样的机构在同一领域布局很多家公司,所以投过竞争对手关系也不大。创业者在考虑这个问题的时候要从不同角度进行考量。

(二十二)能否提供更多帮助

如果投资人了解创业者所处的行业,对创业者做的事情很赞同,并且有较多的行业资源人脉,甚至在一些经验和某些角度能对创业者所做的事情提出不同的、有深度的见解,即便只是供参考,那对创业者也是大有裨益的。

(二十三)能否共度难关

投资方会不会在发展过程中给创业者添堵,不好判断,创业者融资是因为资金短缺,投资人投资就是为了高额回报,双方都有自己的利益诉求。所以投资人同创业者交流的时候,创业者也可以抓住机会多问问题,这个问题引伸出来的小问题就是投资人会不会在一些条款小细节为难创业者。

（二十四）独立判断

任何投资人都不可能获得100%的正面评价。绝大多数的风险投资项目最终都是失败的，有些创业项目因鲁莽的业务重组而失败，有些则是因为资金流断裂而失败。创业者要尽可能还原事实真相，这样才能做出更准确的判断。

六、新企业创办的法律问题

（一）公司基本法律

《公司法》是规范公司行为的最基本的法律，公司的创办设立、股东资格、章程制度、股东权责、公司高管、解散清算等事项，都应当按照《公司法》的规定来进行，这是中小企业贯穿始终的一部法律。它对于分红权、优先认购权及表决权、股东会的召集次数和通知时间、股东会的议事方式和表决程序、执行董事的职权、经理的职权、监事会的设立与组成、监事会的议事方式和表决程序等内容都有具体规定。

（二）公司成立运营期间

第一，《公司登记管理条例》是涉及公司设立、年检、注销必须遵循的法规。

第二，《合同法》是规范市场交易的法律，是民事主体进行经济活动所遵循的主要法律。《合同法》包含了商品交易订立合同、公司股权交易、知识产权交易、物权变动等众多事项。

第三，《合伙企业法》规定了合伙协议必须要载明的内容，对合伙投资撤资及职责的相关规定，包括出资细节、议事规则、职责细节、退出机制进行详细约定。对意见分歧解决方式和经营项目计划利益分配和责任承担都做了具体规定。

第四，《会计法》对于公司运转中用来衡量各种经济的指标做了规定，明确要求公司财务管理不能违背该法及配套法规的相关规定。

第五，《担保法》，企业发展时刻面临资金问题，公司经营的时候，不仅为人担保，也涉及到找人担保，这些方面要受到《担保法》的限制。

第六，《婚姻法》《继承法》，公司在运转的过程中，可能出现股东因为婚姻、继承事项出现的股东或股份的变动，这方面上述两部法律均有涉及。

(三)公司破产终止时

公司的终止,就是公司作为法人人格的灭失,无论是股东自行决定解散还是申请法院解散,都要成立清算组,这受《公司法》的约定;而当企业到了资不抵债的时候,申请破产还要同时受《破产法》的限制。

(四)其他相关法律

1. 物权类法律

公司进行经营管理活动,涉及到土地、房产等不动产或部分动产,这些都是需要登记取得物权的,这部分物权的取得受《物权法》限制。同时《土地管理法》《房地产管理法》也是企业涉及土地、房产物权方面应当遵循的规范。

2. 金融类法律

公司成立之后,在运营过程中必然出现支付、结算、贷款、融资等金融相关活动,涉及到《贷款通则》《票据法》《证券法》等相关法律法规。同时在企业运营管理中心会出现各种不确定性风险,公司为了分散风险或满足国家强制规定选择保险,就会涉及到《保险法》的相关规定。

3. 知识产权类的法律

公司要有自己的品牌形象与价值、优质产品和服务,驰名商标、商业秘密和专利技术,并保持一定的垄断和竞争优势,就涉及《商标法》《专利法》《反不正当竞争法》的限制。

4. 税收类的法律

税收是财政的最主要来源,企业作为最重要的纳税义务人,国家制定实施了一系列法律法规。企业在缴纳税款的时候要遵循《增值税法》《企业所得税法》《个人所得税法》《税收征管法》等法律的规范和约束。

5. 劳动类法律

企业经营管理离不开人,现代企业在进行人力资源管理时要遵守《劳动法》《劳动合同法》以及相关的配套法规的规定。按时给予劳动报酬、提供安全的工作环境、为劳动者缴纳社会保险等。

第二节 新企业生存与发展

新创企业具有高成长性、高风险性、易变、不稳定、高死亡率等特点，同时新创企业又具有较强的灵活性和创新能力。在创立初期和发展期，新创企业能否生存和健康成长至关重要，既关系到创业的成败，又关系到企业今后能否持续发展。创业者需要为新创企业度过企业生命周期中最危险、失败率最高的阶段而获得发展奠定坚实的基础。可以说，企业创立初期是以"生存"为首要目标的行动阶段，新创企业管理的过程实质是一个如何让企业活下来的"生存管理"问题。

根据相关新创企业生存调查数据显示，每年都有上百万家新创企业诞生，35%的新创企业在当年就失败了，活过5年的只有30%，生存10年的仅有10%，新创企业的平均寿命为30个月。导致创业失败的原因，前三位分别是市场(27%)、管理(24%)和技术(12%)。我国创业数据统计结果也显示，我国创业企业的失败率高达70%以上，七成企业活不过1年，平均企业寿命不足3年。对于许多新创企业来说，其面临的最大难题是生存管理问题。

一、新企业生存

新创企业通过自身成长为产业提供发展前进的动力，改变和塑造着整个产业生态系统。从宏观经济层面和社会发展角度分析，新创企业具有创造财富（包括物质财富和精神财富）、提供就业岗位和保持社会稳定的现实意义。然而新创企业的生存和成长并非一帆风顺和理所应当，受"新进入者缺陷"影响和资源禀赋的制约，它的发展面临着极大的压力和风险。

二、新企业成长

创新是经济增长的重要驱动力。研究表明，技术的更新和市场的新鲜感都能显著提升企业形象和客户满意度，因此不论是新创企业还是成熟企业都面临着巨大的创新压力。尤其是新创企业，因为要在开发新市场、新需求，从现有竞争者手中获得市场份额，所以创新在很大程度上对其生存起到关键的作用。企业必然会通过主动学习新的知识,自主研发或者从他人处获取先进技术,开发新产品(服务)来满足客户新的需要,进而提升企业竞争优势,甚至推动行业发展。创新作为新创企业突破生存困境,实现快速成长的主要推动因素得到充分肯定,系统化、有目的的创新方式有助于把握市场机会、创造企业价值和促进企业成长。

作为新创企业从新创建阶段,到生存阶段,再到发展超越阶段需要应对和处理各种问题。

(一)新创建阶段

在企业创建阶段,一切运营管理都属于试探,此时的战略目标是培养识别技术创新机会的能力。找到新创企业的核心技术产品(服务理念),确定选择目标市场,创办新企业。新创企业需要通过持续的技术研发来挖掘自身的创新潜力,创造更有价值的产品(服务),提升企业的市场价值。

(二)生存阶段

随着企业渡过创建阶段进入生存阶段,此时新创企业的战略目标转变为进入市场,通过整合企业内外部资源,不断完善核心技术产品(服务),获得市场认可。相对于成熟企业,新创企业在生存阶段规模仍然较小,应对风险的能力仍较为弱小,存活的几率不大。据统计,如果能够在这个阶段保持技术创新,新创企业存活率可以增加大约20%。新创企业可以通过采用新技术方案,形成在某一细分市场的核心技术竞争力,获得生存空间,使企业平稳运营。同时新创企业要培养整合创新资源的能力,提高企业内部整体协作能力,在这个阶段创业者个人权威会显著影响企业整体协作能力的提升,进而影响技术创新。创业者同时要采取组织制度创新,来培养新创企业整合内外部资源的能力,以满足核心技术的研发对组织制度的要求。

在生存阶段,新创企业进行技术研发能够保证企业的生存,可以提升企业市场估值,获得风险投资机构的关注,为新创企业发展提供资源供给,使创新绩效提升拥有良好保障。在生存阶段,企业组织制度的创新本质上是从封闭的家族管理模式向开放的人力资本和社会资本胜任力模式转变,这种创新的目的是为了使技术创新成果能更好的转化,获得更好的价值产出。

(三)发展超越阶段

在发展超越阶段,新创企业逐步被市场所认可,业务持续快速增长,企业组织规模逐渐扩大,战略目标变为培养组织变革能力,进行单一转向多元化的技术产品或服务开发,维持市场竞争地位以及实现企业持续成长。在技术研发上,新创企业的核心技术产品或服务已经初步形成,在市场中有合法性和竞争力。但仍然要坚持进行技术创新,因为此时市场竞争逐渐增强,市场对于核心技术产品或服务的需求趋于饱和,产出绩效反而会降低,削弱了核心技术产品(服务)为新创企业带来的价值(包括经济价值、社会价值)。

在这一阶段,新创企业应该通过制度化管理和产权激励政策来协调、规范和鼓励组织成员持续创新,提升经营管理各环节的配合度和效率,实现组织变革能力与技术研发能力相匹配,为企业多元化发展、技术研发提供可靠的组织保障。

三、新企业上市

(一)上市的含义

上市即首次公开募股(IPO)指企业通过证券交易所,首次公开向投资者增发股票,以期募集用于企业发展资金的过程。在中国上市分为:中国公司在中国境内通过上海证券交易所、深圳证券交易所上市(A股或B股);中国公司直接到境外证券交易所(比如纽约证券交易所、纳斯达克证券交易所、伦敦证券交易所等)(H股)上市;中国公司间接通过在海外设立离岸公司,并以该离岸公司的名义在境外证券交易所上市(红筹股)三种方式。广义的上市,除了指公司公开(不定向)发行股票,还包括新产品或服务在市场上发布推出。本书主要就狭义上市进行学习。

(二)上市对新创企业的影响

1. 积极影响

(1)改善财务状况

通过上市发行股票得到的资金不必在规定限期内偿还本金,可以立即改善公司的资本结构。新创企业如果新股上市获得成功,并且在市场发展过程中势头良好,后续还可用更高的价格增发股票,获得更多资金。

(2)收购其他公司

上市公司可以通过发行股票的形式来购买其他公司,并且股票市场也会使股份估价更加合理科学。对于上市企业拓展产业链和进行产业转型具有积极意义。

(3) 利用股票激励员工

新创企业上市,通过认股权或股本性质得利以吸引高质量的员工加入和确保其忠诚度。这样的方式会使员工对企业有一种主人翁的责任感,刺激他们期望从公司的持续发展中获得利益回报。上市公司股票对于员工有更大的吸引力,因为股票市场能够独立地确定股票价格,摆脱了企业组织架构的限制,保证了员工利益的及时兑现。

(4) 提高公司影响力

公开上市可以帮助企业提高社会影响力和知名度。通过新闻媒体和其他信息传递渠道以及公司股票的表现,会引起合作伙伴、投资机构、新闻媒体或是民众的注意。

2. 消极影响

(1) 失去隐秘性

上市公司需要定期对外公布财务数据、组织管理变更等信息,因公开上市而产生失去"隐私权"是最令上市公司烦恼的。但是国家相关法律法规明确规定有可能影响投资者决定的信息都必须公开,这对于处于激烈竞争,需要时刻保持竞争优势的新创企业非常不利。

(2) 管理灵活性受到限制

非上市公司可以自作主张,,甚至可以是"一言堂",创业团队的核心关键人物具有绝对的决策管理权。而上市公司的战略规划、经营管理都必须经董事会同意,一些重大、特殊事项甚至需要股东大会通过方可实行。股东通过公司效益、股票价格等来衡量管理人员的成绩,对于长期的、不能直接衡量的指标不关心,导致管理人员过于注重短期效益,而不关心长远利益,影响创业活动决策的灵活性和长期可持续性。

(3) 上市后的风险

许多企业股票公开发行后没有达到预期的收益水平,会出现股价下跌,甚至跌破发行价格的情况。这可能是股票市场总体不景气,或者是上市公司盈利水平不如预期,或者是股民在购买股票时太过盲目,没有做出合理的分析判断或是没有获得相关信息的渠道。股票上市及上市后的股价下挫会严重影响风险投资机构的回收利润,甚至会使风险投资功亏一篑。

(三) 新创企业上市准备

新创企业上市一般需要经过三个阶段:上市前的准备、上市申报、上市发行股票。上市前的准备工作极为重要,它是决定企业上市成功与否的关键。企业上市前的准备工作包括心理准备和实务准备两方面。

1. 心理准备

企业计划上市,控股股东和管理决策层首先得做好充分的心理准备,从四个方面着手。

(1)建立上市的志向、决心和信心

企业的决策层,特别是控股股东,在企业各方面发展良好、业绩稳定增长、行业健康发展的前提条件下,要建立上市的决心和信心。企业上市需要完成大量工作,解决许多现实或遗留问题,面对上市失败可能产生的不利影响,这时管理决策层坚定的上市决心和足够的上市信心,是工作得以顺利进行的根本保证。

(2)要有战略眼光

决策层要对企业成长与发展有长期的、战略性的规划和目标,并形成清晰的认识;能够全面分析企业现有资源条件,权衡利弊得失,合理规划设计,选择企业成长的最佳时机,结合企业或项目的特点选择最合适的资本市场,以最经济高效的形式到资本市场发行股票募集资金,为企业持续发展储备资金资源。

(3)要有风险承受能力

企业上市需要通过审核评估,不是所有申请企业都能够顺利通过并如期上市。创业者必须有上市失败的心理准备,可能因为上市失败会对现有的经营管理产生不利的影响,同时也要考虑财务问题,评估新创企业对于上市准备过程以及上市申报阶段花费的成本费用是否具有相应的承受能力。

(4)具备企业上市的基本知识

企业的大股东及主要高层管理人员,要通过参加有关上市基本知识的培训,能够根据我国资本市场对企业上市各方面的条件要求,对照本企业的基本情况进行分析,对于企业能否成功上市做出较为准确的预判。在此基础上,将上市给本企业带来的利益和成功上市需要花费的上市成本进行对比权衡,判断上市的价值比,为最终决策提供依据。并且在上市决定做出后,能够为后续工作的顺利开展创造条件,提供适当的保障。

2. 实务准备

上市前的实务准备是企业上市成功与否的关键,实务准备包括企业的组织准备、业绩准备、财务会计准备、制度建设准备等几方面。

（1）组织准备

上市工作是繁复的工作，涉及面广、工作量大，一般要经过2～3年的长时间工作。企业必须抽调专门的人才，成立上市委员会和上市工作小组来专门负责这项工作。上市委员会由3～7名包括股东代表、主要董事会成员、主要高管成员在内的人员构成，基于人员能力判断也可以聘请上市顾问加入上市委员会。上市委员会的主要职责就是负责企业整个上市过程中所有问题的发现和解决，制定和实施上市工作计划，领导和安排上市工作小组的工作，最终帮助企业实现上市目标。

上市委员会下设日常工作机构即上市工作小组，上市工作小组由3～5名包括总经办、人事行政部门、财务部门及其他相关部门选派的人员组成。上市工作小组在上市委员会的领导下开展各项具体工作，包括配合上市顾问、券商、律师、会计师、评估师等中介机构工作，按照要求提供真实、详尽的资料，完成其他和企业上市有关的各项工作。

企业筹划上市董事会秘书的选择也非常重要。这个角色是企业上市的先行官，是上市计划的具体执行者。在企业上市前，董事会秘书应按上市公司董事会秘书的工作标准来要求，接受相关专业培训，熟悉相关法律法规政策。作为董事会秘书人选要能够理清思路，找准方向，审时度势，及时拟订上市规划并具备优秀的执行能力，同时还能够与人协作，配合中介机构协同作战，确保上市计划的有效实施。新创企业由于人力资源储备不足，在缺乏上市董事会秘书的情况下，可以由财务总监兼任，或聘请专门公司或专业人士来负责统筹工作。

（2）业绩准备

企业业绩的好坏是决定其能否成功上市的重中之重，良好的经营业绩能够极大地推动企业成功上市，并且也是决定企业股价高低的主要参考依据。企业要想上市并获得良好的市场估值，必须在业绩方面展示出企业的优势。

第一，做到主业（关键业务）突出，只有主业（关键业务）突出才有可能审批上市。一旦准备上市，企业就要对其近期内的经营结构及业绩进行分析，如果企业出现了多角经营情况，且业务经营规模彼此间差异不大，就需要在上市顾问的指导之下及时调整经营范围，选择好主业（关键业务）并强化经营，剥离、弱化或者放弃非主业，一般企业只需要保留1～2个主营业务即可，切莫过分追求多而全、大而全。

第二，规划合理的企业经营规模，经营规模是决定上市的一个主要指标。企业应根据所经营产品的市场占有情况和未来市场发展的潜力，合理规划经营规模。拟上市企业的经营规模应保持每年有一定幅度的增长，应根据企业产品(服务)的需求特点和所处市场生命周期阶段进行规划,一般拟上市企业的年增长率应达到30%以上。

第三,良好的企业盈利能力,盈利能力直接影响上市后公司股票的股价,也是企业能否上市的关键指标和企业估值的重要参考依据。拟上市企业的盈利能力主要是指企业主营业务的盈利能力,主营业务的盈利能力又主要表现在企业所经营产品的毛利率,上市企业的毛利率应高于同行业平均毛利率,并在一定时期内相对平稳,没有出现异常波动。作为拟上市企业,每年剔除非经常损益后的税后净利增长幅度应在30%以上。

(3)财务会计准备

企业要成功上市,首先必须保证申报期内的财务报表顺利通过有资质的会计师事务所审计,并且出具无保留意见的财务审计报告。因此拟上市企业的财务管理、会计核算制度与执行是否规范,涉税事项的处理是否合法规范,是企业成功上市的重要条件,具有"一票否决"的作用。

第一,账务规范。部分企业存在财务不规范的问题,有的企业财务有两套账,一套税务帐,一套内部管理账。企业一旦决定上市,就必须请专业的会计师对会计账务进行清理和规范,使其符合上市要求,以便通过有资质的会计师事务所的上市审计,并出具无保留意见的财务审计报告。

第二,税务规范。拟上市企业必须对近几年的所有涉税事项进行清理和规范,确认是否存在偷税、漏税或其他违反税法的行为。这项工作一般通过聘请专业的具有相应资格的会计师或税务师协助完成。

(4)管理制度体系建设准备

企业要成功上市,必须建立符合自身发展特点,适应企业实际情况的管理制度体系。建立起完善的、规范的管理制度体系并得到切实的贯彻落实,必然会带来高效的经营管理效益。为了企业的顺利上市,建立起一套完整、规范的体系非常有必要,它包括:组织架构体系、日常运营管理体系、人力资源管理体系、财务管理体系、市场营销管理体系、下属机构管理体系等。

①组织架构体系(由总经理办公室或行政部门负责)

一般包括公司介绍、公司文化、公司大事记、公司章程、公司组织架构模式、公司各部门职责等。

②日常运营管理体系

一般包括办公室管理制度、出差管理制度、会议管理制度、文书管理制度、档案管理制度、保密管理制度、办公用品管理制度、车辆管理制度、安全保卫制度、食堂管理制度、宿舍管理制度等。

③人力资源管理体系

一般包括人力资源制度基础文件,如组织架构图、各部门岗位设置及人员编制、公司级别层次表、考勤及休假管理制度、招聘管理制度、晋升及调任制度、员工培训管理制度、薪资管理制度、员工福利制度、股权激励与绩效考核管理制度、奖惩制度、合理化建议制度、员工离职管理制度。

④财务管理体系

一般包括资金管理制度、财产管理制度、财务控制制度、报销管理制度、会计核算制度、会计档案制度、审计工作制度等。

⑤物料采购及仓储体系

一般包括仓储管理制度(含货物进出程序、手续、流程图)、盘点制度、计算机使用管理制度。

⑥各下属机构管理体系

一般包括控股子公司、分公司、各地办事处等下属机构。涉及的管理体系,适合与上市主体公司用同一制度的,统一发放;和上市主体公司制度差别不太大的,在主体公司制度基础上适当修改;和上市主体公司业务差别较大部分,由各下属主体自行编制,上报主体公司备案。

⑦新产品与技术研发体系

一般包括新产品研发制度、新产品试制制度、新产品鉴定要求、产品开发周期管理、新产品成果评审与报批、新产品移交投产管理等。

⑧市场营销管理体系

一般包括市场营销组织机构的设置及职责与任务、市场营销计划、市场调查及预测、市场营销策略、市场营销渠道的选择、订单及客户管理、营销人员管理及营销业绩考核与奖惩。

⑨内部控制体系

一般包括内部控制基本要求、货币资金内部控制、采购与付款内部控制、存货内部控制、对外投资内部控制、固定资产与无形资产内部控制。

第三节　新企业管理

相较于成熟企业管理,新创企业管理的特殊性在于以"生存"为首要目标,主要依靠自有资金创造自有现金流,要充分调动"所有的人做所有的事"的群体管理,是一种"创业者亲自深入运作细节"的过程。

第九章　新企业创办、管理与企业内部创新

一、新创企业财务管理

(一)创业初期需记好的"几笔账"——现金流量表、损益表、资产负债表

创业公司里最重要的财务预测就是"现金流"。"现金流"形象指的就是公司里的钱要像流水那样流进流出,这样公司才是健康发展的。公司在初创期没有产品(服务)向市场投放,也就没有相应的资金收入,这时公司必须准备足够的资金维持日常运营管理,直到产生销售收入、出现现金流入为止。作为创业者除了要自备资金,也需要真实了解现有资金的使用情况,清楚资金使用的有效时限,能够在自有资金用完之前找到投资人,并获得投资款,这样才能保证企业生存,进而保持创业公司发展。一般创业公司账面应有不少于6个月的现金储备。这是因为创业公司日常运营管理需要有现金开支,这是企业生存的基本条件,同时要获得并完成一轮融资,大概需要耗费6个月左右时间。

作为创业者,必须掌握预测公司的"现金流"的能力。

第一步收入的基本假设,需要对产品(服务)进行定价,大概确定客户人数。产品定价,无论公司做的是实物产品还是无形服务,都需要进行基本的价格确定。客户人数,是令创业者感到迷惑的问题,创业者对于企业目标客户如何确定,现实顾客与潜在顾客的规模,应该具有一定的研判。而时间框架,创业者必须做3～5年的预测。把这二者放在一段时间的框架中分析增长趋势,完成"收入的预测"。

第二步计算成本,充分考虑产品和服务的固定成本、可变成本、销售成本和设备投入等。固定成本包括人员工资、房租、保险、职工福利费、办公费等。可变成本包括原材料、包装、运输、直接人工成本等。销售成本包括广告、销售、客户服务的成本。设备投入成本包括装修、办公家具、电脑、服务器、生产设备等。

第三步分析和调整。找到项目"收支平衡点",把达到收支平衡之前的费用叠加,就得出了创业者需要为新创企业准备的资金规模。分析主要财务数据之间的关系,就能从财务预测数据中判断创业公司成功的可能性和未来发展的潜力。

同时创业者也要意识到,财务预测不是一成不变的,要及时进行相关财务数据的采集、对照和监控,一般按月进行相应调整,使之更符合现实、更加优化。如果实际财务情况和预测情况总是存在较大误差,必须找到

问题所在,及时进行调整,使情况迅速好转;如果财务情况始终无法实现好转,就应该立即停止,重新考虑创业公司未来的发展规划与策略。

(二)新创企业面临的主要财务问题

1. 财务控制职能被忽视

许多新创业者习惯于依靠自己的喜好和认识来制定财务控制制度,且随意性很强,无法形成稳定的制度,还会经常更换财务管理规则,导致新创企业的财务管理比较随意和混乱。很多新创企业没有形成完善的财务清查收支审批制度和成本核算制度,虽然也建立了一些财务控制制度,但流于形式,在实际中并未得到有效执行。由于新创企业忽视财务控制制度的价值,没有认真执行账实、账证和账账核对等会计核算流程,从而导致企业财务会计资料不够真实、不够准确、不够可靠,也使得创业者无法真正把握企业的资金流动情况,更容易导致由于现金流断流出现的创业失败。

2. 银行贷款成本普遍偏高

按照一般情况,银行贷款由于成本较低,是企业获得外部资金最主要的渠道,也是企业管理者最希望获得资金的渠道。但是由于许多新创企业的财务管理制度与财务报告制度不完善,相关部门无法得到真实、有效、准确的财务数据和报表。另外创业企业经营业绩不好,发展水平不稳定,相关财务资料不完整,造成商业银行不容易收集到借款企业真实准确的财务信息,或者银行需要消耗更大的成本去收集、鉴别企业的财务信息,这就增加了银行审查新创企业财务信息的难度,提高了银行借贷风险,并且在管理新创企业贷款的成本方面也会相对增加,加之商业银行无法准确判断贷款申请企业未来发展的趋势,这些原因共同导致商业银行不愿为新创企业提供贷款。

一般来说新创企业都面临与成熟企业激烈的竞争,存在较大的经营风险,被竞争者打败、被市场淘汰的可能性很大,银行贷款顺利收回的风险也会增大。加之受政策影响,向新创企业的贷款,获得的投资回报不高,也进一步导致银行不愿承受新创企业的信贷。

3. 缺乏财务风险管理

新创企业面临的最大的风险就是财务风险,但是新创企业的管理者一般不会在事前对可能出现的财务风险和问题进行分析研判。创业者会把更多的精力放在关注企业经营和生产方面,而对于检查财务管理工作缺乏热情,在资金管理、信息获得、资源控制、管理能力等方面都存在不足和缺陷。绝大多数新创企业就是由于欠缺抵御财务风险的能力,没有提前对问题进行预判,无法有效规避可能出现的财务风险和危机,最终导致企业破产倒闭。

4. 流动资金不足

新创企业要想生存,并取得持续发展必须要有足够的现金流。现金储备不足会对新创企业的盈利能力和偿债能力产生巨大的负面影响,甚至会破坏新创企业的市场形象和价值,一旦企业资金无法实现有效流动周转,企业会因资不抵债而面临破产。

作为新创企业,由于市场认可程度低,消费者接受需要较长的过程,在受到顾客认可并购买产生盈利之前,对现金流的依赖程度大,保持足够的现金储备关系到企业生存发展。就算是市场开始逐步接受企业的产品(服务),但是其销售往往不稳定,无法持续盈利,而企业的各项成本开支并未减少,加之激烈的竞争与市场的不确定性,此时出现资金短缺,又无法筹集所必需的资金,会导致企业最终破产。许多创业者由于缺乏创业经验和财务知识,对现金短缺而造成的风险没有足够的重视,而是过分关注企业的销售增长,忽视现金储备和现金流,盲目扩大企业规模,并过度增加固定资产投入,使企业现金储备不足,严重的会出现资金链断裂。

5. 投融资决策不科学

许多创业者认为新创企业能否健康发展,关键是不断扩大企业规模,只要企业规模够大,就能在激烈的市场竞争中存活下来并脱颖而出。这种认识是片面的、不科学的,根本原因是没有进行相应的决策分析。创业者不进行理性科学的财务管理分析,判断预测财务风险,提出避免风险的应对措施,就会导致企业盲目扩张,这样的发展会使新创企业面临巨大的财务风险,甚至出现资金链断裂,增加了新创企业破产的风险。基于我国资本市场的实际情况,很多新创企业无法满足股票发行的条件,就无法公开向市场发行债券和股票来进行融资,筹集发展所需资金。因此新创企业的流动资金主要依靠银行贷款,但是由于涉及新创企业的风险信息搜集困难,成本较高,银行放贷意愿不强,这些进一步压缩了新创企业融资空间和手段,增加了新创企业财务风险。

(三)防范新创企业财务风险

防范新创企业财务风险应该从建立健全财务管理制度、提高创业者的自身素质以及选拔合格的财会人员等方面入手。

第一,企业要有一整套财务管理制度,并严格遵照制度执行。

第二,创业者要具备一定的财务知识,能看懂财务报表,并依据报表总体把握企业的财务状况和经营实绩,发现存在的主要问题,并及时加以调整。

第三,团队会计人员要业务能力强,道德品质好,具有较好的专业技能和职业操守。

二、新创企业营销管理

新创企业市场知名度不高、产品号召力不强,会遇到各种突发问题与情况,需要做好营销管理工作。

(一)建立以顾客为中心的市场营销管理理念

以顾客为中心就是以买方需求为中心,目的是希望基于顾客满意建立买卖关系以获得相对的回报,为此新创企业需要建立用户导向或市场导向的市场营销观念。

第一,新创企业和创业团队应掌握和了解现实顾客与潜在顾客的当前和未来需求,积极促使顾客让渡价值最大化。

第二,创业者将本组织的宗旨、方向和内部环境统一起来,并创造让创业团队能够充分参与实现组织目标的环境。

第三,创业团队人员充分参与,使他们的才干为组织带来最大的收益。

第四,实行全过程管理,将相关资源整合和活动作为过程进行管理,得到期望的结果。

第五,针对特定的目标顾客和市场,建立一个需求识别、需求描述、需求满足等环节组成的体系,提高新创企业营销的有效性和经济性。

第六,充分调动各利益相关者,通过互利的关系,增强企业及其各方创造价值的能力。

(二)促使顾客满意

顾客满意是由顾客知觉与顾客预期相比得到的感觉差异。顾客满意:是指顾客对一件产品满足其需要的绩效与期望进行比较所形成的感觉状态。顾客认知价值:也叫顾客让渡价值,指企业让渡给顾客,且能让顾客感受到的实际价值。如果产品的实际状况不如顾客的预期,则购买者感到不满意;如果实际状况恰如预期,则购买者感到满意;如果实际状况超过预期,则购买者感到非常满意。

顾客感受的绩效＜期望的差异,不满意

顾客感受的绩效＝期望的差异,基本满意

顾客感受的绩效＞期望的差异,高度满意

顾客的预期是由顾客的购买经验、身边人的意见以及营销人员的承诺和竞争者的信息共同决定的。顾客满意是"一种心理状态,顾客根据消费经验所形成的期望与消费经历一致时而产生的一种感情状态"。促使顾客满意的手段——实现全面质量管理。

（1）针对创业者和创业团队开展质量培训和教育,建设全面质量管理认同与文化。

（2）认真执行质量管理考核制度,坚持质量否决,保证企业产品(服务)的品质具有较强市场竞争力。与经济责任密切挂钩,激励创业团队不断改进服务理念,提高质量水平。

（3）核算质量管理成本,既要提高服务质量,同时又要考虑全面质量管理效率与效益,合理创业活动的财务风险。

（4）在新创企业成立相关组织,积极开展质量控制（QC）小组活动,改进质量问题,提高团队成员素质等。只要遵循上述过程,质量体系就能顺利建立起来,并有效运行,实现质量标准化、提供程序化、行为规范化,促使新创企业更好发展。

（三）培养顾客忠诚

顾客忠诚也称客户粘度,是指客户对某一特定产品或服务产生了好感,形成了"依附性"偏好,进而重复购买的一种趋向,是顾客对企业的信任、情感维系和依赖,是在企业与顾客长期互惠的基础上形成的。它包括情感忠诚、行为忠诚和意识忠诚。忠诚的顾客会更多、更频繁地购买公司的产品,更愿意试用新产品或购买更高档的产品,更愿意接受与品牌相关的交叉购买,乐于推荐新顾客并传播有利于企业与品牌的信息,且对价格的敏感度较低,愿意为高质量付出高价格。新创企业,由于产品和服务的创新性,更能吸引顾客,而快速的技术更新和产品更新,则更需要有忠诚的顾客持续产生购买行为。

新创企业培养顾客忠诚的手段包括以下几种。

1. 了解掌握目标顾客的信息

将目标顾客信息转变为营销决策支持信息和知识,最终转化为新创企业竞争优势。一般企业利润的80%来自于20%的顾客购买,培养建立顾客忠诚,激发习惯性购买,建立与核心顾客良好关系,可以使新创企业稀缺的营销资源得到最有效的配置和利用,进而提高企业的盈利能力。

2. 更多的让渡价值,提高顾客满意度

顾客在购买产品(服务)前,都会对其有一定的期望,顾客期望就是指顾客希望企业提供的产品和服务能满足其需要的水平。达到期望,顾客感到满意;达不到期望,顾客就会不满。超越顾客期望,是指企业不仅能够达到顾客预期期望,而且企业还能提供更优质的产品和服务,超过顾客预期甚至是使其得到意想不到好处。这时顾客就会获得极大的满足,从而对企业产生更为积极的评价,最终发展成稳定的忠诚顾客。新创企业在面对市场竞争时在这方面要多有尝试,例如,未来新能源汽车提供的电池更换服务,大大减少了用户充电等待的时间,使消费者产生积极的满意度。

3. 正确对待、处理顾客投诉

企业希望与顾客建立长期信任的伙伴关系,但是鉴于二者存在买卖交换关系,难免会出现问题,这就要求企业要善于处理顾客投诉。创业者和团队成员在面对顾客投诉时,不能表现出不耐烦,甚至表现出反感,而是要正确理解顾客投诉的动机与原因,这对于企业的持续创新具有积极意义。如果无法正确面对和处理顾客投诉,会使企业丧失宝贵的顾客资源,从而处于不利的竞争地位。

4. 提高顾客转换成本

顾客重新选择其他品牌或产品会面临有形或无形的转换成本。对个人消费者市场而言,转换购买对象需要花费时间成本和精力成本重新寻找、了解新产品,这意味着放弃原产品的消费习惯,还可能面临经济损失风险或过高的精神负担;对组织者消费市场而言,转换购买对象可能需要更新产品设备,这意味着增加人员培训和产品重置成本。企业要提高转换成本就必须研究顾客的转换成本,采取有效措施人为增加,以减少顾客退出,促使目标顾客重复购买行为的发生。小米科技,最初为一家手机制造企业,随着不断发展逐步拓展开发各种智能互联设备,这就增加了消费者更换其他品牌产品的成本,使多次购买成为可能。

5. 提高内部服务质量,重视员工忠诚的培养

顾客忠诚度与员工忠诚度是密切正相关、相互促进的,因为企业的产品和服务都是由员工提供完成的,企业员工的行为及行为结果构成了顾

客评价服务质量的主要依据。企业忠诚的员工会主动关心顾客,热心为顾客提供服务,并为解决顾客问题感到高兴。新创企业要重视内部员工的管理服务,努力提高员工的满意度和忠诚度,不仅要保证员工工资福利得到及时兑现,更要为员工的职业发展和生活改变提供有效帮助,这很有助于员工归属感的建立。

6. 加强退出管理,减少顾客流失

退出指顾客不再购买企业的产品或服务,终止与企业的关系。退出情况不可避免,正确的做法是及时认真分析顾客退出的原因,总结经验教训,改进产品和服务,以期重新建立起业务关系或是预防、延长退出情况再次发生时间或频次。顾客退出的原因可能是单一因素,也可能是多种因素共同作用的结果,甚至是突发因素的影响,对这些原因的分析是一项复杂的工作,创业者和创业团队需要引起足够的重视,培养相关能力。

(四)实现营销组合

营销组合是企业的综合营销方案,即企业针对目标市场的需要对自己可控制的各种营销因素(产品质量、包装、服务、价格、渠道、广告等)的优化组合和综合运用,使之协调配合,扬长避短,发挥优势,以便更好地实现营销目标。

市场营销"4P"。

1. 产品

产品指客户价值,是满足顾客需求的物品,可以是有形产品,或是无形服务。

2. 价格

价格指客户成本,是消费者愿意支付产品的费用。调整产品价格对于市场营销策略有重要影响,直接关系到需求规模和销售数量,需要充分考虑产品的价格弹性。

3. 渠道

渠道指为客户提供便利,把产品放在正确的位置,让消费者可以方便获得。

4. 促销

促销指通过与客户沟通,市场营销者使用各种沟通方式与渠道,让不同群体了解产品。促销手段包括广告营销、公共关系营销、个人促销等。

三、"互联网+"思维对新创企业管理启示

(一)建立与互联网时代相适应的企业文化

新创企业应建立开放的组织文化,把企业的优势更有力地展示出来,同时吸收有帮助的信息,并不断改进、提升企业;建立鼓励不断创新的组织文化,包括产品的更新、技术的进步、知识的积累等;建立宽松包容的组织文化,包括对团队成员、企业员工、消费者、合作者和竞争者的包容。

(二)建立宽松的组织制度

制度是为了更好地规范,建立企业组织制度是为了规范企业发展,而不是限制团队发展。当今时代,互联网技术与信息技术对企业发展越来越重要,企业需要吸引和培养更多的具有创造性及创新性的员工。这要求企业必须建立较为宽松的组织管理制度,鼓励员工互相学习、相互沟通交流,建立科学有效的奖惩机制,激励企业员工提升自己,打造企业整体实力。

(三)建立扁平的组织结构

"互联网+"时代出现了"去中心化"和"去组织化"趋势,团队成员不必为获得信息而与管理者产生依赖关系,而是更加强调信息传播的速度及反馈时间。扁平化的组织结构,变领导者中心为个人中心,每个人都可以成为信息的创造者与传播者,这就增加了个人获取信息的途径和数量,也增加了信息传播的速度。这与新创企业及时发现和满足市场需求在根本上达成了一致,也就保证了企业创新的时间价值。

(四)建立平等、合作的人力资源管理理念

"互联网+"时代每个人都可以获得需要的信息,每个人都可以成为信息传递的中心,依赖于上层管理者的信息进行决策的模式被打破,上层管理者的权威下降。随着高层管理者权威不断下降,组织与员工之间、上层管理者与下级之间的隶属关系发生了改变,体现出更多的平等与合作的关系。因此新创企业应建立平等、合作的人力资源管理理念,提高团队成员参与企业管理的热情,发挥每一个人的力量。

新创企业要用质量和服务说话,才能够取信于消费者。新创企业要

第九章 新企业创办、管理与企业内部创新

存公心、强责任、共努力,国富民强离不开企业的协作。企业要讲创新、求进步,增加自主创新意识,提高自主创新能力。企业要创新发展理念,理念创新是创新的灵魂,理念创新是企业跨越发展的重要引擎。新创企业要把完善创新体系作为首要任务,构建决策、研发、管理、实施的创新管理体制、机制,推进科技创新、管理创新、商业模式创新等。新创企业要建立创新管理体系。通过改变组织中人员的行为来提高组织的绩效。加强管理手段探索,建立符合新创企业特色的管理模式,不断尝试改变工作方法以提高管理效率。

第四节 企业创新

一、企业创新的意义

在竞争日益加剧的商业环境中,创新是一项重要的战略,改进战略对于建立卓越形式的可持续创新的公司至关重要。企业必须努力保持产品目前和未来对市场的吸引力,从现有产品线中创造更多价值,并鼓励员工之间的创新工作,利用员工的创造力和独特的技能。为了提高创新能力,公司必须培育有形资产和无形资产,以确保可持续的创新与满足市场需求和业务目标以及确保竞争优势。

二、企业创新的影响因素

(一)市场导向

企业内部可持续创新的战略管理可以通过与客户、价值链网络、政府或当局以及知识网络等外部资源建立关系来完成,帮助公司了解客户需求方面的稀有资源,预测客户未来需求,相应地开发产品和服务。企业可以通过了解客户的市场信息,然后通过创新产品和服务来响应客户需求,在激烈的市场竞争中开发出色的产品并取得优异的性能。其中适当响应客户需求和期望是开发创新产品的关键,同时要强调组织内部沟通,很多时候创造性的想法可以产生于组织内部门员工之间的良好沟通。

(二)政治因素

公司可能面临不断变化的市场环境,因此政府可以制定短期和长期

支持公司的政策。政府的作用是不断创造和升级各种因素,如熟练的人力资源、基本科学知识、经济信息或基础设施,其中最重要的因素是人力资本和创造性资本。政治关系是将政府政策与可持续创新行为联系起来的重要调节者,政府机构对于企业竞争力至关重要。政府可以促进企业技能、人力资源或基本知识的提升,可以通过支持知识、技术转让、资金搜索和项目管理来支持企业的创新活动,从而减轻企业压力。要通过培养直接、牢固、长期的联系,建立稳定的创新环境。

三、企业创新的形式

(一)企业内部创新

企业的责任是培养和整合内部和外部资源以维持创新。可以采取的形式有开发新产品、更新现有产品、塑造员工行为。企业创新需要首先能够获得融资,并且拥有必要的商业信息,培养员工的创新行为,激励产品创新。

(二)外部创新商业化

从外部获得创新需要两个步骤:必须首先找到外部创新来源,然后将这些创新引入公司实现市场化。从外部来源获得创新引入公司的第一步是识别和采购这些创新,通常涉及明确的合同和许可协议,这为技术推广提供了更有力的机会。同时组织文化在组织从外部创新来源中成功获利的能力中起着重要的作用,企业需要建立更为开放、包容的文化氛围,以维持创新。创新氛围的建立要求同时进行开拓性创新和探索性创新。开拓性创新是指以开发有技术基础的技术创新。探索性创新是指基于新技术基础的技术创新。

第十章　大学生创新思维、创新意识与创业能力培养

第一节　创　客

一、创客的含义

"创客"一词来源于英文单词"Maker",是指基于个人兴趣与爱好,把创意设想转变为现实的人。在汉语中"创"的含义是:开始创造,首先开创,创建创立。它体现的是一种积极向上的态度,期望通过努力行动和实践去发现问题和未满足需求,并最终找到解决方案。"客"则有客观、客人的意思;客观体现的是理性思维与行动;客人体现了人际交往活动中的良性互动关系,蕴含了开放意识与包容精神,并且在行动中乐于与他人分享。创客以用户需求为导向,以用户创新为核心理念,是创新 2.0 模式在设计制造领域的具体体现,表现为不以营利为目标,试图把创意转变为现实,因为个人兴趣爱好而热衷于创意、设计、制造,有热情、有能力在创新 2.0 时代为实现个人追求和为改变他人生活做出贡献。

二、创客的发展

创客最早出现在麻省理工学院比特和原子研究中心的个人制造实验室。个人制造实验室是从对个人通讯分析基础上,延伸到个人计算,最终实现个人制造,整个过程试图构建以用户为中心,面向应用,融合创意设计、加工制造、调试分析及信息管理各个环节的用户创新制造环境。个人制造实验室网络的广泛发展激发了个人设计、个人制造的浪潮,创客活动随之逐步兴起,创业空间也相应建立和发展。

2005 年 2 月《MAKE》杂志创刊,这是一本引导和鼓励个人创新的杂

志,目的是将自己动手(DIY)的理念运用到日常生活中。2011年《MAKE》杂志注册 makerspace.com 域名,于是创客(maker)和创客空间(maker space)的表述就广泛流传,伴随着全球化浪潮,迅速在全球范围内引发一场创客热。

创客运动的兴起,对于改变全球经济发展模式和推动各国综合国力提升具有积极意义,克里斯·安德森在《创客:新工业革命》中对这些问题进行了详细的分析论述:创客运动是网络一代改造现实世界的过程,伴随着数字技术与快速成型技术发展,赋予了每个人从事发明的能力和可能性,创客可以利用互联网的创新模式,成为改变全球经济发展的中坚力量。

创客在中国兴起并不晚于世界,美团点评王兴、科大讯飞刘庆峰、58同城姚劲波、京东数科陈生强、菜鸟网络童文红、猪八戒网朱明跃、VIPKID米雯娟、臻迪集团郑卫锋、美巢冯琪雅等都是优秀创客的代表。

三、创客活动与创新文化的营造

开展创客活动是为了培养每个人的综合创造能力和创新能力,开展创客教育是培育创新人才和实现"双创"战略的重要手段,要在全社会营造良好的创客文化氛围。

(一)创客文化

创客文化是融合创造文化与休闲文化于一体的共生文化,是休闲的创造化和创造的休闲化二者之间的紧密结合。创客文化以"创客"空间和"众创"空间为载体,形成了立足创新、促进创业的社会文化氛围。

(二)创客文化产生的时代背景

1. 创客文化是"双创"时代的文化召唤

创客文化是在全社会开展创新创业教育实践活动中所表现出来的思想观念、行为方式以及管理制度的总和,是青年人从事创新创业活动的思想意识、价值观念和社会观念的总和。高校是文化传播的主阵地,为培养创业人才和推进创业教育实践提供了良好的环境。大学生创新创业需求更加强烈,空间更加广泛,也更需要培育、扶持和拓展创新创业文化建设,把创客文化引入校园。创客文化不仅可以为社会创业实践活动服务,也能够为高校创业实践活动助力。把创客文化融入高校创新创业教育体系,

第十章　大学生创新思维、创新意识与创业能力培养

对于教育教学活动的深入开展和创新创业精神的培养具有积极作用。

2. 创客文化是"双创"文化在全社会的文化映射

创客文化是创业精神的文化映射。鼓励年轻人积极参与创新创业，首先要培养其创新意识、建立创新精神。创新创业活动不仅仅是解决就业的途径，更是当代青年人高层次的精神追求和价值实现方式。创新创业精神要以社会主义核心价值观为引导，不断挖掘创新创业内涵，带动创客文化真正融入主流文化中。

3. 创客文化是"双创"工作的文化支撑

面对"大众创业，万众创新"的战略环境逐步形成，开展创新创业教育必然需要创客文化的支撑。大学生要充分认识到，大学学习是培育创新创业文化意识，学习创新创业手段能力最有效的途径。大学生要主动激发自身的创新创业热情和能力，理解和认同创新创业教育理念和校园创客文化的发展模式，做新时代的"创客"。

4. 创客文化是新型文化形态

创业教育途径主要包括课堂教育教学、文化氛围建设和实践体验活动等形式，目的是培养大学生的创新意识、创新精神和创业能力。在高校创业教育中，学习成本最低、学习效果最好，对于大学生就业能有很好的促进作用。因此不论是创新创业教育的主体，还是课题都应该形成正确的认识和态度，主动接受和认可创客文化，它为学生提供社会实践、自由探索的机会，强调以兴趣和爱好为学习动力，重视培养学生的创新意识，是高等教育更新人才培养理念的展现，是高校校园文化内涵的提升手段，也是大学生综合能力提升的途径。

四、创客活动对青年人创新创业思维训练的意义

（一）激发青年人学习的积极性

创客教育和传统教育本质的区别在于前者激发青年人学习积极性的极大提高，这种方式的变化对于传统教育产生深远的影响。随着科技的快速发展，通过开展创客活动来转变青年人的学习方式，使其主动去学习和接受知识，引导青年人走向创新，从而激发其创新创业意识，提升全社会的创新能力。

(二)促进人才培养模式的提升

在知识经济条件下,传统的以技术发展为导向的发展模式被彻底打破,建立起以科技创新为主导的发展模式。新模式强调形成以个体用户为中心、以发掘满足需要为导向、强调持续创新与协调发展,通过创新创业教育开展创客教育,培养有热情、有能力的青年人更主动地参与到创新创业教育实践过程中。创客教育是新发展模式下人才培养的必然选择,也是大学生发展的重要途径。

(三)促进人的全面发展

创客活动具有一定的实践性,在积极参与活动的过程中,培养和养成主动性,全身心投入到基于创造的学习过程中,培养批判性思维、创新思维、共情能力、沟通能力、问题解决能力、反思能力等,从而实现人的全面发展。

第二节 创客空间与众创空间

一、创客空间

创客空间把共享作为第一原则,不仅共享创业资源,而且分享思想和创意。思想和创意的共享可以激发更多更好的创新创业灵感,发挥协同效应,避免重复尝试产生的浪费。创客空间对于培养创业者的创新创业思维、意识,提升创业者的创业能力具有重大意义。

(一)创客空间的形成与发展

创客空间最早出现于柏林,2007年全球仅有的40个创客空间,大部分集中在德国,随着创新创业重要性的凸显,目前大约有7000个创客中心,分布在世界各地。在欧美一些教育比较发达的国家,"创客"教育已经渗透在日常教育中,学校设置专门的创客课程,开设创客空间,为学生搭建实现"想象落地"的平台。在美国,LOGO语言创始人、美国麻省理工学院人工智能实验室和媒体实验室的创建者西蒙·派珀特(SeymourPapert)致力于研究通过LOGO语言帮助儿童成为自己的"智力建设者",并提出"基于创造的学习"(learning by making)的建构主义观。

第十章　大学生创新思维、创新意识与创业能力培养

这项研究认为,好的教育不是让老师教得更好,而是要提供充分的空间和更多的机会让学习者去构建自己的知识体系,当学习者尝试制作对自己感兴趣的作品时,学习状态最佳,学习效果也最为理想。

2010年10月国内第一个创客空间在上海徐汇区长乐路的"新车间"诞生,紧接着北京创客空间、深圳柴火空间等一批创客空间相继成立,随后英特尔等一批具有国际影响力的科技公司陆续举办创客嘉年华、创客大赛等活动,国内搭建了一批"呵护学生的想法和创意"的校园创客空间,把创客教育逐步引入到高等教育体系中。

清华大学、深圳大学等一批在校学生自发建立起各种形式的"创客空间"。例如,清华大学在读研究生毕滢与同学合作成立了"清华创客空间",帮助有创新想法但零技术基础的同学用简单方法实现设想。西南交通大学"创客空间"创始人李君,将"创客空间"建成学生兴趣爱好科创服务中心,通过组织分享会、工作坊、挑战赛、创客集市等活动激发同学参与热情,并通过创设课程讲授创客技能。

中国创客教育和创客空间还处于萌芽成长期,创客空间不论在数量上还是规模上都比较弱小。目前全球范围内的创客空间已有7000多家,而国内有影响的只有70余家,仅占1%左右。

(二)创客空间的主要形式

1."自己玩"型与"集体玩"型

(1)"自己玩"型

美国麻省理工学院Gershenfeld教授开设了一门"如何能够创造任何东西"的课程,创办个人制造实验室,让没有技术经验的学生自己尝试制作,在课堂上创造出很多极具想象力、有价值的产品。现在许多创客空间就是单纯为玩家提供一个自己动手尝试制作开发产品的场所。近年来美国创客数量发展迅速,创客规模非常庞大,但美国的创客以"自己玩"型为主,更多的是个人行为,也就刺激产生了众筹这样的融资方式。

(2)"集体玩"型

产品研发和制作是一个复杂程度高、创新要求高的过程,单凭个人能力无法完成,必须集中群体力量,发挥集体智慧才能完成。近几年的创客空间热衷创新创业计划,这样的系统工程靠创客个人是难以实现的,必须靠创业团队。我国的创客空间更多的是"集体玩"类型,这不仅可以提高创业者个人创新创业能力,也可以培养团队协作精神和分工能力,更重要的是形成可行的创业行动方案,促使创业活动成功。

2. 兴趣型与创业型

(1) 兴趣型

兴趣是最好的激励,创客往往是为满足个人的制造兴趣而进行创新,也就使得他们随时保持一种创新的状态,相当于一个员工流动车间,创造了即时市场价值。

(2) 创业型

这类型的创客,是为了满足创业者的创新创业愿望,激发创业创意和想法,并将创意想法转化为具体行动计划,他可以获取更多的创业资源支持,不但创造了即时市场价值,而且创造了长远的市场价值。

最初创办创客空间是为了满足创客个人的兴趣爱好,创客运动是否应当商业化是有争议的。一部分创客认为从事创客运动就是一种兴趣爱好,是一种公益性质的、非营利性活动;而另一部分创客的目的不单纯为了兴趣,而是为了获取利益。二者没有对错,实际的创客空间往往是兴趣型和创业型的融合,只要能够解决问题,带来价值的提升,创客的存在就是有意义的。也正是因为存在融合,创客空间才能够解决隐性知识传播的信息不对称和道德风险问题,促进各种创意思想的快速分享和传播。

3. 综合型与专业型

(1) 综合型

创客活动涉及众多专业领域,一般政府投资兴建的创客空间属于综合型空间。其主要坚持公益非营利性创业项目,面向所有有想法的创业者,活动空间大、规模大、涉及众多领域,不限制专业。

(2) 专业型

专业型是指创客活动仅属于某一专业领域。由企业主导创办的创客空间,坚持商业化导向,创客空间与规模适中,坚持经济性原则,一个创客空间一般只涉及一个专业方向,与主导企业的专业基本保持一致。例如深圳华丰世纪投资公司联合深圳市近距离无限技术应用协会创建了"智客空间",从事智能终端产品的开发;深圳新一代信息技术创新联盟创建的"创业二路创客基地",从事新一代信息技术开发与运用;另外由海外留学归国人员协会创办的"优创空间"、中粮集团创办的"中粮智汇创客空间"、湖南大学深圳罗切斯特设计学院创办的"Mlab 模块化创客空间",都属于专业型创客空间。

4. 无配套型与有配套型

创客空间的配套是指创客有无确定专门的风险投资机构或风险投资人。

（1）无配套型

无配套型指创客空间没有专门风险投资机构进驻，创客需要亲自到风险基金公司推荐项目产品，在较短时间内准备并接受风险投资机构或风险投资人的评估。无配套型创客空间项目获得风险投资的不确定性较大。

（2）配套型

配套型指创客空间有专门风险投资机构进驻，风险投资人可以是创客空间合伙人。这种形式下，创客与投资机构和投资人近距离接触，双方彼此了解，投资方全面掌握创客的创新能力、创业远景、项目可行性，创客也可以最大限度降低了信息不对称成本，对最终确定项目投资具有积极意义。作为新创企业，有风险投资支持在公开上市折价比较少，同时风险投资具有市场择机能力，可以帮助新创企业选择较好时机进行IPO融资。

风险投资机构在投资评估时主要考虑的因素是创业者素质能力和创业团队发展，市场因素只作为参考，从企业的市场规模、公司战略、核心技术、市场竞争、管理团队和投资条款等方面全面考察项目。例如，北京3W咖啡馆，将风险投资引进创客空间，促进创客与风险投资接触，风险投资人可以近距离观察创业活动和筛选优秀创新创业项目，打造"创新+创业+创投+创客"的联动发展模式。

二、众创空间

（一）众创空间的含义

众创空间是顺应创新2.0时代，用户创新、开放创新、协同创新、大众创新的趋势，把握全球创客浪潮兴起的机遇，根据互联网及其应用深入发展、知识社会创新2.0环境下的创新创业特点和需求，通过市场化机制、专业化服务和资本化途径构建的低成本、便利化、全要素、开放式的新型创业服务平台。

（二）众创空间与创客空间

众创空间更注重市场化、专业化、集成化的发展，所以对创业来讲优势更加明显，具有代表性的有腾讯众创空间。创客在创客空间进行作品创作的最初目的是新奇好玩，并没考虑该作品的商业价值，更没考虑将来是否会以此去创业赢利。创客空间与众创空间的区别也就在这里，创客空间里的创作目的性不强，而众创空间则更多地强调创业的操作性。

众创空间 = 创客空间 + 创业孵化器

也就是说众创空间是为了帮助有好项目的创客走向创业的创客空间。

(三)众创空间的发展

2015年北京市对首批"北京市众创空间"中的11家进行了授牌,包括:北京创客空间、科技寺、创客总部、乐邦乐成、东方嘉诚、融创空间、京西创业公社、北大创业孵化营、极地国际创新中心、清华x—lab、DRC创亿梦工厂。5月再次对14家创业服务机构授予"北京市众创空间"的称号,分别是:3W咖啡、IC咖啡、车库咖啡、Binggo咖啡、36氪、亚杰汇、创业家、天使汇、北京大学创业训练营、因果树、飞马旅、硬创邦、虫洞之家、联想之星。这标志着北京搭建起了众创空间资源共享平台和组织,也揭开了国内创新创业发展的新模式、新理念。

在上海、深圳、杭州、南京、武汉、苏州、成都等国内创新创业氛围较为活跃、高校比较集中的地区,也都涌现了一大批极具特色的众创空间。比如上海的"新车间",深圳的"柴火创客空间",杭州的"洋葱胶囊",南京的"创客空间"等。

中央政府与地方各级政府也积极重视创客建设与发展,2016年国务院新闻办公室举行国务院政策吹风会,介绍大力发展众创空间、推动科技创新服务于实体经济转型升级的有关情况,明确要求深入促进众创空间向专业化发展,为双创提供低成本、全方位、专业化服务。

(四)众创空间在中国的主要模式

1. 活动聚合型

活动聚合型以具体活动为载体,以交流为主要目的定期举办设计或项目的发布、展示、路演等创新创业活动。代表性的有:北京创客空间、上海新车间、深圳柴火空间、杭州洋葱胶囊等。

2. 培训辅导型

培训辅导型旨在利用高校的教育资源和社会资源,以理论教育结合实践的模式为依托,搭建大学创新创业实践平台。代表性的有:联想之星、亚杰商会、北大创业训练营等。

(1)联想之星,由中国科学院和联想公司共同发起,通过免费创业培训、天使投资、开放平台等手段,发现并培养优秀的科技创业领军人才,为早期科技创业企业提供天使资金。联想之星搭建了科技成果产业化、科技创业观念培养、高科技成果产业化的"三位一体"科技创业孵化模式。

(2)亚杰商会,起源于美国硅谷,全称为亚美高科技商会(Asia

第十章 大学生创新思维、创新意识与创业能力培养

America Multi—technology Association），由一批具有丰富经验和资源的企业家、投资银行家、管理咨询专家发起成立。目的是以自己的资源、经验和积累，推动中国科技产业和创业企业的发展和进步。其中"摇篮计划"是该商会推动中国青年创业家成长与进步的公益项目，项目每年邀请10位商会专家作为导师，遴选20位创业者，以1对1辅导、讲座培训和集体活动等方式，提供年轻创业者与专家导师面对面学习的机会，在导师、学员彼此之间组建一个交流分享的学习型组织。

（3）北大创业训练营，是北大校友会发起的全公益性开放创业教育平台。借助北京大学的教育资源、研究资源、校友资源，通过实战训练与行业理论学习相结合的创业培训，为创业者提供理论、技术、资金、场所等全方位的服务与支持。

3. 媒体驱动型

由媒体主导，面向创业企业，利用自身的宣传优势为产业企业提供包括宣传、信息、投资等各种资源在内的、线上与线下结合的综合性创业服务。代表性的有：创业家、创业邦。

4. 投资驱动型

投资驱动型解决初创企业最迫切的资金问题，以资本为核心和纽带，搭建平台展示创业企业或项目，吸引投资人或投资机构的关注，为创业企业提供融资服务，从而提升创业成功率。代表性的有：创新工场、车库咖啡、天使汇等。

（1）创新工场，倾向于早期阶段投资，提供全方位创业培育。这是李开复创办的投资机构，也是一个全方位的创业平台，不但投资项目，也培育创新人才和新高科技企业。创新工场针对早期创业者的需求，提供资金、商业、技术、市场、人力、法律、培训等一揽子服务，帮助早期阶段的创业公司顺利启动和快速成长，帮助创业者快速开发出一批最有市场价值和商业潜力的产品。创新工场的投资方向以信息产业为主，涉及移动互联网、消费互联网、电子商务和云计算等。

（2）车库咖啡，以创新创业和投资为主题的咖啡厅，创业者只需点一杯咖啡就可以在这里享用免费开放的办公环境。早期创业团队可以在这里跟其他创业团队和投资人交流沟通，创业者在这里能够见到许多与自己志同道合的人，还能够碰到在车库咖啡寻找项目的投资人或投资专家。车库咖啡为早期创业者提供了低成本办公场所，同时也是投资人的项目，有利于发现有潜力的创业项目。

（3）天使汇，是一个连接投资者和融资者的中介平台，本身不为项目

提供基金。其服务对象多数是初创者,初创者在融资成功后需成立公司,但对公司注册成立的相关手续和流程不熟悉,这时天使汇就为新创企业提供一站式服务。现在所有手续全部可以在互联网上解决,把工商快速变更系统与天使汇的投融资平台融为一体,使服务更加高效。天使汇关注的项目和企业有三类:TT 产业,具备尖端技术的项目和企业,传统产业转型升级过程中具有技术创新和商业模式创新的企业。

5. 地产思维型

地产思维型由地产商打造的众创空间,为创业者提供办公必备硬件设施,如办公桌椅板凳、茶水间等硬件设施,以及管理咨询、投融资服务、代理记账等软性服务,吸引初创企业、小微企业入驻。代表性的有:SOHO 3Q、优客工场等。这种模式由万科地产前副总裁毛大庆开始尝试搭建,毛大庆离开万科后,立即以地产运营模式创办众创空间,他选择在城市最优地段、以最优价格提供众创空间产品,这对于创业者产生了巨大吸引力,短期内就在全国范围内产生巨大影响,许多房地产企业纷纷效仿。

6. 产业链服务型

产业链服务型,突破仅对某一环节的服务,以全产业链环节服务为主,包括产品设计与生产、产业链上下游企业的合作交流等。代表性的有创客总部。

7. 综合创业生态体系型

综合创业生态体系中,提供包括金融服务、培训指导、人员招聘、运营管理、政策申请、法律服务等一系列服务项目。代表性的有众创空间。

众创空间经过 30 年的发展,已经从 1.0 版的房屋租赁,发展到投资与期化结合的 3.0 版本,并形成各具特色的模式,如"北京模式""西安模式""上海模式"和"武汉模式"。它们各有侧重,"北京模式"主要特色是"投资于期化结合""线上与线下结合""企业与高校结合"。

【补充资料】

优秀创客空间

1.TechShop

(1)空间基本信息

美国最大的连锁创客空间 TechShop 有 6 家门店,创客或者手工爱好

第十章　大学生创新思维、创新意识与创业能力培养

者每月需支付 125 美元,就可以成为空间会员,获得各种软硬件资源的使用权,同时 TechShop 会提供所有工具、设备的使用安全准则和基本使用培训,另外还会设置有关课程和研讨会,推广创客文化。

TechShop 是基于会员制工作坊而组成的社区,提供可供使用的工具设备、创作教学、人员支持,以便创造工作的完成。这里的工具设备包括:铣床、车床、焊接台、切割机、金属加工设备、钻孔机、锯、工业缝纫机、手工具、塑料加工设备等。对于那些喜欢自己动手做或者是发明创造的人,TechShop 是让创新者把原始的想法做成产品原型,甚至做成完整的产品的理想场所。

（2）空间运营模式分析

第一家 TechShop 商店成立于 2006 年,当时在加州有许多非常热衷于开发开放式软件、硬件的工程师和电脑高手,这些 DIY 爱好者聚集在某些场所(大学校园、社区交流中心或者是会议室)写程序,做机器人,同时交流分享他们的专长和经验。参加者往往不求报酬,不以获利为目的,只是单纯的由于对机械电子的兴趣爱好而聚集在一起。最终固定在 TechShop。

（3）空间发展经验借鉴

目前 TechShop 总共有大约 3300 名会员,由包括福特之内的大公司提供资金支持,通过电视节目展示创客的设计与产品,激发人们产生对于创新活动的兴趣。

2.Fab Lab

（1）空间基本信息

Fab Lab 即微观装配实验室,是美国麻省理工学院比特与原子研究中心发起的一项实验,是一个拥有几乎可以制造任何产品和工具的小型的工厂。Fab Lab 的最初灵感来源于"如何让没有技术经验的学生们能够创造任何东西"的课堂,很快成为学校最受欢迎的课程。

（2）空间运营模式分析

迄今为止,数字革命经历了个人通信和个人计算两个重要的发展阶段,个人通信网络及个人计算已经形成,人类正处于第三次数字革命的前夕,这次革命以"个人制造"为核心,Fab Lab 正是为迎合这次革命而诞生的。

（3）空间发展经验借鉴

通过 Fab Lab,没有技术经验的学生们可以创造出令人印象深刻的产品,如为鹦鹉制作的网络浏览器、收集尖叫的盒子、保护女性人身安全的

裙子等。因为可以制造任何想要的东西,激起了学生们很高的参与热情,他们可以通过各种方式实现自己的个性化需求,这也是 Fab Lab 的创新研究理念。

3. Access Space

(1)空间基本信息

Access Space 是英国持续时间最长的多媒体实验室,位于英国南约克郡的谢菲尔德。

(2)空间运营模式分析

最初该空间是以回收废旧电脑并再利用为主题,空间所有的公用电脑均为回收再组装利用,并全部安装了开源系统与开源软件。

(3)空间发展经验借鉴

作为创客空间,提供机械加工设备、电子开发设备、3D 打印机以及激光切割机等各种开发产品的工具,目前已经发展成涉及包括艺术、电子、科技、电脑、音乐、摄影等多个领域的创新活动。

4. Noisebridge

(1)空间基本信息

Noisebridge 是个开放的场所,无须缴纳会员费或报名费,就可以直接进入课程,甚至直接开始工作。Noisebridge 创客空间坚持实用为主,官网是标准的 Wiki 页面,朴实而丰富,可以找到任何需要的信息,体现了 Noisebridge 的创新思维。

(2)空间运营模式分析

Noisebridge 的独特不仅表现在装饰风格和内部陈设上,也表现在其管理和运作方式上。其基本原则之一是"不要成为一个使人厌烦的人"(Don't be a dick),Noisebridge 在此基础上期望实现"相互保持友好"(Be excellent to each other)。

(3)空间发展经验借鉴

Noisebridge 是一个崇尚开放、自由、互助的创客空间,采取无为而治的管理方法,按照类似开源社区的组织方式保持着空间有序运作。

5. ChaosCamp

(1)空间基本信息

混沌电脑俱乐部(Chaos Computer Club)是全球第一家真正意义上的创客空间,1981 年在德国柏林诞生。

第十章 大学生创新思维、创新意识与创业能力培养

（2）空间运营模式分析

它也是全球最著名的黑客组织之一，以揭露重大的技术安全漏洞而闻名于世，从芯片到PIN，再到智能手机等都在其覆盖范围。

（3）空间发展经验借鉴

它是一个开放的实验室性质平台，提供激光切割机、3D打印机等基础设备，创客们聚集在这里，分享思想、技术，最终把好的创意转化为新产品，实现产业化。

创新创业孵化器

6. Y Combinatm

（1）公司基本信息

Y Combinator成立于2005年，是美国著名创业孵化器，Y Combinator主要扶持初创企业并为其提供创业指南。

（2）公司运营模式分析

Y Combinator只关注于最早期的创业团队，在创业团队的起步阶段就介入并提供相应的帮助。Y Combinator定期举行相关活动，接受创业团队提交的项目申请资料。

（3）公司孵化成果分析

项目评审通过，Y Combinator会提供"\$5000 + \$5000n"模式的投资，n指的是愿意参与此项目投资的Y Combinator合伙人的人数。如果有2个合伙人愿意投资，那么5000 + 5000×2=15000，即最终的投资额度是\$15000；如果有3个的话，则5000 + 5000×3=20000，即最终获得投资就是\$20000。

（4）公司发展经验借鉴

作为投资回报，Y Combinator占有项目2%—10%的股份，通常多是6%。创业企业虽然获得的钱不多，但由于新创企业大量使用公开融资和多轮融资，获得这部分资金对于维持一段时间的运营已经够用。

7. WeWork

（1）公司基本信息

2010年WeWork诞生于美国纽约。其商业模式就是租下办公空间，再以工位为单位分租给小型企业和创业者，并提供运营管理服务。

（2）公司运营模式分析

与传统的服务式办公室不同，WeWork鼓励租客在开放空间下与其他租客进行交流沟通。为此空间的装修追求年轻、有活力，设置大量公共空间，提供免费的无线网络、文印处理、咖啡餐点等服务。

（3）公司业务特色分析

在 WeWork 空间从事创业活动的人，是为实现个人价值和追求个人价值，而非生存型创业者。

（4）公司发展经验借鉴

WeWork 的模式，取得了很好的业绩，收到了创业者的追捧。已经遍布全美各大城市，欧洲的一些城市也出现了其分支机构。全部租赁面积将达到 32.5 万平方米，估值已达 50 亿美元。

8.Plugand Play

（1）公司基本信息分析

Plugand Play Tech Center 是位于加利福尼亚州森尼维尔市的创业加速器。

（2）公司运营模式分析

Plugand Play Tech Center 的服务主要有：

第一，提供办公空间，包括基本的办公设施、移动网络、数据中心等。

第二，组织活动和交流，每年会举办 120 场以上活动，平均每 3 天一场。

第三，对接资金。每年从 3000 份简历中预选 200 份，再挑选出 10 份进行分析，最终大约有 4~5 个能走完整个流程，去争取风险投资。整个过程相当严格，保证项目质量，提高投资成功率。在对接资源时，以大企业为主，这样资金有保障。

第四，配备导师，为了帮助创业企业快速成长，孵化器会为创业企业有针对性地提供专家支持。

（3）公司业务特色分析

Plugand Play 也会提供最基本的办公注册等创业服务，举行主题活动，对创业企业进行投资。但 Plugand Play 有很多经验丰富的、精力充沛的专家："我们有自己的 ER，很多从 GOOGLE、思科等这样的公司退休的高管，他们不愿意脱离硅谷的创业环境，他们付费给 Plugand Play，在 Plugand Play 租一个办公室接触企业，同时对他们喜欢的企业进行投资和辅导。"这是其最大的特色和竞争力。

（4）公司发展经验借鉴

创业企业从技术、创业意识形态上做创新，有更多的导师和企业来参与到创业投资、孵化和辅导的过程中，项目体制更加开放，创业者综合能力和素质更强。

9.TechStars

（1）公司基本信息

TechStars 成立于 2007 年，总部位于科罗拉多州博尔德，它共孵化出

114家公司,还有近百家处于孵化当中,其中的73家已募得1.34亿美元的风险投资。

（2）公司运营模式分析

TechStars每年获得近4000份申请,其中只有1%被接受。大约有80%的TechStars公司项目能获得风险投资或者规模较大的天使融资,完成项目时平均募得1100万美元。TechStars大约40%的初创公司位于项目所在城市附近,由创始人大卫·科恩在各个孵化站点招揽总监来负责运营。

（3）公司业务特色分析

TechStars的模式是引入导师帮助初创公司,为每家初创公司提供10名导师,确保新创企业保持专注。通过与StartupAmerica合作创立"全球加速器网络",与其他创业孵化器和加速器分享信息。

（4）公司发展经验借鉴

TechStars孵化项目数量不多,但会给予每家初创公司巨大的关注和支持。相比数量,TechStars更加注重质量,期望资助的每一个公司都能成功。TechStars也会关注、投资初创公司,孵化出一批成功的创业企业。

第三节　专创融合

创新是社会发展的第一推动力,创新创业教育是国家实施创新驱动发展的战略,也是推进高校改革的重要出发点和突破口,是培养大学生具备创业思维与技巧、树立正确创业观与就业观的教育,为学生实现良好的就业和成功的创业提供服务。专业教育是高校人才培养的重要场所,是大学生提升综合素质的主要方式和途径。专业教育与创新创业教育是紧密联系、有效统一的,有利于共同培养大学生的综合素质。本书认为,专创融合就是将专业教育与创新创业教育深度融合,按照不同专业群特点设置创新创业课程,将创办企业方案和创新产品、工艺、流程等设计引入课程设计、毕业设计和社会实践等环节,实施全方位教学改革。

一、专创融合的背景

国外创业教育与专业教育的融合实践较早,大学专业教育和创业教育相融合是由经济驱动方式转型促成的。在创业教育相对比较成熟的欧美国家,主要是以商学院为中心,开展专业教育和创新创业教育融合的教育教学工作,这样能有效渗透创新创业教育理念,推动创新创业实践与专业学习密切结合。从英美等国家的经验来看,创新创业教育与专业教育的融合,关键是不同学科类别中的差异性与适用性,大学生需要在教师带领下主动探寻二者之间的关系。

欧美高校的创新创业教育与专业教育经历了长时间探索与融合,形成了磁石模式、混合模式和辐射模式等有代表性的模式,探索开展知识讲授、交流研讨、实地走访、案例剖析、实践模拟训练等多种教学形式。我国高校在开展创新创业教育与专业教育融合以及设置课程时要吸取先进经验,在教育教学中整合学生的专业知识学习和未来职业规划发展,并且将创业教育作为教师基本技能确定。既要让大学生主动学、学得会,还要培养良好的师资队伍愿意教、有内容,实现教学相长。

高校有各自的办学目标与办学特点,在专业设置与特点、培养目标与方向上都有所不同,同时受学生知识储备水平与学习能力的参差不齐,有效的专创教育必须是因人而异、因情况而调整。立足于高校自身特点和其学生实际,探索适合的创新创业教育与专业教育融合的发展途径。

二、专创融合的途径

(一)教育理念的融合

专业教育与创新创业教育实现有效融合的前提是教育理念的改革,改变传统以专业教育为唯一的认识,树立能够使二者相融合、能够有效实现教育目标的教育理念。在进行专业知识教学的同时,渗透创新创业知识学习,培养学生的创新思维、创新意识,赋予学生创业技能,增强大学生步入社会后的适应能力。

(二)人才培养目标的融合

打破专业教育在人才培养目标上的局限,把创新思想、创新意识、进取精神、勇于探索尝试等融入现有人才培养目标。同时要注意主次问题,大学生在专创学习过程中,还是要以专业学习为主,以创新创业思维培养和训练作为创业学习点,不要过分强调创业实践活动,这样才能为创新创业教育和专业教育的融合发展奠定良好基础,并最终实现大学生综合素质提升和发展。

第十章　大学生创新思维、创新意识与创业能力培养

（三）专业知识和双创知识的融合

专创融合是有效实现，需要进行全过程管理，把创新创业思想贯穿于整个大学教育教学的全过程。从大一新生入学教育开始，到期间的专业学习环节，直至毕业季的就业指导服务，各个环节都应该把专业知识和双创知识渗透在一起。这样可以优化教学内容，丰富教学环节过程，提升教学效果。但在融合过程中也要注意创新创业教学内容与专业教学内容的差异，要有区别地对待，不能胡子眉毛一把抓。

（四）教学方法的融合

教学方法对于实现教学效果影响十分重要，选择适用于专创融合课程的教学方法取代传统教授的教学方法，培养学生主动性，训练学生创新性思维和自己动手解决实际问题的能力。通过转换教学思想，创新教学方法，丰富教学内容，打造多样化、有特点的教学环节模式。

（五）教学内容的融合

坚持以专业知识教育为主，加大创新创业教育内容，在专业教育中融合创新创业内容，同时强调专业实践活动。

第一，丰富课程设置，开设专创融合教育各类课程（选修与必修结合、公共与专业结合），实行学分制管理，提高学习灵活性。

第二，实现线上与线下，课堂与课后融合，保证持续的教学效果。

第三，加强专创教育师资队伍建设。教师是根本，实现专业教育与创新创业教育的融合，要求教师具备这两方面的综合能力。建设一支专业化、高水平的教师队伍是实现专创融合的重要保障。

随着社会的迅速发展，实行创新创业教育和专业教育相结合已成为必然，这对于提高学生就业、专业建设和促进社会发展都有积极意义。学生必须客观分析自身特点、学科现状和发展趋势，结合自身的职业设计，探寻符合个人实际的专创融合学习方式。

三、专创融合的原则

（一）适应性原则

专业教育是根本，不能偏废，是高校的教育重点，大学生学习专业知识，具备专业能力是高等教育人才培养的主要目标，也是个人职业发展的

基本保证。在进行专业教育和双创教育融合时,仍然要以坚持培养专业人才为根本,在培养具备扎实专业知识人才的过程中,适时、适度、适当地引入双创教育内容,以专业课程为主融入创新创业课程,强化实践性教学活动,注重创新创业教育的实际操作效果,最终培养具有复合能力的双创人才。

(二)需求导向性原则

积极寻找改革融合方案,创新人才培养策略,在满足专业知识教育的同时将创新创业教育理念融进课堂教学。大学生要及早制定学业规划和职业发展规划,合理安排在校期间的生活与学习,协调自身专业理论知识学习与创新实践能力培养的关系。社会经济快速发展,互联网时代的到来要求大学生成为具有专业知识和创新创业能力的复合型人才,这一要求是当代大学生必须面对的现实。

(三)循序渐进原则

专业人才培养过程中重视学生的心理需求变化与发展,生理需求出现与满足,作为创新创业教育也同样需要学生的变化。学校要充分尊重学生的成长变化规律,循序渐进不断地探索和尝试,突破惯性思维的局限与制约,积极提高大学生的专业知识水平和创新创业能力。作为在校大学生,也要形成正确的认识,首先积极认可并配合双创教育的实施,提升个人综合素质和能力;同时正确认识双创教育需要经过一个发展的过程,受资源限制改革不可能一蹴而就,这既不经济,也不符合人才培养的规律,要逐步改革、分阶段推广实施,当代大学生要在这个过程中扮演好社会赋予我们的角色和要求。

【补充资料】

北京科技大学打造特色"创新创业分中心"推动"专创融合"

北京科技大学围绕拔尖创新创业人才培养,积极探索构建校院两级创新创业教育体系,在学院层面建设"创新创业分中心",大力推动"专创融合",完善"有组织、有基地、有赛事、有教师、有课程、有活动"的"六有"机制,努力将学科优势转化为创新创业教育优势,促进学生成长成才。

"有组织、有基地",为创新创业教育提供坚实保障。在学校设立创新创业中心基础上,有13个学院建立"创新创业分中心"。成立以学院书记为组长,专业教师、班导师、创新创业辅导员为成员的工作小组,统筹做

第十章　大学生创新思维、创新意识与创业能力培养

好学院分中心日常工作,支持学生创新创业教学和实践。依托分中心建立"机器人创新创业实验室""智能车创新创业实验室"等具有特色的学科创新创业实践基地,累计面积超过1500平方米,为学生创新创业实践提供坚实保障。

"有赛事、有活动",为创新创业教育搭建多样平台。依托学院分中心,开展"智能车大赛""机器人大赛""节能减排大赛"等近30项学科相关创新创业赛事,实现"一院一赛",着力培育"机器人队""智能车队"等科技创新团队。发挥专家、校友等资源优势,结合学科特点和学生需求,开展差异性创新创业教育活动,举办"'满井谷'互联网+创新创业论坛""理学之美""名家讲坛"等活动,邀请10余名国际顶尖科学家、50余名院士和50余名创业人士与学生分享科研创新故事和创业感悟,营造浓郁的创新创业教育氛围。

"有课程、有教师",为创新创业教育注入强劲动力。面向大一新生开设知名专家讲授的"专业前沿研讨课",引导学生关注前沿科技和专业创新。鼓励教师结合自身学科特色自由选题,实现不同学科的合作共赢。进一步明确各分中心教学目标,完善"专业前沿研讨课"授课内容和模式,实行小班授课,采用小组研讨、口头辩论、前沿讨论及写作训练等形式开展授课。课程规模总量达83门次,覆盖60%以上新生。"点石成金——漫谈矿物加工的前世、今生、未来""传感器与未来人类活动""揭秘5G异构超密集网络关键技术"等课程备受学生欢迎。

第十一章　创新创业新趋势

经济学家、决策者和企业管理者一般认为,主要的创新创业模式是一种"生产者模式",也就是说,最重要的创新设计将来自生产者,并通过出售的商品和服务提供给消费者,在经济的大部分地区,生产者创新是主导。然而生产者的模式只是一种创新模式,由单一用户公司或个人进行的创新和开放的协作创新项目成为未来发展的新趋势。

美国白宫发布"2022财年研发预算重点和跨领域行动",定义美国的5个"未来产业"优先领域为人工智能、量子信息科学、先进的通信网络5G、先进的制造业、生物技术。其还提议,在2021年的非国防预算中,将人工智能和量子信息科学的支出增加约30%,分别提升至15亿和7亿美元。目前除了5G(先进通信网络的一部分),我国网络信息领域的创新能力、工程技术水平与世界先进水平还有较大差距。"十四五"将是我国举国创建主权网络的关键期,我国信息产业新时代发展新格局的锻造期,也是创新创业发展的大趋势。

从创业的角度看,我国农村过去几乎是一张白纸,由于新农村、新郊区建设的红火,带动了农民的需求和农村市场的兴旺,使农村创业成了吸引力最强、利润最高的行业之一。

近3年来,中国在线旅游行业复合增长率超过3成,使得传统旅行社越来越看重在线旅游市场的力量。中国在线旅游行业会持续保持快速增长态势,规模将达到4650亿元。

生物医药是国家的战略性新兴产业,其制药技术将成为未来创新主动力,在未来至少10~20年的时间内,国内的生物医药研发大趋势还会继续保持。

我国家庭教育消费的年均增速为20%。育儿支出已占中国家庭平均收入的23%。教育支出在中国已经超过其他生活费用,成为仅次于食物的第二大日常支出,教育产业作为朝阳产业,很有发展潜力。另外医疗、连锁服务业、保健产业、金融服务业也是创业选择的优先选项。

第十一章　创新创业新趋势

第一节　创新创业教育

习近平总书记强调："创新是社会进步的灵魂,创业是推动经济社会发展、改善民生的重要途径。青年学生富有想象力和创造力,是创新创业的有生力量。"

李克强总理指出："大学生是实施创新驱动发展战略和推进大众创业、万众创新的主力军,既要认真扎实学习、掌握更多知识,也要投身创新创业、提高实践能力。"

随着我国经济社会发展进入新常态,党中央、国务院作出了加快实施创新驱动发展战略、建设创新型国家的重大决策。人才是创新的核心要素,创新驱动实质上是人才驱动,迫切需要深化教育教学改革,加快培养富有创新精神人才队伍。从中央到教育系统,全面、深入开展创新创业教育改革已成为共识。

一、创新创业教育

（一）创新创业教育的含义

创新创业教育是以培养具有创业基本素质和能力的人才为目标,以培养在校学生的创新意识、创新思维和创新创业能力为主的教育。创新创业教育除了面向在校学生,还要面向全社会有创业想法或已经从事创业活动的人群,分阶段、分层次地进行创新思维培养和创业能力锻炼。

（二）创新创业教育的必要性

近年来高校招生规模不断扩大,大学毕业生人数逐年增加,2020年有800多万大学生离开校园,涌入人才市场,带来巨大的就业压力。加上近几年政府机关事业单位改革,大幅精简人员,招录毕业生规模有所下降,国有大中型企业因产业结构调整和供给侧改革,力图实现减员增效,相应的就业岗位也在不断压缩。另外,受突发国内外政治、经济、社会等问题影响,国际经济下行压力持续存在,大量中小企业面临严峻的生存压力,在严峻的就业形势下,大学生面临着较多影响就业的不稳定因素,所以必须正确认识创新创业教育,主动学习创业知识和技能。

二、创新创业教育重点

高校开展了形式多样,内容丰富的创业教育,大力扶持那些掌握创新知识的大学生进行创业,从多方面入手。

(一)提升大学生对创新创业认识的战略高度,作为学业规划、职业规划的关键

鼓励和引导大学生将创业精神培养、创业技能学习提升到为社会创造物质财富、精神财富和实现自我价值的高度,大学生要主动加强创新创业意识的培养。创新创业教育不是针对有创业想法学生的教育,不是对少数人的教育。创新创业教育是培养符合时代要求的,具有较高综合素质和能力人才的助推器。在教学过程中,创新创业教育以某一门课程的形式出现,但是创业教育的思想已经渗透贯穿到高等教育的全过程中,作为大学生要顺应时代发展的要求,主动积极参与创新创业教育。

(二)激发和利用社会资源,为大学生创新创业提供服务保障,培养一支专业化的教师队伍

优秀的师资队伍是培养大学生创业精神品质的前提,优秀的导师是创新创业人才培养的重要保障。在加强创新创业教师队伍建设过程中,要善于开发挖掘社会资源,聘请已经成功的企业家或创业者来担任大学生创新创业实践导师,这样可以让大学生更直接地学习到创业者的经验,也可以直接利用和借助实践导师自身的资源帮助大学生顺利开展创新创业活动。社会资源具有较好的灵活性和追求经济性的特点,可以更好地保证创新创业教育的有效实施,把大学生培养成勇于探索创新、能够创新创业的复合型人才。

(三)搭建实践活动平台,提升大学生创新创业实践动手能力

创新创业能力包括创新创业基本技能、专业知识技术、经营管理能力、社会实践能力等,其中实践是关键。只有把教育教学过程中学到的理论知识通过形式多样的、具体的课外活动,尤其是通过反复的社会实践活动加以体会感受,才能使学生形成感性的认识,真正提高创新创业能力。

高等学校应在学生自身特点基础上,积极搭建符合实际的实践活动平台,增加实验和实践时间,培养学生发现问题、分析问题和自己动手解决问题的能力。一方面学校要积极创建创新创业实践基地,为学生提供

创新创业实践的机会。更重要的是大学生要积极、热情地参与到创新创业活动中,甚至可以直接去新创企业学习和体会,直面市场的检验。

(四)制定和落实政策,鼓励、支持和帮助大学生从事创新创业实践活动,开办创业企业

习近平新时代中国特色社会主义思想,党的十九大和十九届二中、三中全会精神分别对创新创业进行过重要表述,明确要求"坚持新发展理念,坚持以供给侧结构性改革为主线,按照高质量发展要求,深入实施创新驱动发展战略,通过打造'双创'升级版,进一步优化创新创业环境,大幅降低创新创业成本,提升创业带动就业能力,增强科技创新引领作用,提升支撑平台服务能力,推动形成线上线下结合、产学研用协同、大中小企业融合的创新创业格局,为加快培育发展新动能、实现更充分就业和经济高质量发展提供坚实保障。"各级政府和高等学校也制定了更多政策落实中央精神,作为大学生要响应国家号召,投身到创新创业活动中,成为时代弄潮儿。

三、创新创业教育成果

(一)建立了创新创业教育基本模式

创新创业教育是高校人才培养模式的探索,是高等教育主动响应时代呼唤的应对。通过新建大学生创新创业实践基地、开设众创空间、举办创新创业大赛、搭建各种实践平台,创新创业教育改革取得显著成效。

一是实现了就业从业教育到创新创业教育观念认识的转变,目前形成了以创新引领创业、以创业带动就业的运行模式,极大地提升了大学生就业创业的质量。

二是实现了高等人才培养机制的转变,打破学科限制、专业限制、学校限制,努力实现多学科交叉融合、跨学科教育学习、校内外协同合作的合作育人模式。

(二)高校在创新创业教育中的探索

1. 清华大学:打造教育联盟 从课程改革推动创新创业

"创新创业,基础在于教育,关键在于人才。"清华大学对学生创新创业给予了极大支持,首先在教学方面,学校推进创意、创新、创业"三位一体、三创融合"的高层次创新创业教学体系建设。清华大学为创新创业学生制定了全新的课程培养方案,对参与创新创业学生,打破院系间壁垒,进行跨学科的专业选修,并设计了专业学位课程,包括互联网金融创业本科生辅修专业、技术创新创业本科生辅修课程以及 TSBI 交叉创新研究生学位课程,学生在通过专业课程的进修后还可以获得专业学位。

(1)形成"创新—创意—创业"的三创平台

创客空间是 2010 年由学生自发创办的学生社团,致力于让更多的师生理解科技与艺术,爱上创新与创造。i.Center 是由清华基础工业训练中心与校内各院系和校外合作单位联合成立,主要开展工程训练实践、挑战式课程、创新创业系列课程。X—Lab 是清华大学新型创意创新创业人才发现和培养的教育平台,简称"三创空间"。清华通过课程设计与平台建设共同推动创新创业的人才培养。

(2)创客空间—跨界激发更高层次

专门为学校的创客提供创新创业培育孵化的基地,也是目前全球最大的校园创客空间。制造的过程会变得更加简单,想法变为产品会变得更为容易。创新创业从教育到实践已经引起更多学生的兴趣、关注并投入实践。

2. 浙江大学:全方位推动创新创业融入人才培养

浙江大学着眼于"时代高才"人才培养目标,通过教育模式创新、文化熏陶、平台搭建和制度保障等多视角形成合力,全方位推动创新创业融入到人才培养全过程。

(1)构建全链条、立体式的创新创业教育模式。一是抓好课堂教学环节。开设《创业教育》《创业与创新基础》《技术创新创业》等课程 30 余门,开设"创新与创业管理强化班(ITP)"辅修专业。二是开展创业教育研究。学校设立亚洲首个创业教育博士点,相继培养了 10 多位创业教育方向的博士生和硕士生。三是构建创业教育实践体系。举办"蒲公英"大学生创业计划竞赛、校友创业大赛、"新尚杯"全国高校大学生创业邀请赛等多个竞赛活动。

(2)营造鲜明的、引导性的创新创业文化。一是以社团活动为载体,激发创业梦想。成立 30 多个创新创业社团,全年共举办 400 余场"创业者导航""创业点子秀""创业沙龙"等活动,组建《创业浙大》编辑部,传播创业知识。二是以创业导师计划为载体,培育企业家精神。通过企业家创业论坛、创业总裁说、企业家结对等方式,实施"大学生创业导师计划",邀请 200 余位知名企业家、投资人、行业专家等担任创业导师,累计

第十一章　创新创业新趋势

培养学生1000余名。三是以校友资源为载体，凝聚创业力量。通过举办校友创业大赛为创业校友和创投界校友搭建合作桥梁，组织创投、创业活动上百场，联系创业校友300余人，发起资本对接活动15场，达成投资意向上亿元。

（3）搭建多元化、支撑性的创新创业实战平台。一是建立师生高科技科研成果转化对接平台。成立义乌创业育成中心、浙江大学科技创业实验园等创业基地，围绕培育高新技术企业，实现科研成果的转化对接。二是创建紫金创业元空间。争取社会投资1000余万元，在紫金港校区开辟800余方创建校内创新创业实践基地，首批30余个创业团队已入驻。联合杭州市余杭区，启动浙江大学良渚育成创业孵化基地建设，争取到1000万元的创业孵化基金和1000平方米的创业孵化阵地，打造大学生创业小镇，成为小微企业孵化器。三是设立创新创业基金资助平台。设立各类创业孵化基金、"新东方"创业奖学金等300余万元，举办"资本相亲会"等活动，协助优质创业项目与资本对接，在校生创业团队获得2.3亿元风险投资。

（4）强化基础性、带动性的创新创业制度保障。一是强化创业教育的组织领导。成立由校长担任组长的学生创新创业教育工作领导小组，加强了对全链条、立体式的学生创业教育的组织领导。二是为师生创业提供政策保障。发布《关于全面服务创新驱动发展战略的实施意见》，激励教师从事高水平的科技成果转化和高新技术企业培育，鼓励和支持本科生、研究生自主创业；出台《国家级大学生创新创业训练计划项目管理办法》《关于研究生在学期间停学创业的暂行规定》，帮助大学处理好创业与就业、学业之间的关系。三是整合政产学创业教育资源。通过与政府、企业的联系合作，构筑创业教育的"发展外围"，为创业实践团队提供税收、场地等扶持，与浙江大学科技园、杭州高新技术产业园、北部软件园、汇林科技园等多家创业园区合作共建创业实践基地。

3. 湖南大学：多举措做好大学生创新创业教育工作

湖南大学始终坚持以改革带动创新，大力推进大学生创新创业教育。聚焦顶层设计，出台《本科生创新创业教育实施方案》，成立由校长任组长，分管教学、就业工作的校领导为副组长，教务、就业、学工、团委等部门一把手参加的领导小组。结合学校综合改革，制定了七个方面的改革举措，构建起涵盖课程、虚拟创业学院、导师队伍、学分学制、实践训练、文化氛围的创新创业教育体系。

（1）融入教学体系。深化以学生为本的人才培养改革，适当减少课堂教学时间,鼓励学生自主学习、创新学习。建设创新创业教育部必修课程——"心理素质与生涯发展"课程;增开创新创业教育通识课和选修课,根据专业要求纳入学分管理。成立由 25 名优秀教师组成的虚拟教研室,全国高校慕课一等奖课程《创业基础》面向全校本科生开放并纳入学分管理;通过大数据分析,在线学习云平台建设,线上线下学习创业。

（2）搭建实践平台。依靠学校"两山一湖"创设坊、工程训练中心、国家级大学科技园,为大学生创新创业提供政策保障、基金保障和孵化保障。通过公益创业教育、在校大学生创业孵化计划、工程训练创新创业实践计划、校企合作创新创业育人计划,培养出 300 余支创新创业实践学生团队,并涌现出一批优秀人才。

4. 西南财经大学:积极打造文科高校创新创业教育升级版

积极开展创新创业指导、建立创新创业基金、培育创新创业项目、孵化创新创业成果,着力构建"创业教育→创业引导→模拟创业→全真创业→实际创业"的从课堂到创业实践无缝连接的创业教育实践体系,通过搭建信息服务平台、政策咨询平台、培训交流平台和实践活动平台,积极打造文科高校创新创业教育升级版,让广大学生在创业过程中"识水、试水、游水",培育创新精神,提升创造能力,塑造创业品质。

四、创新创业教育探索

(一)建立高校—企业协同培养模式

开展校企合作,是创业教育的必要模式。高校要与企业密切合作,共建创新创业支持平台,共建创新创业基金。

（1）鼓励学生走进企业,增加大学生参与企业运行的实践机会,了解企业的运作模式和流程,亲身感受企业经营管理。大学生要从企业独特经营理念、运行制度规范、企业价值文化、服务理念等方面获得更多真实的体验。

（2）鼓励教师走进企业,把创业教育与创业实践活动结合起来,利用校企合作的便利,共同进行创新创业教育师资培养,提高教师队伍的整体水平。

(二)多方联动,在全社会营造创新创业氛围

（1）中央政府出台鼓励政策,地方政府建立相应的激励落实政策制度,成立形式多样的创新创业社团和创客空间。

(2)政府和学校要建立专门的大学生创新创业实践"创业园",在资金和政策上予以扶持。

(3)举办各类创新创业大赛,推动优秀项目落地实施,激发和调动学生创新创业热情,让创新创业的理念植入思想深处,让思想的力量发挥更大的作用。

(三)实现资源整合,推动双创高效发展

创新创业教育处于松散状态,本就不充裕的资源没有得到有效整合利用。高校应加强合作与互动,形成高效的创新创业教育系统。

(1)高校之间应整合利用学科资源、创客空间和政策资源,在主管部门协调领导下,加强合作沟通与交流,构建覆盖所有学生、涉及整个大学期间的创业教育体系。

(2)线上强调"走出去和引进来"的战略思路,同知名企业展开交流,引入更多企业资源。

(3)线下融入先进管理知识和理念,在教学内容设计与开发过程中及时迭代更新。

(4)根据学生不同的创业意愿与倾向,进行个性化教育,避免"平铺直叙式"教学方法,保证学生的学习兴趣,不断提升创业课程的针对性和有效性。

(四)推进创新创业教育和专业教育的深度交叉融合

很多高校成立了创新创业学院,但是并未在很大程度上调动广大专业教师的积极参与,创新创业教育与专业教育仍处于相互割裂的境地。未来创新创业教育的发展必须尝试探寻与专业教育的有效融合。

(1)推进创新创业教育与专业教育目标融合。把创新思维、创新精神、创业意识和创业能力的培养纳入专业教育的目标体系中,成为专业人才评价的重要指标。

(2)推进课程体系的融合。一方面要加强有关创新创业意识与思维培养的通识课程,另一方面大力推进需求导向、学科交叉的具有专业特点的创新创业课程建设。针对大学生创新创业实践中的切实需求提供相关的教学服务。推进专业课程体系的升级改造,融合创新创业理论、技术实践等方面的内容。

(3)推进教育教学方式的融合。运用互联网信息技术,满足大学生多样化、个性化学习需求;大力改进实践教学,鼓励学生通过参加创新创业实践活动,设计开发产品等形式取得学分。

(4)大力推进专业实验室与创新创业实践平台建设的有机结合,实现平台资源的充分共享,便于问题的及时发现和有效解决。

(五)建立一支内外兼修的创新创业教师队伍

当前高校教师普遍缺乏创新创业实践经历、知识结构相对单一、创新创业实践指导能力弱等实际问题亟须解决。

(1)推进教师创新创业教育能力建设,优化教师评价机制。完善专业教师、创新创业教育专职教师到企业参与实践活动的模式,提升教师实践动手能力;要探索建立教师创新创业教育能力标准和课程体系,并成为教师考核、评价的重要指标。

(2)优化创新创业师资队伍结构。通过薪酬激励、荣誉激励和创新创业合作等方式,吸收具有专业背景的科学家、政策制定者和行业精英走进课堂、担任创新创业课程的授课教师或导师,引入课堂以外的新鲜要素。

(3)完善科技成果转移转化激励机制,推进科教协同育人。鼓励教师用科研成果反哺教育教学,以合同转让、入股和自主创业等形式实现科研成果商品化,鼓励教师带领学生共同创业。

(六)搭建校企合作、校内外合作新模式

高校创新创业教育的社会参与度非常低,推动创新创业教育快速有效发展,必须在模式上寻求突破。

(1)利用校友,撬动社会资源。校友网络中有丰富的智力资本、人脉资本和金融资本,可以为高校创新创业教育提供全方位的支持。

(2)鼓励教师,搭建校企合作网络。高校应深化产教融合,鼓励企业以兼职师资、市场、资金和技术资源等全方位参与高校创新创业人才培养,实现校企协同育人、联合创新和共同创业。

(3)利用科研,实现技术转移转化。高校可充分利用自身技术优势,并搭建转移转化网络,通过专利信息服务、技术转移服务以及实践基地建设等形式,为大学生创新创业的技术众筹、资金募集等建立通道。

(4)开阔眼界,实现国际合作。高校要在国家教育对外开放的战略布局中有所作为,通过创新创业大师引进、联合建立创新创业实验室、参与相关国际组织以及国际创新创业竞赛和活动等方式推进创新创业教育国际化水平的不断提升。

创新创业教育是一个系统的工程,需要政府、学校、企业、学生个人等多方努力,共同搭建平台,努力营造创新创业教育和实践环境,为大学生提供丰富多样创业实践机会。这既对于大学生综合素质与能力的提升有巨大帮助,也会为中国经济发展做出相应贡献。

第二节 "大思政"背景下的创新创业教育

"大思政"教育理念的提出,对高校教育教学改革提出了新要求,同时也为大学生创新创业教育提供了新思路。"大思政"教育理念要求高校将思想政治教育工作"渗透到教学、科研和社会服务各个方面",贯穿于教育教学活动中的每个环节、每个层面,使每一位高校工作人员都参与到思想政治教育工作当中,使学生在整个教育教学过程中都能受到思想政治教育的洗礼。"大思政"背景下的大学生创新创业教育也应该坚持这种认识,在"双创"教育的全过程都要关注对大学生思想政治教育,培养大学生用创新思维认识思想政治的价值,用正确的价值取向引导创新创业活动的能力。

一、搭建思想政治教育与创新创业教育互动融合的实践平台

无论是思想政治教育还是创新创业教育,最终都需要通过实践来检验,在实践过程中实现二者的有机结合,培养社会所需要的高素质复合型人才。

高校可以开展形式多样的志愿服务活动,引导学生参与社会活动,积累社会经验,培养正确的人生观、世界观和价值观。有意识地引导学生,激发创新思维,培养创新意识,训练大学生发现问题、自己动手解决问题的能力。树立正确的、积极的创业观念,通过社会实践,能够寻找正确的创业机会。

二、树立正确的创新创业观

帮助大学生对当前国内外形势政策与个人需求和能力做出正确的评价和认识,科学理性对待大学生创业,从实现个人自身价值和社会发展两方面判断个人从事创新创业的可行性。当今时代,国内外政治经济形势复杂,大学生从事创业活动会面临更多的不确定性因素,导致创业失败的可能性很大。作为时代青年,必须具备一定的创新思维与创新意识,但并

不是所有人都应该或是有能力去从事具体的创业活动,必须对自己有真实客观的认识。

即使大学生树立了正确的创新创业观念,也需要通过思想政治教育进行正确的引导和帮助,避免因为意识形态和思想问题导致创业行为失当,创业活动失败。大学生应该认真学习形势政策,有助于正确客观认识当前社会经济发展趋势,为大学生创业项目指明方向。同时政府要加强宣传,让大学生了解认识、把握利用政策机遇,激发大学生创新创业热情。

三、建立完善的人才培养模式

鼓励调动全员参与,实现全过程教育,进行全方位检验。深入具体工作,端正教育观念,构建教育机制,建设师资队伍,完善教材体系,创建实训实习基地,拓宽教育渠道。

四、构建大学生创新创业能力评价指标体系

围绕学生综合能力提升来全面评估,从专业能力、创新创业能力、综合素质三个方面考量。

第一,专业能力是指大学生对专业知识的掌握了解、分析判断能力、研究意识和能力。

第二,创新创业能力包含两方面内容:一是在校期间大学生参加社会实践、创新创业竞赛、科研项目等显现出的创新能力和实践能力;二是参加创新创业实践活动时表现出的对资源统筹协调、项目经营管理、团队建设等能力。

第三,综合素质包含团队意识、社会责任感、坚韧不拔、诚信守诺等创新创业品质,这是大学生创新创业成功的关键,需要在创新创业教育和思想政治教育各环节都有所涉及。

参考文献

[1] 赵公民. 创业基础——理论与实务 [M]. 北京：人民邮电出版社，2017.

[2] 李肖鸣. 大学生创业基础(第一版)[M]. 北京：清华大学出版社，2009.

[3] 李肖鸣. 大学生创业基础(第二版)[M]. 北京：清华大学出版社，2013.

[4] 李肖鸣. 大学生创业基础(第三版)[M]. 北京：清华大学出版社，2016.

[5] 李肖鸣. 大学生创业基础(第四版)[M]. 北京：清华大学出版社，2018.

[6] 吴雅冰. 创业管理 [M]. 北京：中国人民大学出版社，2012.

[7] 布鲁斯·R. 巴林格，R. 杜安. 爱尔兰. 创业管理——成功创建新企业 [M]. 北京：机械工业出版社，2010.

[8] 史蒂夫·布兰克，鲍勃·多夫. 创业者手册 [M]. 北京：机械工业出版社，2018.

[9] 张耀辉，张树义，朱锋. 创业学导论——原理、训练与应用 [M]. 北京：机械工业出版社，2011.

[10] 张莹. "互联网+"应用案例与创新创业 [M]. 北京：中国学术期刊电子杂志社有限公司，2016.

[11] 刘永芳. 管理心理学 [M]. 北京：清华大学出版社，2016.

[12] 刘康. 创客：商业模式与案例研究——大众创业，万众创新 [M]. 北京：中国学术期刊电子杂志社有限公司，2015.

[13] 苏巧荣. 大学生心理辅导 [M]. 杭州：浙江大学出版社，2005.

[14] 杨锡怀. 企业战略管理 [M]. 北京：高等教育出版社，1999.

[15] 刘忠卫. 中小企业税收政策研究与发展 [M]. 北京：中国学术期刊杂志社有限公司，2015.

[16] 刘娥平. 企业财务管理 [M]. 北京：北京大学出版社，2014.

[17] 亨利·明茨伯格.战略历程[M].北京：机械工业出版社,2006.

[18] 罗斯.公司理财[M].北京：机械工业出版社,2012.

[19] 理查德·鲁梅尔特.好战略 坏战略[M].北京：中信出版社,2017.

[20] 张学亮."双创"视阈下大学生就业教育研究[C].济南大学,2017.

[21] 刘永芳.创业型大学视角下的学术创业行为与策略研究[M].南京：江苏人民出版社,2013.

[22] 饶丽君.90后高中生心理健康教育探微[A].国家教师科研基金"十一五"成果集（中国名校卷）（四）[C].2009年.

[23] 樊富珉,王建中.北京大学生心理素质及心理健康研究[C].清华大学教育研究,2001.

[24] 倪义芳.基于信息技术的企业战略管理平台理论与方法[C].浙江大学,2002.

[25] 杨廷双.区域高新技术企业战略管理研究[C].东北林业大学,2003.

[26] 国务院办公厅.关于切实做好2007年普通高等学校毕业生就业工作的通知（国办发〔2007〕26号）[Z],2007—04—22.

[27] 国务院.要求有条件的地区由地方政府确定,在现有渠道中为高校毕业生提供创业小额贷款和担保（国办发〔2007〕26号）[Z],2003.

[28] 教育部.关于应对新冠肺炎疫情做好2020届全国普通高等学校毕业生就业创业工作的通知（教学〔2020〕2号）,2020.

[29] 财政部.加快建立现代财政制度,推进国家治理体系和治理能力现代化,2019.

[30] 广东省教育厅.关于推进2020年广东省普通高校毕业生就业工作的若干政策措施[Z],2020-05-09.

[31] 山西省人民政府.关于进一步做好新形势下就业创业工作的实施意见[Z],2015-08-17.

[32] 成都市工商局.关于进一步促进民营企业发展的实施意见[Z],2007-07.

[33] 山东大学.2018山东大学生创业政策：小微企业吸纳毕业生可获补贴[Z],2018.

[34] 巴中市人民政府：传达学习中央、省有关文件精神研究部署我市贯彻意见[Z],2020-04-03.

[35] 绵阳人民政府. 传达并学习中纪委和省纪委有关会议精神 审议并通过促进创新创业相关政策 [Z], 2015-02-07.

[36] 平凉人民政府. 传达学习中央省市有关会议文件精神 研究部署进一步加强财政管理工作 [Z], 2014-11-24.